AF269530

humanos *por* diseño

2ª edición: febrero 2020

Título original: HUMAN BY DESIGN
Traducido del inglés por Roc Filella Escolá
Diseño de portada: Editorial Sirio, S.A.
Diseño y maquetación de interior: Toñi F. Castellón

© de la edición original
2017 de Gregg Braden

Publicado inicialmente en inglés en el año 2017 por Hay House Inc., en Estados Unidos
Para oír la radio de Hay House, conectar con www.hayhouseradio.com

© de la presente edición
EDITORIAL SIRIO, S.A.
C/ Rosa de los Vientos, 64
Pol. Ind. El Viso
29006-Málaga
España

www.editorialsirio.com
sirio@editorialsirio.com

I.S.B.N.: 978-84-17030-75-9
Depósito Legal: MA-353-2018

Impreso en Imagraf Impresores, S. A.
c/ Nabucco, 14 D - Pol. Alameda
29006 - Málaga

Impreso en España

Puedes seguirnos en Facebook, Twitter, YouTube e Instagram.

GREGG BRADEN

humanos *por* diseño

EDITORIAL SIRIO

Para criaturas tan diminutas como nosotros la inmensidad
es soportable solo a través del amor.

CARL SAGAN (1934-1996),
astrónomo y cosmólogo estadounidense

ÍNDICE

NOTA DEL AUTOR

En la segunda parte de este libro utilizo el término *cableado* para señalar que ya disponemos de la constitución biológica que necesitamos, y que estamos predispuestos a alcanzar todo el extraordinario potencial del que se habla en cada capítulo.

Cableado en el pasado tenía otros significados.

Su primer uso en inglés se puede rastrear hasta los tiempos anteriores al teléfono, cuando el telégrafo era el principal sistema de comunicación. En esa época era habitual decir que habíamos «cableado» un mensaje a alguien, refiriéndonos con ello a que habíamos enviado un mensaje por telégrafo. Posteriormente, y también en inglés, la palabra ha tenido diversos significados, desde el nerviosismo que provoca el consumo excesivo de cafeína o de determinados fármacos hasta la conexión entre las neuronas cerebrales. Por esta razón quiero dejar claro desde el principio y antes de utilizar este vocablo en las páginas que siguen el sentido que le doy.

INTRODUCCIÓN

¿Por qué es importante saber cuál es nuestro origen?

Desde que nuestros más antiguos ancestros miraron con asombro las lejanas estrellas del cielo en las noches sin luna, incontables cantidades de personas que han compartido la misma experiencia a través de los tiempos se han hecho una pregunta innumerables veces. Dicha pregunta está en el centro de todos los retos que nos pondrán a prueba a lo largo de nuestra vida, por grandes o pequeños que sean. Está en la base de toda elección que vayamos a hacer y es el fundamento de cualquier decisión que vayamos a tomar. La pregunta que está en la raíz de todas las preguntas que nos hemos hecho los seres humanos en los doscientos mil años, aproximadamente, que llevamos en la Tierra, es esta: ¿quiénes somos?

En la que tal vez sea la mayor paradoja de nuestras vidas, después de cinco mil años de historia registrada y de avances técnicos y tecnológicos que sobrepasan la imaginación, aún no hemos dado una respuesta incontrovertible a esta pregunta.

> **Clave 1:** Ante los mayores avances tecnológicos del mundo moderno, la ciencia no sabe responder la pregunta más importante de nuestra existencia: ¿quiénes somos?

POR QUÉ ES IMPORTANTE SABER CUÁL ES NUESTRO ORIGEN

La forma en que respondamos la pregunta de cómo hemos llegado a ser lo que somos impregna la esencia de cada momento de nuestras vidas. Conforma los ojos perceptivos —*los filtros*— a través de los cuales vemos a los demás seres humanos, al mundo que nos rodea y, lo más importante, a nosotros mismos. Por ejemplo, cuando pensamos en nosotros como seres independientes de nuestro cuerpo, entendemos el proceso curativo como víctimas impotentes de una experiencia que no podemos controlar. Y, en el extremo opuesto, descubrimientos recientes confirman que cuando enfocamos la vida *sabiendo* nuestro cuerpo está diseñado para repararse, rejuvenecer y sanar constantemente, este cambio de perspectiva genera en nuestras células la química que refleja nuestra creencia.[1]

La autoestima, el sentimiento de valía, el sentimiento de confianza, el bienestar y la seguridad nacen directamente de la idea que tengamos de nosotros mismos. Desde la persona a la que decimos sí para que nos acompañe toda la vida y lo que vaya a durar la relación una vez iniciada hasta los empleos que consideramos que vale la pena tener, las decisiones más importantes que tomamos se basan en cómo respondemos la pregunta simple e intemporal de ¿quiénes somos?

En un ámbito más espiritual, nuestra respuesta sienta las bases de cómo vamos a entender nuestra relación con Dios. Incluso justifica lo que hagamos por intentar salvar una vida humana y nuestra decisión de terminar con otra.

La idea que tenemos de nosotros mismos se refleja también en lo que les enseñamos a nuestros hijos. Cuando el acoso implacable de sus rivales y compañeros de clase pone en peligro el delicado sentimiento de su propia valía, por ejemplo, la respuesta a ¿quién soy? es la que les da la fuerza para curar sus heridas. Su respuesta puede incluso marcar la diferencia entre pensar que merece la pena vivir o no.

A mayor escala, lo que pensamos de nosotros mismos determina las políticas de las grandes empresas y las naciones que justifican que se viertan cada año en los mares del mundo más de doce millones de toneladas de plásticos y cientos de litros de residuos radioactivos, o bien demuestra que el amor que sentimos por los mares es suficiente para que invirtamos en su conservación.

La decisión de los países de levantar fronteras que los separen y su modo de justificar el envío de ejércitos a esas fronteras y a los hogares de gente de otros países empieza en la idea que tenemos de nosotros mismos como personas. Si nos detenemos a pensarlo, la respuesta a la pregunta más elemental —¿quiénes somos?— está en el núcleo de todo lo que hacemos y define todo lo que valoramos.

> **Clave 2:** Todo, desde nuestra autoestima hasta nuestro sentimiento de valía, el sentimiento de confianza, el bienestar y el sentimiento de seguridad, y nuestra forma de ver el mundo y a las demás personas, nace de la respuesta que damos a la pregunta ¿quiénes somos?

Debido precisamente al papel decisivo que la idea que tenemos de nosotros mismos desempeña en nuestras vidas, tenemos la obligación de explicar, con toda la honradez y sinceridad posibles, quiénes somos y de dónde venimos. Este empeño incluye tomar en consideración todas las fuentes de información de las que dispongamos, desde la ciencia más avanzada actual hasta la sabiduría de cinco mil años de experiencia humana. *También incluye cambiar la historia vigente cuando nuevos descubrimientos nos dan razones para hacerlo.*

POR QUÉ NECESITAMOS UNA NUEVA VERSIÓN DE LA HISTORIA

Hace más de ciento cincuenta años, el geólogo Charles Darwin publicó un libro paradigmático con el título *El origen de las especies por medio de la selección natural*, que se suele abreviar como *El origen de las especies*. El libro pretendía dar una explicación científica a la complejidad de la vida: cómo ha cambiado a lo largo del tiempo, desde las primitivas células hasta las complejas formas de hoy. Darwin pensaba que la evolución que había visto en algunas partes del mundo, en algunas formas de vida, se podía aplicar a todas las formas de vida del planeta, incluida la vida humana.

En una de las mayores paradojas del mundo moderno, desde la época de Darwin la propia ciencia que se esperaba que avalaría su teoría, y que acabaría por resolver los misterios de la vida, ha hecho exactamente todo lo contrario. Los descubrimientos más recientes revelan hechos que contradicen la persistente tradición científica, en especial en lo que se refiere a la evolución humana. Algunos de estos hechos son los siguientes:

Hecho 1: Las relaciones que se muestran en el árbol evolutivo humano convencional —las líneas discontinuas que unen un fósil con otro y hacen que los humanos actuales se encuentren en la parte superior del árbol— no se basan en pruebas.

Son relaciones que se cree que existen, pero nunca se han demostrado; son relaciones *inferidas especulativas*.

Hecho 2: Los seres humanos modernos aparecieron de repente en la Tierra hace aproximadamente doscientos mil años con las características avanzadas que nos diferencian de todas las otras formas de vida *ya desarrolladas*.

Hecho 3: La ausencia de un ADN común entre los antiguos neandertales, quienes, se cree, fueron algunos de nuestros ancestros, y los primeros humanos, cuyo ADN es similar al nuestro, revela que no descendimos directamente de los neandertales, aunque en algún momento nos cruzáramos con ellos.

Hecho 4: Un análisis avanzado del genoma muestra que el ADN que nos diferencia de otros primates es el resultado de una antigua y misteriosa fusión de genes que apunta a que algo que está *más allá* de la evolución hizo posible nuestra condición humana.

Para decirlo sin ambages, las características avanzadas señaladas en el hecho 2 no evolucionaron lentamente durante largos períodos, como asegura la teoría de la evolución. Al contrario, características como la de un cerebro un 50% mayor que el de nuestro pariente primate más cercano y un complejo sistema nervioso con capacidades emocionales y sensoriales perfectamente ajustadas a nuestro mundo ya existían en los seres modernos cuando aparecieron. Y los humanos no hemos cambiado.

En otras palabras, los humanos actuales somos los mismos humanos ¡doscientos mil años después!

Estos hechos, basados en estudios científicos debidamente contrastados, plantean un problema a la historia evolutiva de nuestro origen que durante tanto tiempo se ha defendido. Las nuevas pruebas no avalan en modo alguno el relato convencional del pasado que nos han enseñado. La historia popular que hoy se expone en las aulas y los libros de texto nos induce a pensar que somos seres insignificantes fruto de la casualidad biológica ocurrida hace muchísimo tiempo, unos seres que después sufrieron doscientos mil años de brutal competencia y de «supervivencia del más fuerte», para al final descubrir que somos víctimas impotentes de un mundo hostil marcado por la separación, la competencia y el conflicto.

Sin embargo, los descubrimientos científicos que se exponen en este libro apuntan hoy a algo completamente distinto. Por esta razón necesitamos una historia nueva que se ajuste a las nuevas pruebas. O, al revés, debemos seguir las pruebas de que ya disponemos para llegar a la historia que nos cuentan.

Antes de su muerte en 1962, el físico y premio Nobel Niels Bohr nos recordaba que la clave para resolver un misterio se encuentra en el propio misterio: «Toda dificultad grande y profunda lleva en sí su propia solución —dijo—. Para encontrarla, hemos de pensar de otro modo».[2] Las palabras de Bohr tienen hoy la misma fuerza que cuando las pronunció hace más de cincuenta años.

Desde los fósiles y los lugares de enterramiento hasta el tamaño del cerebro y el ADN, las pruebas existentes ya están resolviendo el misterio del origen de nuestra especie. Ya nos están contando una historia nueva. La clave es que antes debemos pensar de otro modo acerca de nosotros mismos para aceptar lo que la historia revela. He escrito este libro para invitar a hacerlo.

Clave 3: Si dejamos que los nuevos descubrimientos nos lleven a las nuevas historias que cuentan, en lugar de obligarlos a ajustarse a una determinada estructura ideológica, es posible que, al final, demos respuesta a las preguntas más importantes de nuestra existencia.

¿POR QUÉ ESTE LIBRO

El objetivo de este libro es, en un inicio, desvelar, en la primera parte, los nuevos descubrimientos sobre nuestro origen, y a continuación mostrar, en la segunda parte, cómo aplicar estos descubrimientos a nuestra vida cotidiana. En lugar de especular sobre cómo apareció la primera célula en la Tierra, empezaré como Darwin, *en el momento que siguió a nuestro misterioso origen*. En las dos partes del libro incluyo ejercicios que te ayudarán a afianzar en tu vida la trascendencia de los distintos descubrimientos.

LO QUE NO ES ESTE LIBRO

- *Humanos por diseño* no es un libro científico. Aunque voy a exponer la ciencia más avanzada que invita a reconsiderar nuestra relación con el mundo, no he escrito este libro para que se ajuste al formato o los estándares del manual científico o la revista técnica.
- *Humanos por diseño* no es un libro religioso. No pretende avalar ninguna creencia religiosa determinada sobre la creación o el origen del ser humano, como la del creacionismo. *Humanos por diseño* se basa en pruebas científicas evaluadas por pares (pruebas antropológicas, paleontológicas, biológicas y genéticas) que empiezan *inmediatamente después* de la aparición de nuestra especie en la Tierra. En este sentido, habrá partes de la nueva historia de este libro

que podrán parecer opuestas a las historias tradicionales de la religión, y también a las de la ciencia tradicional.

- *Humanos por diseño* no es un trabajo de investigación evaluado por pares. Ninguno de los capítulos ha pasado por el largo proceso de revisión por parte de un consejo cualificado ni de un selecto panel de especialistas condicionados a ver el mundo con los ojos de un único campo de estudio, como la física, las matemáticas o la psicología.

LO QUE SÍ ES ESTE LIBRO

- *Humanos por diseño* es un libro basado en una búsqueda exhaustiva y está bien documentado. Lo he escrito con un estilo accesible para el lector, y en él incluyo relatos vitales auténticos, descubrimientos científicos y experiencias personales, para apoyar una forma de vernos en el mundo basada en el empoderamiento.

- *Humanos por diseño* es un ejemplo de lo que se puede lograr al traspasar las fronteras tradicionales que separan la ciencia de la espiritualidad. La confluencia de los últimos descubrimientos de la biología, la genética y las ciencias geológicas con los saberes antiguos crea un marco de extraordinaria fuerza para comprender lo que es posible en nuestras vidas.

NUEVOS DESCUBRIMIENTOS SIGNIFICAN UNA HISTORIA NUEVA

Si somos sinceros y reconocemos que el mundo está cambiando, es comprensible que nuestra historia en el mundo también deba cambiar. Con toda probabilidad, la nueva historia del ser humano será un híbrido de teorías que ya existen, las cuales se entretejerán en un nuevo tapiz de una grandiosa crónica que describirá un pasado extraordinario y épico. Y con ella, por fin aceptaremos la historia que ninguna de las teorías existentes por sí misma puede explicar.

Cada vez son más las pruebas que apuntan a que somos producto de algo más que mutaciones aleatorias y una biología afortunada. Pero las evidencias solo llegan hasta aquí. Los fósiles, el ADN, las pinturas rupestres y los lugares de enterramiento solo pueden mostrar los restos de lo que ocurrió en el pasado. No pueden explicar por qué ocurrieron esas cosas. A menos que descubramos la forma de retroceder en el tiempo, la verdad es que tal vez nunca sepamos enteramente *qué fue* lo que hizo posible nuestra existencia.

Pero quizá no necesitemos saberlo. Tal vez no tengamos necesidad de contar con ese grado de detalle con el fin de modificar la idea que tenemos de nosotros mismos y cambiar nuestras vidas. Es posible que el descubrimiento de que somos producto de algo más que la evolución —muy probablemente, el resultado de un acto consciente e inteligente de creación— sea todo lo que nos haga falta para orientarnos en un sentido nuevo, honesto y saludable en lo que a la historia del ser humano se refiere.

El hecho innegable es que hace doscientos mil años ocurrió algo que hizo posible nuestra existencia. Y ese algo, fuera lo que fuese, nos dotó de las extraordinarias habilidades de la intuición, la compasión, la empatía, el amor, la autosanación y otras.

Tenemos el deber de aceptar el conjunto de pruebas existentes, la historia que cuentan y la sanación que pueden traer a nuestras vidas. La fuerza de la emergente historia del ser humano nos puede ayudar a curar realmente el persistente odio racial, la violencia sexual, la intolerancia religiosa y las otras amenazas devastadoras a las que nos enfrentamos, desde el abuso de la tecnología hasta la plaga del terrorismo, que están asolando el planeta. Cualquier esfuerzo de menor envergadura es como poner una tirita a la herida emocional de la que nacen estas manifestaciones del miedo.

Por primera vez en la larga historia de trescientos años de la ciencia, estamos escribiendo un nuevo relato del ser humano que da respuesta a la eterna pregunta de quiénes somos.

> **Clave 4:** Las nuevas pruebas del ADN indican que somos el resultado de un acto intencionado de creación que nos ha dotado de las extraordinarias capacidades de la intuición, la compasión, la empatía, el amor y la autosanación.

Este libro está escrito con un propósito en mente: empoderarnos para que podamos tomar las decisiones que nos lleven a una vida próspera en un mundo transformado.

GREGG BRADEN
Santa Fe, Nuevo México (Estados Unidos)

LA NUEVA HISTORIA DEL SER HUMANO

El objetivo de los capítulos que siguen es empoderarte con nuevas formas de pensar y con nuevas razones para que pienses de otro modo acerca de ti mismo y de las relaciones que mantienes en tu vida: las que tienes con otras personas, la que tienes con la Tierra y el mundo que te rodea, la que tienes contigo mismo y, en última instancia, la que tienes con Dios/el Espíritu/la Fuente Universal/el Único. Pero antes de descubrir estas implicaciones que te van a empoderar, conviene que determines qué es lo que crees en este mismo momento, el punto de partida de lo que piensas de ti y de tu lugar en el mundo.

El ejercicio siguiente no está destinado a juzgarte ni a criticar ninguna idea, creencia ni sentimiento que albergues. No es más que un punto de referencia para que puedas identificar creencias de las que tal vez no seas consciente, o para que puedas esclarecer otras que en el pasado tal vez solo sospechabas tener.

EJERCICIO

Determina tus creencias de base

A partir de las respuestas a las siguientes preguntas, al final del libro podrás ver fácilmente de qué modo la nueva información que has descubierto ha cambiado lo que piensas de ti mismo y de tu potencial. Para este ejercicio necesitarás papel y bolígrafo.

La técnica: Responde por escrito las siguientes preguntas con la mayor sinceridad posible, con una sola palabra o una frase corta. En las preguntas de sí o no, rodea la respuesta que corresponda.

Preguntas sobre tus orígenes

1. ¿Crees que el origen de la vida, en general, es el resultado de un suceso casual que se produjo hace muchísimo tiempo, como indica la ciencia convencional?

     Sí   No

2. ¿Crees que la vida humana en particular es el resultado de un suceso casual que se produjo hace muchísimo tiempo, como indica la ciencia convencional?

     Sí   No

Preguntas sobre tu potencial

3. ¿Crees que estás diseñado de forma consciente para influir en los sucesos de tu vida, la calidad de esta y el tiempo que vayas a vivir?

      Sí   No

Si has respondido no, pasa a «Define tus creencias».

Si has respondido sí, responde las preguntas 4, 5 y 6.

4. ¿Crees en tu capacidad de activar la curación de tu cuerpo a voluntad, cuando la necesitas?

      Sí   No

5. ¿Crees en tu capacidad de activar tus estados más profundos de intuición o voluntad, cuando los necesitas?

      Sí   No

6. ¿Crees en tu capacidad de autorregular tu sistema inmunitario, las hormonas de la longevidad y tu salud en general?

      Sí   No

Define tus creencias. Completa las frases siguientes:

7. Cuando observo que algo inusual le sucede a mi cuerpo (un dolor repentino, un sarpullido inexplicable, el corazón que se acelera sin motivo aparente, etc.), me siento__________________________.

8. Cuando observo que a mi cuerpo le sucede algo fuera de lo habitual, lo primero que hago es__________________________.

1

ROMPER EL HECHIZO DE DARWIN

La evolución es un hecho, aunque no para los humanos

¿Quiénes somos [...] sino las historias que nos contamos
acerca de nosotros mismos, sobre todo si las creemos?

SCOTT TUROW (1949-),
escritor estadounidense

—¿Por qué estás aquí? —preguntó una voz desde algún punto de la oscuridad.

Un hombre hacía la pregunta desde el que parecía un lugar muy lejano; de hecho, se le oía tan distante que no estaba seguro de si me hablaba a mí o a otra persona. Recuerdo que me sentía a la vez despierto y dormido y pensé que tal vez estaba soñando. Ni siquiera se me ocurrió que podía abrir los ojos para ver quién era ese hombre. Luego oí de nuevo su voz, esta vez llamándome por mi nombre:

—Gregg... Estás bien. Todo ha ido fenomenal. Pero necesito que me digas por qué estás aquí.

Ahora ya sabía que no estaba soñando: el hombre sabía mi nombre y me estaba hablando. Instintivamente, al volver la cabeza hacia él, mis párpados empezaron a abrirse. La luz que tenía sobre mí era tan intensa que, al levantar la vista hacia el techo, me obligó a entrecerrar los ojos. Me extrañó que el hombre no estuviera tan lejos como había imaginado. Se encontraba de pie a mi lado, mirándome por encima de una mascarilla. Su visión me despertó la memoria y de repente recordé lo que estaba ocurriendo.

Me estaba despertando de la anestesia que me habían administrado a primeras horas de esa mañana. Estaba en la sala de posoperatorio de la Clínica Mayo de Jacksonville (Florida). La voz que oía era la del médico que, solo una hora antes aproximadamente, me había asegurado que con su equipo estaba en buenas manos, y que todo iría bien. Ahora seguía insistiendo en esas garantías, pero yo no estaba preparado para su repetida pregunta de por qué me encontraba allí.

Menos de un mes antes, en un reconocimiento que me hicieron en otro hospital habían observado algo anómalo en la pared de mi vejiga:

—Tiene usted algo en la vejiga que no debería estar ahí —me dijo el primer médico—. Hay que extirparlo.

Quería asegurarme de que lo que fueran a hacerme acabara de la mejor manera posible, por lo que fui a la prestigiosa Clínica Mayo a recabar una segunda opinión. Allí me enteré de que la única forma de determinar con certeza si el tumor era benigno era analizar el propio tejido. Había que efectuar una biopsia.

Pero lo que estaba sucediendo ahora no formaba parte del plan original. Después de haber recibido la anestesia completa y de todos los preparativos para la operación, me estaba despertando ante un médico perplejo que me hacía una pregunta que, en mi alterado estado de conciencia, apenas podía responder: ¿por qué estaba ahí? Me lo preguntaba porque la excrecencia anómala que se había visto en los análisis previos ya no estaba allí. El cirujano me dijo que no había nada que extirpar porque tenía la vejiga normal y con aspecto totalmente sano. Para subrayarlo, me mostró una fotografía en color del interior de mi vejiga, tomada solo un poco antes.

Mientras yo hacía todo lo que podía para entender lo que me estaba diciendo, el cirujano señaló con la punta del bolígrafo el lugar donde había estado esa excrecencia en los últimos escáneres. Sin embargo, insistía en que ahora no había ninguna contusión, decoloración, cicatriz ni señal alguna que indicara que en algún momento hubo allí algo anormal. Y el médico quería saber por qué. Quería saber cómo pudo haber ocurrido algo así.

En mi estado de aturdimiento no respondí la pregunta con la elocuencia que me habría gustado. Hice cuanto pude por contarle al doctor los estudios que había llevado a cabo sobre el potencial de autosanación del cuerpo humano, las tradiciones antiguas que dominaron este potencial sanador y la ciencia que hoy confirma que nuestros cuerpos se pueden curar a sí mismos si se les facilitan las condiciones para hacerlo. El último recuerdo que tengo de ese médico es que se dio la vuelta para dirigirse hacia la puerta mientras yo intentaba responder su pregunta de la mejor forma posible. Era evidente que la explicación que le estaba ofreciendo de lo que había vivido ese día no era la que esperaba, ni quería, oír.

Más tarde, una vez recuperado, cuando pensé en su reacción, comprendí su frustración. En la formación que hoy reciben los profesionales médicos, no hay absolutamente nada que dé pie a una relación de autosanación con el propio cuerpo. Y, precisamente por esta razón, cuando se produce una experiencia como la mía, la medicina cuenta con explicaciones muy limitadas. Normalmente se atribuye a un diagnóstico equivocado, una recuperación espontánea inexplicable o un milagro.

Desde el punto de vista de mi médico, en el quirófano se había producido un milagro que intentaba explicar. Sin embargo, desde el mío, lo ocurrido tenía menos de milagro y más de tecnología; tenía que ver con una potente tecnología interior de la que todos disponemos y cuya existencia se ha ido olvidando en gran medida a lo largo del tiempo.

Desde 1986, investigo la sabiduría y estudio los principios relativos a nuestra capacidad de autosanación procedentes de las tradiciones antiguas e indígenas, y, cuando es posible, experimento las técnicas de dichas tradiciones. Desde los monjes, monjas, abades y abadesas de los monasterios del Tíbet, Nepal y Egipto hasta los sanadores y chamanes indígenas de las selvas del Yucatán, en México, y de los Andes del sur de Perú, nuestros antepasados, y sus homólogos modernos, han hecho todo lo posible por preservar los conocimientos relativos a la más íntima relación que jamás podamos mantener: la relación con nuestro cuerpo. Y aunque los conocimientos que han preservado las antiguas tradiciones no son ciencia en el sentido tradicional, nuevos descubrimientos científicos en genética, biología molecular y los nuevos campos de la biogenética y la neurocardiología confirman muchas de las relaciones de las que nos hablan dichas tradiciones.

Pero en mi caso, aunque creía firmemente que la autosanación es posible e incluso había sido testigo del éxito de otras personas a este respecto, una mezcla de mi formación científica y las ideas limitadoras que en edad muy temprana me generaron mi padre alcohólico y un entorno familiar disfuncional me había dejado una profunda duda sobre la posibilidad de que la autosanación fuera posible para mí. De modo que, a pesar de practicar las técnicas del yoga, el *qi gong* y otras modalidades de autosanación, de haber tomado hierbas medicinales y adoptado una dieta crudívora y de haber aceptado lo mejor que supe los cambios emocionales que experimenté entre el momento del diagnóstico y la intervención en la Clínica Mayo, seguía dudando de mi capacidad de generar para mí mismo las afortunadas sanaciones que había visto que se producían en otras personas. Y las dudas me llevaron a decidirme por la tecnología moderna que ofrecía una de las instituciones médicas de mayor prestigio del mundo, como opción responsable ante el diagnóstico que había recibido.

Como científico de formación, no te puedo decir que las prácticas, las técnicas y los cambios en el estilo de vida que adopté en aquellas dos semanas fueran la causa de que el equipo médico no encontrara nada que extirpar el día en que me operaron. Lo que puedo decir es que nuevos descubrimientos científicos han identificado una relación entre modos concretos de sanación del pasado y su capacidad de recuperar el equilibrio corporal. Esta relación nos invita a reconsiderar sinceramente la restrictiva historia que nos han contado sobre nuestro origen y sobre nuestras capacidades. Si consideramos los hechos que revela la mejor ciencia actual, las curaciones espontáneas y los milagros como el que yo viví parecen menos raros y extraordinarios, y más una parte habitual de la vida cotidiana. En los capítulos siguientes se exponen estos descubrimientos y la historia que cuentan. Y con esta historia más amplia, pasamos a tener razones para aceptar una nueva respuesta a la pregunta ¿quiénes somos? y escribir una nueva historia del ser humano.

● ● ●

Si alguna vez has pensado que la historia de nuestro pasado encierra algo más que lo que se nos ha hecho creer, quiero que sepas que no eres el único. Una encuesta Gallup realizada en

2014 reveló que solo en Estados Unidos nada menos que el 42%
de los entrevistados pensaban que en el origen del ser humano
hay algo más que lo que se suele reconocer, *que nuestra existencia
se debe a algo que está más allá de los postulados de la teoría de Darwin*.[1]

FALTA ALGO EN LA HISTORIA DEL SER HUMANO

Francis Crick, el premio Nobel codescubridor de la doble
hélice del ADN, pensaba que la elocuencia de los bloques con los
que se construye la vida humana es el resultado de algo más que
un afortunado capricho de la naturaleza. Con sus estudios pio-
neros, fue uno de los primeros seres humanos en ser testigo de la
complejidad y la sencilla belleza de la molécula que hace posible
la vida. En años más avanzados de su vida, Crick arriesgó su reputación como científico al afirmar públicamente: «Un hombre
sincero, con las únicas armas de los conocimientos de que hoy disponemos, no puede sino afirmar que, en cierto sentido, en estos
momentos parece que el origen de la vida es casi un milagro».[2]
Tal afirmación es, en el mundo científico, sinónimo de herejía,
porque apunta a que nuestra existencia se debe a algo más que al
azar de la evolución.

La idea de que en nuestra historia hay algo más no es un fenómeno reciente. Descubrimientos arqueológicos revelan que,
casi de forma universal, nuestros más remotos ancestros se sentían conectados con algo más que su entorno inmediato. Sentían
que tenemos raíces en otros mundos, algunos de los cuales ni
siquiera podemos ver, y que en última instancia formamos parte
de una familia cósmica que habita en esos mundos.

En el Popol Vuh, el texto sagrado de los antiguos mayas, se
explica que los «Antepasados» crearon la humanidad, y la Biblia
cristiana y la Torá judía hablan de que somos descendientes de
seres sabios y poderosos vinculados a una inteligencia superior

y sobrenatural.[3, 4, 5] ¿Puede haber alguna explicación sencilla del motivo por el cual esta sensación ha estado con nosotros con tanta fuerza, en tan diversas tradiciones y durante tanto tiempo? ¿Es posible que el sentimiento de ese origen intencionado y ese mayor potencial nuestro se basen en algo que sea verdad?

La respuesta corta a la pregunta ¿quiénes somos? es que no somos lo que se nos ha dicho, y que somos más de lo que la mayoría jamás imaginamos.

SOMOS UNA ESPECIE DADA A LAS HISTORIAS

Desde los tiempos de nuestros primeros antepasados, hemos utilizado las historias para describir el mundo que nos rodea y explicar el sitio que ocupamos en él. Unas veces nuestras historias se basan en hechos. Otras, no. Algunas son metafóricas. Utilizamos las historias para explicar lo inexplicable y encontrar sentido a nuestra existencia.

Los antiguos egipcios, por ejemplo, pensaban que la tierra y el espacio que imaginaban debajo de ella y el cielo por encima de ella formaban sus propios mundos. Según su idea de la creación, la tierra que tenían bajo sus pies flotaba sobre Nun, un océano primigenio que era la fuente del río Nilo. El cielo superior estaba formado por el cuerpo de la diosa Nun. En la cúpula que formaba el vientre de Nun habitaban el Sol y las estrellas, que se iban mostrando a medida que la diosa se iba arqueando bocabajo sobre la tierra. El reino inferior a la tierra, Duat, era adonde el Sol se retiraba por la noche, después de desaparecer por el horizonte.[6]

Todos estos reinos tenían deidades —dioses y diosas— asociadas a ellos que desempeñaban un papel trascendental en la vida cotidiana del pueblo egipcio. Las historias no se basaban en la ciencia, pero le servían perfectamente a la gente de la época.

Ofrecían un mecanismo que explicaba lo que los antiguos egipcios veían que ocurría en su mundo de todos los días y les ayudaban a saber dónde encajaban ellos en ese acontecer.

Hoy, seguimos utilizando las historias para explicar el mundo. Y el papel que representan estas historias nuestras es más importante que nunca. No solo explican cómo lo gestionamos todo en el ámbito individual, desde la enfermedad y la sanación hasta nuestros romances y relaciones, sino que, a escala global, el futuro de nuestro planeta y la supervivencia de nuestra especie, hoy pendientes de un hilo, también dependen de las historias que decidimos aceptar. Precisamente por estas razones es fundamental que nos contemos la historia verdadera.

NUESTRAS HISTORIAS DEFINEN NUESTRAS VIDAS

Amamos las historias que creamos. Como individuos, nos enorgullecemos a menudo de la historia de nuestra familia y de los logros de nuestros antepasados. Como naciones, defendemos dichosos las gestas de nuestros deportistas en los juegos olímpicos, los avances científicos y tecnológicos que llevaron a los astronautas a la Luna y las banderas que nos unen como ciudadanos de nuestros países. Pero a veces defendemos historias con las que hemos crecido aunque nuevos descubrimientos digan que son falsas. La disposición a aferrarnos a una historia que nos es familiar, pese a que nuevas pruebas demuestren que está obsoleta, puede ser el mayor obstáculo al que nos enfrentemos en nuestro intento de aceptar saludablemente nuestro mundo de extremos.

> **Clave 5**: Las historias que nos contamos —y que nos creemos— sobre nosotros mismos definen nuestras vidas.

Según un principio al uso, si oímos decir algo las veces suficientes, empezamos a aceptar ese algo como un hecho, sea verdad o no. Un claro ejemplo de ello es la historia de que el tabaco es saludable, que se aceptó de forma generalizada hasta los inicios de los años sesenta. Antes del informe de 1964 sobre los efectos perjudiciales que tenía fumar cigarrillos, las compañías tabacaleras estadounidenses se implicaron en una intensa campaña destinada a convencer al público de que fumar tabaco era un hábito inocuo, incluso saludable. Eslóganes como «Cuando quieras mimarte, fúmate un Lucky», «Yo protejo mi voz con Lucky» o «Como dentista, te recomiendo Viceroy» eran habituales en los anuncios de las revistas, la radio y la televisión.[7]

Un cartel particularmente inquietante de propaganda de Camel de los años cuarenta anunciaba que, según una encuesta de ámbito nacional, «Los cigarrillos Camel son los que más fuman los médicos».[8] Indagaciones posteriores sobre esa encuesta revelaron el resto de la historia. Las preguntas se hicieron a médicos a los que previamente, antes de pasarles la encuesta, les habían regalado paquetes de Camel en reuniones y congresos. Después de recibir muestras gratuitas se les preguntó cuál era su marca preferida o la que llevaban en el bolsillo. Estaba claro que aquellos regalos habían sesgado las respuestas a favor de Camel. Pero los consumidores estadounidenses confiaban en anuncios como este. Al fin y al cabo, si un cigarrillo era inocuo para un médico, debía de serlo para cualquiera, ¿no?

Sin embargo, la percepción que se tenía de este tipo de mensajes, y del consumo de tabaco en sí, cambió para siempre con el estudio de referencia que impulsó el director general de Salud Pública de Estados Unidos. Por primera vez, ese estudio acreditó científicamente lo que muchos ya intuían. Hablaba de una relación directa entre el consumo de tabaco y la bronquitis crónica y el cáncer de pulmón. Decía: «La comisión afirma que fumar tabaco contribuye sustancialmente a la mortalidad por determinadas enfermedades y a la tasa de mortalidad general».[9] En 1965, se obligó a las empresas tabacaleras a colocar en sus productos las hoy familiares etiquetas que advierten de esos riesgos.

El objetivo de este ejemplo es ilustrar que una idea que en su día compartieron los principales medios de comunicación y el público en general –la historia de que el consumo de tabaco es seguro– cambió con el tiempo. Tuvo que cambiar porque las pruebas sobre enfermedades graves que sufrían muchos fumadores contradecían la historia generalizada de seguridad e inocuidad; esa historia no se correspondía con lo que la gente experimentaba en la realidad.

ESTAMOS ABORDANDO PROBLEMAS DEL SIGLO XXI CON IDEAS DEL SIGLO XIX

De modo similar, hoy está en marcha una campaña de información para influir en la opinión pública en lo que se refiere a nosotros y a la historia de nuestro origen. La teoría decimonónica de la evolución humana se enseña hoy en las aulas sin discusión alguna, sin dejar espacio para la consideración de ninguna otra posible explicación al misterio de nuestra existencia. La historia oficial no tiene en cuenta los descubrimientos recientes, por lo que nos priva de la posibilidad de abordar con éxito los acuciantes problemas sociales y los retos globales que hoy vivimos, desde el terrorismo, el acoso escolar y los delitos de odio hasta la epidemia del abuso de drogas y alcohol entre los jóvenes.

Estamos inmersos en la teoría de la evolución, y por esta razón la utilizamos para orientarnos en las decisiones que tomamos y aprobamos la competencia y la fuerza frente a la cooperación y la compasión. Entre otras cosas, seguimos intentando resolver problemas relacionados con nuestra diversidad racial, religiosa y sexual mediante el pensamiento obsoleto de la competencia y la «supervivencia del más fuerte» —componentes, ambas, de la teoría de la evolución—. Si nos detenemos a pensarlo, esta actitud no tiene sentido, pero por cuestiones de hábito, dinero, ego y poder, el sistema educativo oficial y sus profesores se aferran a una historia desfasada del origen de la humanidad que no cuenta ya con pruebas que la avalen. Tanto la historia del tabaco como la del origen del ser humano ilustran perfectamente por qué es importante rectificar nuestras historias, y lo que puede suceder si no lo hacemos.

CAMBIA LA HISTORIA, CAMBIA TU VIDA

En lo que a la familia humana se refiere, las historias compartidas de nuestros éxitos, el recuerdo de nuestras tragedias y los motivadores ejemplos de nuestros actos heroicos son los hilos que nos unen. Nuestra unión es fuerte, primigenia y necesaria. Ya sea en relación con los grandes asuntos de la política, la religión o el envío de armas a los «combatientes de la libertad» de países azotados por la guerra en el otro lado del mundo, ya sea en relación con asuntos muy personales, como el derecho del homosexual a casarse o el de la mujer a controlar su propio cuerpo, con la tecnología moderna podemos compartir las historias que justifican nuestras decisiones y el futuro que queremos crear.

El novelista inglés Terence David John Pratchett, conocido por sus fans como Terry Pratchett, describía bellamente el asombroso poder de nuestras historias cuando decía: «Cambia la historia, cambia el mundo».[10] Creo que hay mucha verdad en esta afirmación. Nuestras vidas son el reflejo de lo que creemos sobre nosotros mismos y sobre cómo funciona el mundo. En realidad, la observación de Pratchett es tan universal que la podemos llevar un paso más adelante.

Del mismo modo que podemos decir «cambia la historia, cambia el mundo», podemos profundizar un poco más y manifestar «cambiemos la historia, *cambiemos nuestras vidas*». Ambas afirmaciones son verdaderas. Y ambas ofrecen una sólida forma de pensar en los momentos más oscuros que nos toque vivir.

> **Clave 6**: Cuando cambiamos la historia, cambiamos nuestras vidas.

El relato científico sobre la inmensidad del cosmos, y nuestra insignificancia dentro de él, es un ejemplo perfecto de lo mucho que nos puede influir una historia. También ilustra el axioma de que si contamos una historia las veces suficientes, empezamos a aceptarla como verdadera.

LA VIEJA HISTORIA: PEQUEÑOS, IMPOTENTES E INSIGNIFICANTES

Durante un siglo y medio nos han bombardeado con una historia cósmica que nos deja con la sensación de que somos poco más que una intrascendente mota de polvo en el universo, o una nota biológica al margen en el esquema general de la vida. Carl Sagan ilustraba perfectamente esta mentalidad al comentar la perspectiva científica sobre nuestro lugar en el cosmos: «Observamos que vivimos en un planeta insignificante de una estrella corriente perdida en una galaxia oculta en una esquina olvidada de un universo en el que hay muchísimas más galaxias que personas».[11]

Este tipo de pensamiento restrictivo, promovido por la comunidad científica, nos ha llevado a creer que carecemos de importancia en lo que se refiere a la vida en general, y, además, nos separa del mundo, a los unos de los otros y, en última instancia, incluso de nosotros mismos.

Albert Einstein se hacía eco de esta percepción de nuestra insignificancia en sus ideas sobre la validez de las pruebas del nuevo campo de la física cuántica que apuntaban a que todas las cosas están profundamente conectadas. No podía aceptar el hecho de esa conexión. Sin dejarnos con el menor asomo de duda sobre lo que pensaba acerca del significado de las ideas cuánticas para la ciencia, Einstein decía: «Si la teoría cuántica es correcta, significa el fin de la física como ciencia».[12] Sus ideas le impedían aceptar la posibilidad de que vivamos en un mundo donde todo y todos estemos íntimamente unidos.

Una de las razones de la resistencia de Einstein a las ideas de la nueva física era que vivir en un mundo de conexiones cuánticas significaría que poseemos la capacidad de influir en lo que ocurre en nuestras vidas y que somos responsables de las consecuencias que generamos. Su firme creencia de que vivimos en un mundo donde las cosas no están conectadas fue, en definitiva, lo que le impidió cumplir el sueño de su vida. Estaba firmemente convencido de que sus estudios le llevarían al final a descubrir una verdad científica en la que convergieran todas las leyes de la naturaleza, una «teoría del todo». Lamentablemente, Albert Einstein murió en 1955 sin ver su esquivo sueño hecho realidad.

Considerando el legado de Einstein y de Sagan de la separación y la insignificancia humana, no es extraño que a menudo nos sintamos impotentes ante lo que ocurre en nuestros cuerpos y en nuestras vidas. En un mundo de desconexión, se nos dice que las cosas sencillamente ocurren, cuando y como sea. ¿Puede sorprendernos que nos sintamos impotentes al ver el mundo cambiar tan deprisa que algunos aseguran que «se está rompiendo por las costuras»?

El postulado de Charles Darwin de mediados del siglo xix sobre la evolución humana sentó las bases de las conclusiones científicas de nuestra insignificancia que llegaron más tarde, en los inicios del xx. La teoría de la evolución partía de la premisa de que somos el resultado último de una serie de sucesos fortuitos que nunca se han observado, demostrado ni repetido, y podíamos atribuir el hecho de seguir existiendo a la «supervivencia de los más fuertes» de entre nosotros. La teoría de que la lucha nos ha traído adonde hoy nos encontramos indica que estamos irremediablemente encerrados en una vida de competencia y conflicto. En el ámbito cultural, esta idea está hoy tan aceptada que muchas personas creen que el uso de la fuerza es la mejor manera de actuar en el trabajo y en la comunidad de naciones.

De forma consciente, y a veces con una intensidad que nos pasa desapercibida, esta creencia en la lucha y el conflicto se manifiesta a diario en nuestras vidas. Y a veces irrumpe de modos sorprendentes e inesperados. Por ejemplo, cuando las personas con las que tenemos una relación más íntima, aquellas que nos conocen bien, nos tocan la fibra sensible, incluso los que tenemos una mentalidad más espiritual contraatacamos y empleamos tácticas hirientes para protegernos en el calor del momento. La razón por la que mostramos este comportamiento es muy comprensible.

Desde que nacemos, e incluso antes, mientras estamos en el útero materno, empezamos a aprender a desenvolvernos en el mundo a través de los pensamientos y los sentimientos de quienes nos cuidan. Por el tono de voz de nuestra madre, por ejemplo, sabemos cuándo el mundo es seguro y cuándo no. También aprendemos a relacionar las sustancias químicas del estrés, y las del placer, que fluyen por nuestros cuerpos con las voces, los sonidos y las experiencias que activan la liberación de dichas sustancias.

A menos que tengamos la suerte de proceder de una familia en la que quienes nos cuidaron tuvieron realmente actitudes saludables, son muchas las probabilidades de que las reacciones de nuestros cuidadores ante el mundo se basasen en el falso condicionamiento que aprendieron de sus cuidadores en sus primeros años de vida. Y precisamente estos patrones procedentes de otras personas, que a veces se remontan a muchas generaciones, son los que se convierten también en nuestros modelos.

Por esto, cuando de mayores nos sentimos en peligro, estos patrones condicionados se muestran de todas las formas que la mente considera necesarias para nuestra supervivencia. Al irrumpir, dichos patrones beben en el profundo pozo de cualquier creencia que esté «cableada» en la mente inconsciente. Lo importante es que estas ideas a menudo están enraizadas en historias y experiencias de otras personas.

¿Nos revolvemos con violencia, como nos han condicionado a hacer las historias de la «supervivencia del más fuerte»? ¿O reaccionamos confiada y honradamente, aceptando el profundo conocimiento de nuestra conexión con toda la vida, incluida la que nos une con quienes acaban de provocarnos?

Para decirlo con toda claridad, no estoy insinuando que alguna de las dos respuestas sea correcta o incorrecta, buena o mala. Pero sí digo que nuestras reacciones no engañan. Con independencia de lo que podamos pensar que creemos, la manera que tenemos de reaccionar en esos momentos tan íntimos refleja elocuentemente lo que de verdad creemos. En este sentido, la cuestión es que las historias que nos han contado en los años más vulnerables e impresionables de la infancia conforman las ideas que se asientan en nosotros con mayor fuerza. Y aquí también es donde la historia de nuestro origen entra en escena.

HISTORIA DE DOS ORÍGENES

Ya de muy pequeños empezamos a oír la historia del origen del ser humano. Y según cuáles sean las creencias de nuestra familia, a veces incluso estamos expuestos a dos historias completamente distintas y opuestas que se cuentan más o menos al mismo tiempo, una en casa y otra en la escuela.

En la mayoría de las escuelas nos cuentan la teoría científica de la evolución por selección natural, una historia estéril y perturbadora para cualquier niño que la escuche. Comienza hace mucho tiempo con una increíble racha de buena suerte, cuando *justo* los átomos adecuados se combinaron *justo* en el momento preciso para crear *justo* las moléculas adecuadas *justo* en las condiciones apropiadas para dar lugar a las primeras formas de vida, muy simples, que irían evolucionando hasta conformar la complejidad de la que estamos hechos.

Hasta el más acérrimo defensor de la evolución debe admitir que la asombrosa buena suerte que se necesita para que se produzcan esa serie de sucesos exige un esfuerzo de la imaginación, o de la fe, para concebir que ese proceso sea tan siquiera posible. Como señalaba antes, Francis Crick decía de la existencia del ADN que era «casi un milagro».

Sin embargo, para explicar esa buena suerte, la teoría de la evolución señala que la propia lucha —la competencia entre diversas formas de vida— fue lo que propició esta improbable combinación de sucesos afortunados. Los defensores de la evolución aseveran que la competencia nos ha llevado a ser hoy los vencedores en la competición de millones de años por la supervivencia. En este sentido, lo importante es que nos dicen que la «lucha» nos fue muy bien en el pasado y, por extensión, todavía nos conviene en el presente. De hecho, ha sido tal el éxito de la lucha, afirman, que está «programada» genéticamente en nuestros cuerpos. Así pues, debido a la selección natural, se supone que hoy estamos cableados para la competencia y la lucha.

Al mismo tiempo que los niños aprenden la historia científica de la evolución y la lucha en la escuela, se les cuenta a menudo una historia religiosa igualmente aterradora. Dicha historia también empieza en el momento de nuestro origen. Y también requiere mucha imaginación poder creer siquiera que es posible. En el judaísmo, el cristianismo y el islam, esta historia es la de una fuerza misteriosa —Dios— que creó al primer ser humano del polvo de la tierra, insufló vida al ser que había creado y así hizo que el primer humano, Adán, despertara sobre la Tierra.

Por esta historia sabemos que somos los descendientes de Adán y sus hijos, y que llegamos al mundo marcados por un pecado original. El resto de la historia explica que fuimos destinados a luchar entre el bien y el mal para redimir nuestras faltas. En otras religiones se emplean relatos similares para explicar el origen de la humanidad y el propósito de la vida.

Ambas historias —la científica y la religiosa— arrancan hace muchísimo tiempo. Las dos tienen lagunas misteriosas en sus detalles. Y las dos nos dejan con la sensación de estar separados del resto del mundo. Tal vez lo más importante es que ambas nos llevan a pensar que nuestra existencia en la Tierra es la de unos combatientes involuntarios atrapados en una lucha inútil por la supervivencia —sea contra la naturaleza o entre el bien y el mal—. Tanto desde el punto de vista científico como del religioso, por diferentes que puedan parecer las historias, si profundizamos un poco más nos damos cuenta de que las dos parten del mismo punto y tienen la misma finalidad. Empiezan con el hecho de nuestra existencia actual, e intentan explicar qué significa hoy para nosotros nuestra antigua existencia.

Pese a la aparición de nuevas pruebas que no encajan en la historia científica tradicional, los educadores perpetúan la historia de la evolución y la supervivencia humana y la enseñan en las aulas, como si fuera un hecho absoluto e indiscutible. Y ahí es donde empieza el problema: intentamos resolver dificultades que necesitan de la cooperación y la ayuda mutua mediante una historia de hace más de ciento cincuenta años basada en la competencia y la lucha. No es extraño que la historia que hemos aceptado —la teoría de la evolución— no sirva ya para abordar el tema de nuestra procedencia y de cómo hemos llegado a ser lo que somos. Necesitamos una nueva historia del ser humano que refleje las nuevas evidencias para romper el hechizo que las ideas de Darwin nos imponen.

ROMPER EL HECHIZO DE DARWIN

Darwin publicó *El origen de las especies*, su obra más conocida, en 1859. Desde entonces hasta hoy, las consecuencias de este libro se han sentido en los propios cimientos de nuestra sociedad. Tanto en relación con la polémica académica sobre nuestra procedencia y la razón de que estemos aquí como en relación con asuntos de tanta carga emocional como la concepción, el aborto y la pena de muerte que a veces polarizan a las familias y a comunidades enteras, las implicaciones de la obra de Darwin afectan a nuestras vidas como muy pocas otras ideas pueden hacerlo. A veces me pregunto si el propio Darwin imaginó siquiera el efecto que iba a tener en el mundo y la profunda influencia que iban a ejercer sus ideas en la vida de las personas corrientes desde entonces y hasta nuestros días.

Antes de *El origen de las especies*, había pocas fuentes a las que recurrir para intentar responder las preguntas más importantes sobre la vida. Con anterioridad a mediados del siglo XIX, las preguntas filosóficas sobre la vida, como ¿de dónde venimos?, ¿por qué estamos aquí? o ¿cómo podemos hacer que la vida sea mejor?, se relegaban a la religión y a la tradición. Todo cambió con la publicación del primer libro de Darwin. La teoría de la evolución ofrecía una nueva historia para responder las grandes preguntas de la vida, una historia que no necesitaba interpretaciones bíblicas ni enseñanzas religiosas.

Clave 7: Por primera vez en la historia de la humanidad registrada, la teoría de la evolución de Darwin, publicada en 1859, permitió que la ciencia respondiera las grandes preguntas sobre la vida y nuestro origen sin necesidad de acudir a la religión.

Aunque el título completo de la obra, *El origen de las especies por medio de la selección natural*, puede parecer complejo, la idea en la que se basa es muy simple. Darwin proponía que todo tipo de vida, incluida la humana, empezó con un único organismo primigenio que misteriosamente apareció en la Tierra hace mucho tiempo. Darwin ni siquiera intentó explicar cómo llegó a existir ese organismo. De hecho, contrariamente a lo que muchos dan por supuesto, el verdadero origen de la vida nunca fue el tema principal de su estudio. Reconocía sin reparos que la ciencia de su tiempo tenía aún que arrojar alguna luz significativa sobre ese misterio, pero también admitía que, para que su teoría de la evolución fuera aceptada, no era necesario resolver el misterio de cómo se originó la vida.

Para defender sus tesis, Darwin empleaba la analogía de otro misterio no resuelto. Se refería a la aceptación de la gravedad como símil de la posibilidad de admitir una teoría aunque no haya sido totalmente explicada: «No es objeción válida —decía— que la ciencia no esclarezca aún el problema muy superior de la esencia del origen de la vida. ¿Quién puede explicar cuál es la esencia de la atracción de la gravedad? Nadie pone objeción alguna a los resultados derivados de este elemento desconocido de la atracción».[13]

Por esta afirmación y otras parecidas, es evidente que a Darwin no le interesaba tanto *cómo* apareció la vida como *qué ocurrió* después de que eso sucediera. Concretamente, de qué manera aquella forma simple de vida que pensaba que emergió en el mundo se convirtió en toda la complejidad y diversidad de la vida que hoy contemplamos.

Darwin basó su teoría de la evolución en su experiencia personal y las observaciones directas. Muchas de estas las hizo durante un viaje de cinco años a bordo del barco de investigación británico HSM *Beagle*.[14] Él era el naturalista oficial del barco, cuya misión se parecía a la de documentar nuevas formas de vida en galaxias desconocidas por parte de la nave interestelar *Enterprise* (de *Star Trek*). El viaje de Darwin se prolongó entre 1831 y 1836, pero no hizo pública su teoría hasta veintitrés años después. Con la publicación de *El origen de las especies*, el público general tuvo a su disposición la esencia de la teoría de la evolución de Darwin. Dice este:

> Pero si se producen las variaciones que son útiles para un determinado ser orgánico, es evidente que los individuos con tales características tendrán la mejor oportunidad de ser preservados en la lucha por la vida; y por el sólido principio de la herencia tenderán a tener crías caracterizadas del mismo modo. A este principio de la preservación lo he llamado, en aras de la brevedad, *selección natural*.[15]

Hoy, más de ciento cincuenta años después de que Darwin publicara su teoría, los mejores científicos del mundo moderno, desde las mejores universidades de nuestros días, que cuentan con los mayores fondos para la investigación de la historia y la tecnología más avanzada que jamás haya existido, aún se afanan en demostrar la viabilidad de esta teoría en general y, en concreto, en lo que a los humanos se refiere.

Las preguntas aún sin resolver son las siguientes:

- ¿La teoría de la evolución es suficiente para explicar toda la diversidad que hoy vemos en el mundo natural?
- ¿Se pueden aplicar los principios de la evolución a los seres humanos?

Como veremos en los apartados siguientes, nuevos descubrimientos obligan a reconsiderar las respuestas que en el pasado hemos dado a estas preguntas.

EL PROPIO DARWIN TENÍA SUS DUDAS

Charles Darwin no sabía en su tiempo lo que hoy sabemos sobre el mundo. Habría sido imposible. Muchos campos de la ciencia que hoy damos por supuestos no existieron hasta finales del siglo XIX y principios del XX. Darwin no podía saber de genética, por ejemplo. Aunque en sus tiempos se reconocía que una generación puede heredar los rasgos de sus padres, hasta después de su muerte no se comprendió qué es lo que hace posible esa transferencia: el ADN. Darwin no podía tener conocimiento de las células especializadas del corazón que nos dan acceso a extraordinarias capacidades y sensibilidades de las que hablaré más adelante. Y no podía saber que esas células, o las capacidades que hacen posibles, ya existían cuando los humanos modernos aparecieron en escena hace doscientos mil años.

Darwin no disponía de esta información de un modo específico, pero es evidente que sospechaba que descubrimientos posteriores rebatirían al menos una parte de su teoría. Habló de esta posibilidad en sus escritos. En *El origen de las especies* dice: «Si se demostrara la existencia de cualquier órgano complejo que no pudiera haberse formado a través de numerosas modificaciones mínimas —sello distintivo de la evolución—, mi teoría perdería toda validez».[16]

Las condiciones que el propio Darwin expuso como piedra angular de su teoría han dejado de cumplirse —porque, de hecho, tenemos órganos complejos que no se formaron a través de «numerosas modificaciones mínimas»—, por lo que la teoría de la evolución, sola, no puede explicar lo que la realidad muestra. En otras palabras, exactamente como él mismo sospechaba que iba a ocurrir, su teoría se ha venido abajo.

En *El origen de las especies* Darwin exponía su recelo de que la teoría de la evolución podría no ser suficiente para explicar la complejidad de la vida. La afirmación que reproduzco a continuación puede parecer un poco farragosa, pero son sus propias palabras. La incluyo para que te hagas una idea de las reservas que albergaba Darwin, en este caso relativas a las complejas funciones del ojo:

Suponer que el ojo, con toda su inimitable complejidad para ajustar su centro focal a distintas distancias, para reconocer distintas cantidades de luz y para corregir las desviaciones esféricas y cromáticas, pudo haber sido formado por la selección natural parece, y lo confieso sinceramente, absurdo en el más alto grado.[17]

El hecho de que la complejidad del ojo, así como la de otros diversos órganos, cumpla la condición que el propio Darwin afirmaba que invalidaría su teoría abre la puerta al tema de la primera parte de este libro: la evolución en y por sí misma no basta para explicar las extraordinarias características y capacidades que poseemos desde el principio. Las pruebas que demuestran que determinadas características físicas nuestras —entre ellas los ojos, el avanzado sistema nervioso y el cerebro— ya eran funcionales cuando aparecieron los humanos modernos ponen en duda la teoría de Darwin en lo que a la humanidad se refiere.

LA EVOLUCIÓN HUMANA: UNA ESPECULACIÓN QUE SE ENSEÑA COMO UNA REALIDAD

El pensamiento convencional actual nos deja con la sensación de que la teoría de la evolución de Darwin es una «realidad», un caso cerrado aceptado universalmente por la comunidad científica, y que hay poco espacio para la duda respecto a su capacidad de explicar la vida tal como hoy la vemos. En las aulas y los libros de texto se expone la evolución como un hecho. En este ambiente de aceptación incondicional, los descubrimientos científicos que pueden suscitar dudas sobre la evolución muchas veces no se exponen o, peor aún, se ridiculizan como si fueran supersticiones, ideas religiosas o pseudociencia. Por esta razón, la gente se sorprende a menudo cuando se habla de descubrimientos que ponen en duda la teoría de Darwin.

Un ejemplo claro de esta visión sesgada es la decisión de Public Broadcasting Service (PBS) de excluir de su extraordinaria miniserie de ocho capítulos de 2001 *Evolution: A Journey into Where We're from and Where We're Going* [El viaje de la evolución: de dónde venimos y hacia dónde nos dirigimos] cualquier teoría científica opuesta a la de la evolución o cualquier crítica a esta.

En palabras de la propia cadena, los objetivos del programa eran «mejorar la comprensión pública de la evolución y de cómo funciona, enmendar falsas interpretaciones habituales del proceso y explicar la relevancia que hoy tiene para nosotros».[18] Y como puede atestiguar cualquiera que la viese, la serie hizo exactamente esto: explicar la evolución exclusivamente desde la perspectiva de Darwin, algo que muchos científicos consideran un error por razones que veremos más adelante en este mismo capítulo.

En su reseña de la serie de PBS, Joshua Gilder, escritor y antiguo redactor de discursos de la Casa Blanca, no se mordió la lengua al hablar de cómo se elaboraron los contenidos: «El problema [del documental de PBS] es que nada de lo que dice es verdad, o está tan plagado de incoherencias, falsas interpretaciones y datos erróneos (y a veces falaces) que, desde el punto de vista científico, carece de todo valor».[19] Gilder basaba, en parte, sus críticas en los descubrimientos científicos documentados por el biólogo molecular Jonathan Wells en su libro *Icons of Evolution* [Iconos de evolución], donde, una tras otra, rebate todas las «pruebas» de la evolución humana.

LA EVOLUCIÓN ANTE LA JUSTICIA

La polémica sobre la evolución es especialmente visible en las leyes estatales y nacionales que determinan lo que los profesores pueden enseñar en los centros públicos. Un claro ejemplo es una ley del estado de Oklahoma aprobada por el Senado. En 2016, el senador republicano Josh Brecheen presentó un proyecto de ley que permitía a los profesores fomentar la actitud crítica de los alumnos ante cuestiones que afectasen a su vida y a su futuro.

La Ley 1332 del Senado propuesta por Brecheen declara que su finalidad es «crear en los distritos escolares un entorno que anime a los alumnos a analizar las cuestiones científicas, descubrir nuevas pruebas empíricas, desarrollar habilidades de pensamiento crítico y responder de forma adecuada y respetuosa a las diferencias de opinión sobre temas controvertidos. [...] Hay que permitir que los profesores ayuden a los alumnos a comprender, analizar, criticar y revisar de modo objetivo las virtudes y los vicios de las teorías científicas existentes que se deban abarcar en el correspondiente curso».[20]

En la ley Brecheen no se menciona de forma específica la enseñanza de la evolución, pero, por el historial del senador de proposiciones de ley similares desde que fue elegido en 2010, y por la mención explícita a *teorías científicas*, es evidente que su objetivo era permitir que los profesores compartieran descubrimientos relacionados con el origen del ser humano, incluidos los que no avalan el relato actual de la evolución.

En 2005, la resolución judicial conocida informalmente como caso Dover trataba específicamente de la evolución y de la relación que tenía con ella una teoría nueva y alternativa del origen del ser humano conocida como *diseño inteligente*. El caso ocupó los titulares de todo el mundo porque era la primera puesta a prueba jurídica de la nueva teoría ante un tribunal federal de Estados Unidos.

El caso Dover se inició con la denuncia de once familias contra el distrito escolar del área de Dover, en el condado de York (Pensilvania), en la que exigían un cambio en el programa de biología de primero de secundaria (el equivalente a tercero de ESO). En 2004, el distrito escolar había dado instrucciones para que los profesores, además de enseñar la tradicional teoría de la evolución de Darwin, hablaran de los descubrimientos que avalan un diseño inteligente. Los defensores de la teoría del diseño inteligente, utilizada por primera vez en el libro *Of Pandas and*

People [De pandas y personas] en 1989, afirman que «la mejor explicación de determinadas características del universo y de los seres vivos es una causa inteligente, no un proceso no dirigido como es la selección natural».[21] En clase se exponían ambas teorías como explicaciones posibles del origen del ser humano. Sin embargo, los padres que presentaron la denuncia pensaban que la idea del diseño inteligente se parecía en exceso a la religiosa del creacionismo —la concepción de que el origen del universo y los organismos vivos fue un acto de creación divina—, por lo que exigieron que se abandonara la enseñanza de la nueva teoría.

La causa se vio en un juicio sin jurado, y la sentencia generó una polémica inmediata, pues el juez determinó que las conclusiones sacadas de descubrimientos de base científica que avalaban el diseño inteligente no pertenecían en modo alguno al ámbito de la ciencia.

La sentencia del Tribunal de Estados Unidos para el distrito medio de Pensilvania, cuyo juez titular era John E. Jones III (nombrado por George W. Bush en 2002), decía lo siguiente:

> Enseñar el diseño inteligente en las clases de biología de los centros públicos contraviene la Cláusula de Establecimiento de la Primera Enmienda de la Constitución de Estados Unidos (y el Artículo I, Sección 3, de la Constitución del estado de Pensilvania) porque el diseño inteligente no es un concepto científico y «no se puede separar de sus precedentes creacionistas y, por tanto, religiosos».[22]

Terminado el juicio, se presentaron de inmediato denuncias de falso testimonio, incluso de perjurio, contra los testigos y las explicaciones de los especialistas, a los que se requirieron pruebas científicas del diseño inteligente. Fue un juicio sin jurado, el juez tenía sus propias ideas religiosas y políticas y los testigos fueron cuestionados, por lo que la polémica sigue aún en la actualidad.

Quiero dejar bien claro que, con todo esto, no apunto a que el diseño inteligente sea la respuesta al misterio del origen del ser humano, ni a que el juicio no se debería haber celebrado. Lo que digo es que creo que hemos de ser sinceros con nosotros mismos ante los nuevos descubrimientos que se están produciendo y considerar sus posibles consecuencias. Lo preocupante de esa sentencia judicial es el que parece ser un doble rasero empleado para descartar los elementos científicos que avalan el diseño inteligente. Por un lado, se enseña como un hecho incontrovertible la teoría de la evolución de hace más de ciento cincuenta años —una teoría aún por demostrar científicamente—; por otro lado, no se permite mencionar siquiera en clase pruebas científicas que apunten a que la teoría de la evolución es incompleta o nos lleva por un camino equivocado.

Cuando nos niegan la oportunidad de cuestionar las teorías existentes y exponer otras más recientes basadas en nuevas pruebas, también perdemos la fuerza del pensamiento crítico que vamos a necesitar si queremos afrontar con éxito los desafíos del mundo actual y sobrevivir a los que el futuro nos depare.

El carácter fidedigno de documentales bellos y convincentes, como *Evolution*, de PBS, y la tendencia sesgada de los argumentos jurídicos, como los del juicio del caso Dover, llevan a muchos a pensar que la teoría de la evolución de Darwin es un caso cerrado en lo que se refiere a la selección natural. Nada podría estar más lejos de la verdad.

Aunque muchos científicos aceptan la evolución como la mejor teoría para explicar el misterio del origen del ser humano, su aceptación no excluye el reconocimiento de nuevas teorías, en especial cuando estas se asientan en una sólida base científica.

En *Humanos por diseño* planteo objeciones a la evolución por dos razones:

1. Para poner de manifiesto la realidad de que la teoría de la evolución de Darwin no es un hecho consumado cuando se trata de explicar científicamente quiénes somos.

2. Para dar voz a una serie de respetables científicos que se oponen a la teoría de la evolución de una forma que no se refleja en los principales medios de comunicación actuales.

En lo que resta de este capítulo, expondré algunas opiniones que siguen avivando el fuego de la polémica sobre la teoría de la evolución humana.

MÁS DE CIENTO CINCUENTA AÑOS DE OBJECIONES

Las objeciones acaloradas a la teoría de Darwin aparecieron casi inmediatamente después de la publicación de su libro en 1859. La primera la planteó Louis Agassiz, considerado uno de los más grandes científicos del siglo XIX. En el campo de la historia natural se reconoce su legado pionero, en especial su labor en los ámbitos de la geología, la biología, la paleontología y la glaciología. Su infatigable dedicación al trabajo tuvo tal prioridad en su vida que en cierta ocasión le dijo a un colega: «No me puedo permitir perder el tiempo en ganar dinero».[23] En otras palabras, estaba tan entregado a sus investigaciones y sus descubrimientos sobre el mundo natural que ganarse la vida era algo secundario para él. Tanto Agassiz como Darwin emplearon los mismos métodos y estudiaron la misma información, pero sus respectivas interpretaciones no pudieron ser más diferentes.

Al comentar la teoría de Darwin en una publicación de 1874, Agassiz decía:

El mundo ha surgido de un modo u otro. *La gran pregunta es cómo se originó, y la teoría de Darwin, como todos los demás intentos de explicar el origen de la vida, no es más que pura conjetura.* En el estado actual de nuestros conocimientos, creo que la de Darwin ni siquiera es la mejor de las conjeturas.[24]

Agassiz no fue el único que manifestó discrepancias similares. Una serie de respetados científicos se han opuesto a la teoría de Darwin desde que se publicó por primera vez. Esta comunidad de científicos no deja de aumentar. La lista se parece hoy a la de las mentes más importantes de la ciencia actual. La que sigue es una muestra del tipo de críticas que han aparecido desde que Darwin presentó su teoría en 1859 hasta la actualidad.

● ● ●

La teoría de Darwin no es inductiva: no se basa en una serie de hechos reconocidos que apunten a una conclusión general.[25]

ADAM SEDGWICK (1785-1873),
Universidad de Cambridge, geólogo británico y uno
de los fundadores de la geología moderna

No existe [...] ningún hecho en los registros de la geología, en la historia del pasado ni en la experiencia del presente al que podamos referirnos como prueba de la evolución, o del desarrollo de una especie a partir de otra por ningún tipo de selección natural.[26]

LOUIS AGASSIZ (1807-1873),
Universidad de Harvard, geólogo estadounidense

La teoría tiene graves defectos, que, con el paso del tiempo, se van haciendo
más evidentes. Ya no cuadra con los conocimientos científicos, ni es suficiente
para el actual planteamiento teórico de los hechos. [...] Nadie puede demostrar
que en algún momento se hayan traspasado los límites de una especie. Ese es
el Rubicón que los evolucionistas no pueden cruzar.* [...] Darwin registró otros
ámbitos del trabajo de investigación práctica en busca de ideas. [...] Pero, hasta
hoy, el sistema resultante de esa búsqueda sigue siendo, en su totalidad, extraño
para la zoología científicamente establecida, ya que no se sabe de la existencia
de auténticos cambios que las especies hayan experimentado por esos medios.[27]

ALBERT FLEISCHMANN (1862-1942),
Universidad de Erlangen, zoólogo alemán

La evolución se convirtió, en cierto sentido, en una religión científica;
casi todos los científicos la han aceptado y muchos están dispuestos
a «forzar» sus observaciones para que se ajusten a ella.[28]

H. S. LIPSON (1910-1991),
Universidad de Manchester, Instituto de Ciencia y Tecnología, físico británico

La evolución es la columna vertebral de la biología y, por lo tanto, la biología
está en la particular posición de ser una ciencia que se asienta en una teoría
no demostrada. ¿Es, entonces, ciencia o fe? La creencia en la teoría de la
evolución, por consiguiente, equivale exactamente a creer en la creación
especial. Ambas son ideas que son verdaderas para quienes creen en ellas,
pero ninguna de las dos, hasta hoy, ha podido demostrar su veracidad.[29]

LEONARD HARRISON MATTHEWS (1901-1986),
Universidad de Cambridge, zoólogo británico

La posibilidad de que formas superiores de vida hayan surgido de este modo
se puede equiparar a la de que un tornado que azote un desguace pueda
recomponer un Boeing 747 con las piezas allí dispersas. Me cuesta entender
la obsesión generalizada de los biólogos por negar lo que me parece obvio.[30]

SIR FRED HOYLE (1915-2001),
Universidad de Cambridge, astrónomo británico, padre
de la teoría de la nucleosíntesis estelar

---

* «Pasar el Rubicón»: dar un paso decisivo arrostrando un riesgo. Hace referencia al
  momento en que Julio César, sin autorización del Senado, cruza con sus legiones el
  río Rubicón, que marcaba la frontera entre Italia y la Galia Cisalpina.

En última instancia, la teoría de la evolución no es ni más ni menos que el gran mito cosmogónico del siglo XX. La verdad es que, a pesar del prestigio de esta teoría y del tremendo esfuerzo intelectual empleado en confinar a los seres vivos en el pensamiento darwiniano, la naturaleza no se deja encarcelar. Al final de todos los análisis, seguimos sabiendo muy poco sobre cómo surgen las nuevas formas de vida. El «misterio de los misterios» –el origen de seres nuevos en la Tierra– continúa siendo en gran medida tan enigmático como cuando Darwin se embarcó en el *Beagle*.[31]

MICHAEL DENTON (1943-),
Bioquímico británico, investigador del Centro para la Ciencia y la Cultura

Pero ¿cómo se llega de la nada a algo tan complejo si la evolución ha de avanzar por una larga secuencia de fases intermedias, cada una favorecida por la selección natural? No se puede volar con solo el 2% de un ala ni protegerse mucho con algo apenas parecido a lo que pudiera ser un poco de vegetación. Dicho de otro modo: ¿puede explicar la selección natural las fases incipientes de estructuras que solo se pueden utilizar (tal como hoy las vemos) si cuentan con una forma mucho más compleja?[32]

STEPHEN JAY GOULD (1941-2002),
Universidad de Harvard, paleontólogo y biólogo evolutivo estadounidense

La cuestión, sin embargo, es que la doctrina de la evolución se ha impuesto en el mundo, no por sus méritos científicos, sino precisamente por su capacidad como mito gnóstico. En efecto, afirma que los seres vivos se crean a sí mismos, lo cual es, en esencia, una afirmación metafísica. [...] Por lo tanto, al final del análisis, el evolucionismo en realidad es una doctrina metafísica revestida de ciencia.[33]

WOLFGANG SMITH (1930-),
Matemático y físico estadounidense

* ● *

Todas las citas anteriores ofrecen ideas que raramente conoce el público en general, y de las que desde luego no se habla en las aulas de las escuelas cuando se trata de aceptar la teoría de Darwin. En 2001, en la misma época en que PBS emitía la miniserie *Evolution*, un variado grupo de científicos internacionales firmaron una declaración que publicaron en Internet para que el mundo supiera que, en su opinión, el misterio de nuestro origen no estaba aún resuelto. En julio de 2015 la declaración había sido firmada por mil trescientos setenta y un respetados científicos de todo el mundo, una lista de signatarios que sigue aumentando.

Resumen lo que piden en pocas palabras:

Somos escépticos ante la afirmación de la capacidad de la mutación fortuita para explicar la complejidad de la vida. Conviene fomentar un examen más minucioso de las pruebas de la teoría darwiniana.[34]

Es evidente que el caso de la viabilidad de la teoría de la evolución de Darwin para resolver el misterio del origen del ser humano no está cerrado. De las objeciones señaladas antes y de otras más, se deduce claramente que la crítica a la evolución sigue viva y que esta es objeto de un acalorado debate. Las ideas de Darwin tienen ya más de ciento cincuenta años, pero siguen siendo una de las cuestiones con mayor carga emocional de nuestro tiempo. En mi opinión, la razón de esta polémica es doble: en primer lugar, la teoría tiene profundas implicaciones morales, sociales y religiosas; en segundo lugar, la evolución se suele presentar como un hecho científico pese a las conflictivas cuestiones aún no resueltas.

ELOGIO DE CHARLES DARWIN

Una vez vistas las objeciones a la teoría de la evolución de Darwin, quisiera aprovechar la oportunidad para dejar clara mi opinión, como geólogo, investigador y escritor, sobre el propio Darwin y sus ideas sobre la evolución.

Empezaré por expresar el gran respeto que siento por Charles Darwin, como persona y como científico, por todo lo que consiguió en sus días. Vivió en una sociedad muy distinta de la nuestra del siglo XXI. Había que ser muy valiente para proponer lo que él propuso, y de la forma en que lo hizo, en aquellos tiempos de la historia. La Iglesia católica ostentaba un papel dominante y de extraordinaria fuerza en la Inglaterra del siglo XIX, y Darwin sabía que su teoría pondría directamente en entredicho la doctrina eclesiástica. Precisamente porque era consciente de tal realidad, esperó a publicar su libro más de veinte años después de que en 1836 concluyera su viaje en el HMS *Beagle*. En una carta dirigida al botánico Asa Gray en 1860 manifestaba su inquietud, y decía: «No es mi intención decir nada propio de un pensamiento ateo».[35]

Darwin vio cumplidos en vida sus temores a este tipo de críticas cuando el cardenal Henry Edward Manning, la mayor autoridad de la Iglesia católica en Inglaterra cuando se publicó *El origen de las especies*, atacó la teoría de la evolución tachándola de «filosofía salvaje» y afirmando que implicaba que «el mono es nuestro Adán».[36] A pesar de estas críticas, en el momento de su muerte en 1862, Darwin era considerado el científico más grande de su tiempo.

Quisiera asimismo reconocer que gran parte de la polémica que la teoría de Darwin generó en sus días y sigue generando hoy se debe, primero, a una equivocada interpretación de lo que realmente dijo y, segundo, al deseo de las universidades, sus profesores, la comunidad científica en general y los políticos de convertir la obra de Darwin en algo sagrado e infalible. En otras palabras, las instituciones y quienes las amparaban intentaron hacer de la obra de Darwin algo que este nunca pretendió que fuera. Quisieron usar su teoría con fines que él nunca previó ni se propuso.

Darwin era geólogo y, a decir de todos, un buen geólogo. Hablaba con sinceridad y honestidad de lo que observaba y de lo que creía que sus observaciones le decían. Reflexionaba detenidamente sobre su trabajo, lo documentaba con meticulosidad y empleaba unos métodos acordes con lo que se exigía en su tiempo. Donde creo que falló su procedimiento es en lo que hizo después de publicar *El origen de las especies*. Parecía que su teoría de la evolución explicaba lo que veía que sucedía en una forma de vida de un lugar del mundo —concretamente, los pinzones de la isla de los Galápagos—, por lo que intentó generalizar la teoría y aplicarla a todo tipo de vida de cualquier lugar, incluida la vida humana. En este salto es donde parece que la teoría darwiniana no funciona.

Seguimos sin saber qué ocurrió exactamente cuando nuestros primeros ancestros humanos aparecieron en la Tierra hace doscientos mil años, pero las mejores pruebas que se han obtenido de los registros fósiles no avalan la idea de la evolución para explicar cómo esos seres llegaron a ser lo que eran. Expongo aquí este punto porque la idea que perpetúan los medios de comunicación convencionales y muchas instituciones académicas que tienen interés en mantener viva la historia de la evolución es que la polémica ha concluido.

UNA TEORÍA NECESITADA DE PRUEBAS

Inmediatamente después de la publicación de *El origen de las especies* de Charles Darwin en 1859, la aceptación generalizada de su teoría llevó a la búsqueda de pruebas físicas que la corroboraran: los «eslabones perdidos» entre las especies que se pensaba que existían en los registros fósiles. Si los científicos diesen con estas pistas, se razonaba, podrían reconstruir el antiguo árbol genealógico de nuestro desarrollo. Del mismo modo que se puede

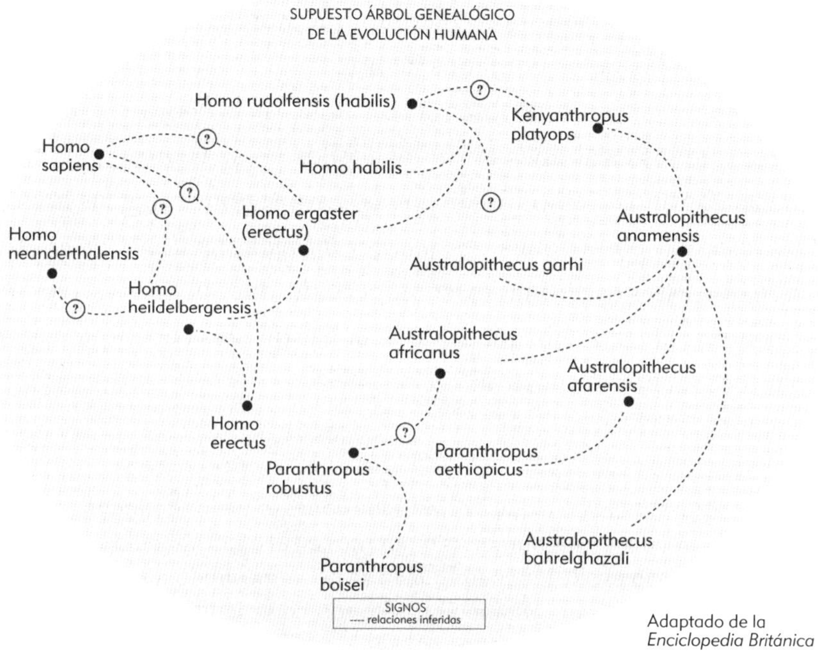

Figura 1.1. Ejemplo del árbol genealógico tradicional de la evolución humana. El problema de lo que este árbol representa es que no se han descubierto aún pruebas que confirmen una relación entre los fósiles. Por esta falta de pruebas, las líneas que forman el árbol se denominan relaciones inferidas.

documentar la ascendencia familiar individual retrocediendo en el tiempo —yendo de los padres a los abuelos, a los bisabuelos, etc.—, se suponía que algún día se podría establecer un árbol genealógico para todos nuestros ancestros colectivos.

La figura 1.1 muestra el pensamiento actual sobre el árbol genealógico humano. En esta imagen, los seres humanos modernos están representados por el *Homo sapiens*, el punto negro de la parte superior izquierda del gráfico. Las líneas que forman las ramas que nos unen a los otros puntos de la parte inferior del gráfico representan las diversas vías del desarrollo —las vías evolutivas— que los científicos piensan que van desde los primeros homínidos hasta los humanos de hoy.

Sin embargo, si se observa con atención la figura 1.1, puede verse que los eslabones entre los fósiles no se representan con líneas continuas, sino discontinuas. Esto significa que las líneas representan conexiones *especulativas inferidas, no demostradas*. Se cree que estos eslabones existen, pero después de más de ciento cincuenta años de búsqueda de pruebas que los certifiquen, están todavía por demostrar.

> **Clave 8**: Se cree que existen conexiones entre los antiguos homínidos y los humanos modernos en el árbol genealógico de la evolución, pero nunca se ha demostrado tal existencia: en estos momentos, solo son conexiones inferidas y especulativas.

En otras palabras, están aún por descubrir las pruebas físicas que confirmen los eslabones evolutivos que influyen en aspectos de nuestras vidas, desde el cuidado de la salud hasta la justificación moral de los delitos de odio, el suicidio, la eutanasia y la pena de muerte, así como los criterios para determinar la imagen que tengamos de nosotros mismos y nuestras relaciones íntimas.

Desde que en 1859 quedó formulada la teoría de la evolución hasta el día de hoy, en el momento en que estoy escribiendo estas líneas, hasta donde alcanzan mis conocimientos no se han encontrado pruebas claras de la existencia de una especie que haya derivado en lo que somos; es decir, no se han encontrado fósiles que reflejen un viaje evolutivo desde ciertos seres primitivos hasta unos seres considerablemente parecidos a los humanos. Thomas H. Morgan, premio Nobel de Fisiología y Medicina en 1933, no dejaba duda alguna de esta realidad en la mente de los lectores de su libro *Evolution and Adaptation* [Evolución y adaptación]. Cuando la ciencia moderna aplica los que Morgan denomina «los test más estrictos [...] utilizados para diferenciar a las especies salvajes», dice, «no sabemos de la existencia, dentro del período de la historia humana, de un solo caso de transformación de una especie en otra».[37]

Ante los acalorados debates científicos, y con la tecnología «futurista» que hoy desentraña los misterios más profundos de la vida, la cruda realidad de la observación de Morgan sigue siendo una advertencia contra la confiada aceptación de la teoría de la evolución humana. Pese a ello, en las aulas de los centros públicos se sigue enseñando la teoría como si fuera un hecho incontestable.

En *El origen de las especies*, Darwin reconocía la paradoja de la ausencia de pruebas físicas que apoyaran su teoría. También señalaba que la razón de esa falta de pruebas físicas se podía explicar, tal vez, de una de estas dos formas: porque los geólogos hacían una interpretación equivocada de la historia de la Tierra o porque él mismo interpretaba erróneamente las observaciones que pasaron a ser la base de su teoría.

En palabras del propio Darwin:

> ¿Por qué no todos los conjuntos de restos fósiles muestran pruebas claras de la gradación y mutación de las formas de vida? No encontramos estas pruebas, y esta es la objeción más clara y contundente de las muchas que se pueden hacer a mi teoría.[38]

Con el telón de fondo de estas ideas y críticas, un sorprendente descubrimiento realizado a finales del siglo XX dio a los científicos la oportunidad de poner a prueba algunas de las tesis sobre la evolución más acérrimamente defendidas. Si realmente se ha producido la evolución humana, como supone la teoría de Darwin, la mejor forma de demostrarlo sería compararnos con nuestros ancestros en el nivel más profundo de nuestras células. Para ello, los científicos tendrían que obtener una muestra de ADN de nuestros primeros antepasados y compararla con el ADN de nuestros cuerpos actuales, algo difícil de conseguir, porque los humanos modernos ya llevan doscientos mil años en la Tierra. El ADN es frágil, y no se conserva durante mucho tiempo.

¿Es posible que siga existiendo hoy ADN de los primeros homínidos? Y si existiera, ¿podríamos analizar el ADN recuperado del mismo modo que analizamos nuestro ADN actual? Son preguntas que parecen propias de *Parque Jurásico*, la película que cuenta la historia de la resurrección de dinosaurios a partir del ADN, pero la respuesta a esas preguntas surgió de un descubrimiento único efectuado en 1987. Las revelaciones del descubrimiento han dejado más preguntas sin respuesta, han generado misterios aún más profundos y han abierto la puerta a una posibilidad que en la ciencia tradicional ha sido terreno prohibido.

2

HUMANOS POR DISEÑO

El misterio del ADN fusionado

Todos los que nos ocupamos del origen de la vida observamos que cuanto más profundizamos en su estudio, más percibimos que es demasiado compleja para haber evolucionado desde algún punto.

HAROLD UREY (1893-1981),
premio Nobel de Química

El sábado 28 de febrero de 1953, dos hombres entraron en el *pub* The Eagle de Cambridgeshire (Inglaterra) y anunciaron un descubrimiento que iba a cambiar para siempre el mundo y la idea que tenemos de nosotros mismos. En el mediodía de aquel sábado, James Watson y Francis Crick, científicos de la Universidad de Cambridge, anunciaron a sus colegas que estaban almorzando en el *pub*: «Hemos descubierto el secreto de la vida».[1] Acababan de hacer el revolucionario descubrimiento de la doble hélice de la molécula de ADN, el código de la vida de la naturaleza.

El ADN se encuentra en todas las células del cuerpo en estructuras filiformes llamadas cromosomas. Los seres humanos tenemos veintitrés pares de cromosomas en las células. Cada cromosoma, a su vez, está compuesto de zonas más pequeñas y precisas de ADN denominadas genes. Los códigos contenidos en el interior de los genes y los cromosomas son los que determinan todo lo referente al funcionamiento del cuerpo, incluidos la regulación de las hormonas y la química de la sangre, la rapidez de crecimiento y el tamaño de los huesos, el volumen del cerebro, el color de los ojos y los años que vivimos; incluso funciones automáticas como la respiración, la digestión, el metabolismo y la temperatura corporal. Con un descubrimiento de esa magnitud, podría parecer que se habían resuelto los mayores misterios de nuestra existencia. Y así ha sido en muchos casos. Sin embargo, ante las ideas más profundas obtenidas gracias a los descubrimientos del ADN, hoy los científicos se encuentran en una disyuntiva al interpretar cómo encaja la nueva información sobre nuestro código genético en la versión aceptada de la historia del ser humano.

OBTENCIÓN DE ADN DE UN BEBÉ NEANDERTAL

En 1987, en la región rusa del Cáucaso, cerca de la línea de confluencia entre Europa y Asia, se produjo un descubrimiento que rompió todos los esquemas. A una considerable profundidad, en la llamada cueva de Mezmaiskaya, unos científicos descubrieron restos de una niña neandertal —un bebé que vivió hace unos treinta mil años—. La última edad de hielo concluyó hace unos veinte mil años, lo cual significa que esa niña perteneció a esa edad de hielo. Los restos se encontraban en un estado de conservación extremadamente poco común, y los científicos pudieron situar su edad entre la de un feto de siete meses y la de un bebé de dos meses.

El doctor William Goodwin, de la Universidad de Glasgow, dijo del excepcional descubrimiento: «El perfecto estado de conservación de los restos de esta niña es un misterio. […] El material con este estado de conservación normalmente solo se encuentra en zonas de permafrost».[2]

Comparto todos estos detalles porque el extraordinario descubrimiento fue el punto de inflexión para responder la pregunta del lugar que ocupamos los humanos en el árbol genealógico evolutivo.

Utilizando técnicas forenses, como la tecnología futurista de la serie televisiva *CSI*, los científicos consiguieron extraer para su análisis ADN mitocondrial de una costilla de la niña. El ADN mitocondrial (ADNmt) es una forma especial de ADN que se encuentra en el interior de los centros energéticos (las mitocondrias) de todas las células, y no en los cromosomas, donde se halla la mayor parte de nuestro ADN. La importancia del ADNmt para la cuestión de la evolución humana radica en que solo se hereda de la madre. Se transmite del óvulo materno a los hijos e hijas, una transmisión que se suele producir sin ningún tipo de mutación que pudiera derivar en nuevas características de los hijos. Esto significa que las actuales tiras de ADN mitocondrial de nuestro cuerpo son descendientes directas, y combinaciones exactas, del ADN mitocondrial de la mujer que inició nuestra particular estirpe hace mucho tiempo. El ADNmt, dada su exclusiva peculiaridad, se utiliza para estudiar las relaciones entre personas y poblaciones de un lugar con las de otro. La singularidad de esta forma de ADN es la que generó el bombazo que supuso el bebé neandertal.

HOY SABEMOS QUIÉNES NO SOMOS

Con las técnicas más avanzadas, con resultados aceptados por los más altos tribunales de la justicia, científicos rusos y suecos analizaron el ADN del bebé neandertal para estudiar en qué medida se parecía al de los humanos actuales. En otras palabras, los científicos querían saber si la niña neandertal era realmente uno de nuestros antepasados, tal como el árbol genealógico evolutivo induce a pensar. Los resultados de los primeros estudios fueron publicados en revistas científicas poco conocidas, y la conclusión, de acuerdo con el Instituto Smithsoniano, fue que «las secuencia de ADNmt neandertal eran sustancialmente distintas del ADNmt humano».[3] Puede parecer una afirmación relativamente intrascendente, pero equivale a un terremoto cuyo epicentro estuviera justo en la raíz del árbol genealógico de la evolución humana. Sin embargo, pocas fuentes tradicionales se hicieron eco del descubrimiento, y las que lo hicieron expusieron los detalles técnicos sin explicárselos al lector común y sin hablar de su importancia.

Pero en el año 2000 todo cambió. En ese año, científicos del Centro de Identificación Humana de la Universidad de Glasgow publicaron los resultados de sus investigaciones, en las que compararon el ADN neandertal con el de los humanos modernos. Los resultados de su estudio se publicaron de modo que hasta el lector no científico podía entenderlos. Y era imposible despreciar el significado de lo que habían observado. La conclusión de su estudio apareció en la revista *Nature*, y en ella se decía explícitamente que los humanos modernos «no descienden de los neandertales».[4]

Ya no había punto de retorno. Los científicos pensaron al principio que el ADNmt de la niña neandertal iba a resolver el misterio de nuestro linaje, pero en realidad hizo todo lo contrario.

Clave 9: El descubrimiento del cadáver de una niña neandertal de unos treinta mil años de antigüedad y en excelente estado de conservación y la comparación de su ADN mitocondrial con el nuestro demuestran definitivamente que los primeros humanos modernos no eran descendientes de los antiguos neandertales.

NO FUE EL TÍPICO HOMBRE DE LAS CAVERNAS

Si no descendemos de los neandertales, ¿quiénes fueron nuestros ancestros? ¿Qué lugar ocupamos en el árbol de la evolución? ¿Pertenecemos siquiera a la familia evolutiva de Darwin? La comparación del ADN de los neandertales y otros homínidos fósiles ha arrojado nueva luz a esta pregunta. Pero, con ello, también ha obligado a los científicos a contemplar una nueva posibilidad en el intento de desvelar el misterio de nuestro origen.

Cuando iba a la escuela, en los años sesenta y setenta, y me hablaban de los neandertales y otros seres prehumanos como el *Australopithecus* (la famosa Lucy) y el *Homo habilis* (el hombre hábil), nos enseñaban que había otro miembro del árbol genealógico evolutivo que también era un antepasado nuestro muy próximo. En aquellos tiempos, a estos parientes lejanos se los llamaba *cromañón*. Hoy, sin embargo, ya no se emplea este término. Los paleontólogos lo han sustituido por otro mucho más lógico, y la razón se explica por sí misma. La nueva denominación que se utiliza para identificar a los seres en su día conocidos como de cromañón es *humanos anatómicamente modernos*, o HAM.

En general, los científicos convienen en que los HAM aparecen por primera vez en el registro fósil hace aproximadamente unos doscientos mil años y marcan el inicio de la subespecie *Homo sapiens sapiens*, nombre que se nos da a quienes hoy habitamos en la Tierra.[5] Los fósiles de huesos son más resistentes a los elementos y pueden durar millones de años, pero el ADN del interior de los huesos, el tuétano, es mucho más frágil y lo habitual es que solo se encuentre en restos relativamente recientes. De modo que aunque los HAM aparecieron en la Tierra hace doscientos mil años, su ADN más antiguo descubierto hasta hoy es el de un varón que vivió en Siberia hace unos cuarenta y cinco mil años.[6]

En 2003, posteriores avances en la tecnología genética permitieron comparar cuerpos de los primeros humanos anatómicamente modernos con cuatro cuerpos neandertales recién descubiertos. Un equipo de científicos europeos comparó el ADN de dos HAM, uno de veintitrés mil años de antigüedad y otro de veinticinco mil, con ADN de los restos de neandertales, que vivieron hace entre veintinueve mil y cuarenta y dos mil años. Un artículo sobre los hallazgos publicado en *National Geographic News* cita las palabras de uno de los autores del estudio: «Nuestros resultados se suman a las pruebas ya reunidas anteriormente en diferentes campos, y hacen muy improbable la hipótesis de una "herencia neandertal"».[7] Los neandertales, presentados a menudo como primitivos habitantes de cuevas en películas y dibujos animados, eran descartados una vez más como posibles ancestros de los primeros humanos modernos.

Hoy sabemos quiénes no fueron nuestros antepasados, por lo que el foco de la paleontología está puesto en averiguar quiénes lo fueron. Las investigaciones sobre el ADN ha reducido el amplio campo de estudio a un candidato en particular. Y no es el candidato que los defensores de Darwin esperaban.

ELLOS SON NOSOTROS

Hoy los científicos creen que los HAM somos nosotros, y nosotros somos ellos. Todas las diferencias entre los cuerpos actuales y los de los HAM del pasado son tan pequeñas que no justifican un agrupamiento distinto. En otras palabras, aunque los antiguos humanos no se comportaran necesariamente como nosotros, *se parecían* a nosotros, funcionaban como nosotros y parece que en su sistema nervioso tenían todo el «cableado» que hoy tenemos nosotros. Dicho de otro modo, seguimos teniendo el aspecto que tenían ellos hace doscientos mil años y seguimos funcionando como ellos lo hacían entonces, a pesar de nuestros increíbles avances tecnológicos. Un estudio de restos de HAM realizado en 2008 (cuando aún se los llamaba cromañones) por parte de un equipo de genetistas de las universidades de Ferrara y Florencia (Italia) explica que estas similitudes no son superficiales. Dicen los investigadores: «El individuo cromañón que vivía en el sur de Italia hace veintiocho mil años era, genética y anatómicamente, un europeo moderno».[8]

El hecho de que el *Homo sapiens*, nuestra especie, no haya cambiado desde que nuestros primeros antepasados aparecieron en el registro fósil plantea un problema a la historia tradicional de la evolución, que se basa en cambios lentos durante largos períodos. Descubrimientos que no habrían sido posibles en los tiempos de Darwin arrojan nueva luz sobre este misterio persistente.

EL ADN QUE NOS HACE DIFERENTES

El conjunto de todo el ADN humano, el *genoma humano*, fue la primera secuencia de ADN de cualquier vertebrado en ser cartografiada completamente. El esfuerzo internacional que hizo posible este mapeado —el Proyecto Genoma Humano (PGH)— fue el resultado del mayor proyecto cooperativo de biología de la historia.[9] En junio de 2000, Tony Blair, primer ministro del Reino Unido, y Bill Clinton, presidente de Estados Unidos, informaron conjuntamente de que se había completado con éxito el primer borrador del código de la vida humano. Con ello anunciaban al mundo que ese acto de colaboración sin precedentes había abierto una nueva era de medicina genética que iba a salvar muchas vidas, y la industria global y la eclosión económica que de ello iban a derivar.

Después del éxito del PGH, las mismas técnicas empleadas para cartografiar el ADN humano se aplicaron a otros seres vivos. Por primera vez, los científicos podían ir más allá de suposiciones razonables sobre nuestras relaciones genéticas y comparar realmente nuestro código con el de cualquier forma de vida. Ya sabían desde hacía mucho tiempo que los chimpancés, por ejemplo, son nuestros parientes más cercanos, pero gracias al ADN pudieron determinar el grado exacto de esta estrecha relación.

El mapeado genético reveló que solo nos diferenciamos de los chimpancés en un 1,5%, o, dicho de otro modo, compartimos con ellos más del 98% del mismo ADN.[10] Al aplicar los sistemas de cartografiado más allá de los primates, los resultados fueron igualmente asombrosos. Por ejemplo, compartimos el 60% de nuestro ADN con la mosca de la fruta, el 80% con la vaca y el 90% con el gato doméstico común. Es evidente que no parecemos moscas, vacas ni gatos ni nos comportamos como tales. La gran pregunta que plantean estas revelaciones es: si genéticamente tenemos tanto en común con otras criaturas, ¿por qué somos tan diferentes de ellas?

La respuesta a esta pregunta remite a un descubrimiento inesperado realizado durante el PGH: el hecho de que un mismo gen se puede activar de distintas formas, y en diferentes grados, para hacer cosas distintas. Esto significa que la cuestión no es tanto *qué* tenemos en común con los chimpancés, las vacas, las moscas y los gatos, sino *cómo* se activan —o expresan— estos genes. Un gen llamado *FOXP2*, del que hoy se sabe que está directamente relacionado con nuestra capacidad para el habla compleja, es un ejemplo perfecto de lo que quiero decir.

FOXP2, acrónimo de *Fork Head Box Protein P2*, es una proteína que interviene en la capacidad humana para el lenguaje. Situada en el cromosoma 7 (exactamente en el punto 7q31), la proteína FOXP2 está codificada por un gen del mismo nombre, FOXP2, y se encuentra tanto en los humanos como en los chimpancés.[11, 12] Pero es evidente que un chimpancé no puede cantar la canción *Stairway to Heaven*, de Led Zeppelin, como lo puede hacer una persona. Este hecho revela que en esta historia interviene algo más que el propio gen. En la forma en que el gen se expresa hay algo que nos da la capacidad de formar sistemáticamente los sonidos del lenguaje. En 2009, un estudio publicado en la revista *Nature* daba una pista sobre qué es ese «algo».

Por estudios anteriores, los científicos sabían que humanos y chimpancés tenemos el gen FOXP2. También habían determinado que la versión humana del gen había cambiado (mutado) en algún momento del pasado, y que el cambio se produjo de forma rápida —no despacio y de manera gradual, como indicaría la teoría de la evolución—. Investigadores de la Facultad de Medicina David Geffen de la Universidad de California en Los Ángeles habían determinado que ese cambio se produjo precisamente en un momento crucial del desarrollo de la historia del ser humano. Según estos científicos, la mutación se produjo «rápidamente más o menos en el mismo momento en que apareció el lenguaje en los humanos».[13] Fue un descubrimiento determinante, porque por primera vez se relacionaba una serie específica de mutaciones del gen FOXP2 con nuestra capacidad para crear un lenguaje complejo.

Estudios adicionales llevaron aún más lejos esta investigación y determinaron cuándo se produjo ese cambio en particular.

Según Wolfgang Enard, del Instituto Max Planck de Antropología Evolutiva, las mutaciones del FOXP2 que hacen posible nuestro complejo lenguaje «se produjeron en el mismo marco temporal en que evolucionaron los humanos modernos».[14] Un reportaje de BBC News World Edition explica esta relación, y dice que nuestra capacidad para el lenguaje surgió «cuando, en los últimos doscientos mil años de la evolución humana, aparecieron cambios en dos letras del código de ADN [la representación de los bloques de aminoácidos]».[15]

La rapidez y la precisión de las mutaciones del FOXP2, producidas exactamente en los puntos adecuados del código de ADN, son otros ejemplos del tipo de cambio que no encaja en la teoría de la evolución —al menos tal como hoy la entendemos—. ¿Por qué esos cambios se produjeron de esa forma? ¿Cuál pudo ser la causa del adecuado cambio de las letras del ADN, exactamente en el punto adecuado y dentro del cromosoma adecuado, un cambio que nos dio la extraordinaria capacidad de expresar lo que sentimos en una cena para dos a la luz de las velas, desgañitarnos cuando nuestro equipo gana la Super Bowl o la Copa del Mundo o susurrarle al oído a la persona amada? La mejor ciencia del mundo actual nos ha dado la respuesta. La pregunta es si estamos dispuestos a aceptar lo que el ADN revela.

ENCONTRADO: ¡NUESTRO ADN PERDIDO!

Los humanos estamos clasificados como el miembro más complejo y avanzado de la familia de los primates, por lo que es razonable que los científicos esperaran que tuviéramos más cromosomas que nuestros parientes menos complejos. Aquí es donde empieza el giro en la historia de nuestro ADN. Nuestros parientes primates más cercanos, los chimpancés, poseen más cromosomas que nosotros, un total de cuarenta y ocho en su genoma general. Paradójicamente, los humanos solo tenemos cuarenta y seis. En otras palabras, parece que, si nos comparamos con el chimpancé, nos *faltan* dos cromosomas. Parece que recientemente, con sistemas avanzados de secuenciación del ADN, se resolvió este misterio. Sin embargo, este proceso nos sitúa de nuevo en el umbral de un misterio más profundo de asombrosas consecuencias.

La observación atenta de nuestro mapa genético muestra que nuestro ADN «desaparecido» no lo está en modo alguno. Siempre lo hemos tenido; lo que ocurre es que ha sido modificado y dispuesto de una forma que antes no se entendía. Nuevos estudios revelan que el segundo cromosoma más grande del cuerpo humano, y que forma el 8% del ADN total de las células, el *cromosoma 2 humano*, en realidad contiene los cromosomas más pequeños «desaparecidos» que se hallan en el genoma del chimpancé.[16] En otras palabras, en algún momento del pasado, por razones que siguen siendo objeto de debate, los cromosomas independientes del chimpancé se fusionaron en el interior de un único cromosoma mayor: el cromosoma 2 humano.

La forma de unirse de estos cromosomas más pequeños tal vez pueda resolver el misterio de mutaciones como las del FOXP2 y, en última instancia, el misterio del origen del ser humano. Aunque los científicos reconocen que las mutaciones se produjeron con toda seguridad en el FOXP2 y que lo hicieron en el marco temporal que coincide con la aparición de los humanos anatómicamente modernos, no pueden asegurar cuál fue la causa del cambio. Pero sí pueden explicarlo en el caso del cromosoma 2. Y esta es la diferencia que marca la singularidad de este cromosoma.

Las nuevas tecnologías han desvelado qué sucedió exactamente para que surgiera el cromosoma 2 humano. Explicaré el descubrimiento de dos formas: la primera con el lenguaje técnico que los científicos emplean en *Proceedings of the National Academy of Sciences* para anunciar el descubrimiento, y la segunda con una explicación más sencilla en lenguaje llano para ilustrar por qué dicho descubrimiento es importante para nuestra exposición.

- **Explicación técnica.** «Concluimos que el locus clonado en los cósmidos c8.1 y c29B es la reliquia de una *antigua fusión telómero-telómero que* marca el punto en que se fusionaron dos cromosomas de simio ancestral para dar lugar al cromosoma 2 humano».[17]

- **Explicación simplificada.** Parece que hace mucho tiempo dos cromosomas independientes del chimpancé (los cromosomas 2A y 2B) se *fusionaron* en uno de los cromosomas clave de nuestra condición de humanos: el cromosoma 2 humano.

Muchas de las características que nos hacen singularmente humanos nacen de la fusión de ADN que derivó en el cromosoma 2 humano. Algunos de los rasgos relacionados con este cromosoma son nuestro intelecto y el crecimiento y desarrollo de nuestro cerebro en general y, concretamente, de la parte mayor del cerebro, el córtex, que se asocia a cómo razonamos y actuamos y a nuestra capacidad de sentir emociones.[18] El cromosoma 2 humano contiene más de mil cuatrocientos genes que en la actualidad se siguen cartografiando y analizando. Existe una lista, en nomenclatura técnica, a la que se puede acceder a través de la referencia que hago constar en las notas finales, pero en el cuadro siguiente expongo unos ejemplos simplificados de estos genes para que entiendas el papel esencial que desempeñan en nuestra condición de seres humanos.[19]

GEN	IMPORTANCIA
Gen TBR1	Fundamental en el desarrollo del cerebro –especialmente el córtex (la parte mayor del cerebro humano, que se asocia a nuestra forma de razonar y actuar)–, la capacidad de sentir, la empatía y la compasión y las funciones neuronales (el cableado por el que viajan las señales en el interior del cerebro, y a lo largo del cuerpo, para procesar la información).
Gen SATB2	Fundamental en el desarrollo del cerebro medio y el anterior.
Gen BMPR2	Fundamental en la osteogénesis (la formación del tejido óseo) y en el crecimiento de las células de todo el cuerpo.
Gen MSH2	Conocido como supresor de tumores o gen «cuidador».
Gen SSB	Fundamental en el desarrollo de varios órganos en la etapa fetal, como el corazón, el cerebro, los ojos, los riñones, el hígado, los pulmones y el bazo, entre otros, así como el esqueleto.

Vista esta pequeña muestra, es evidente que el cromosoma 2 humano cumple una función importante en la determinación de quiénes somos y lo que somos. Así lo demuestran en especial los genes TBR1 y SATB2, ubicados en dicho cromosoma, y el papel que representan en el desarrollo y funcionamiento de nuestro avanzado cerebro y nuestra extraordinaria capacidad de experimentar sentimientos. Considerando la trascendencia que tiene el cromosoma 2 humano, la pregunta de cómo llegó a la existencia adquiere una enorme importancia.

A diferencia del ejemplo anterior del gen FOXP2, en que los cambios aparecen al comparar el genoma –lo cual significa que en un determinado punto temporal no existen en el registro genético fósil y en otro punto sí–, el cromosoma 2 humano ha conservado el registro de cómo llegó a existir. Lo que esta prueba forense puede revelar realmente ha dado pie a muchas especulaciones. En este punto es donde la historia de nuestro pasado da un giro inesperado, con implicaciones más profundas que hacen que nuestro origen se parezca mucho al argumento de una buena novela de ciencia ficción. En un estudio publicado en la revista *Proceedings of the National Academy of Sciences* se afirma que este tipo de fusión, aunque se sabe que se produce de vez en cuando, es rara.

Lo que acompañó a la fusión abre la puerta a una nueva historia del ser humano.

En palabras de los investigadores que explican este descubrimiento, la fusión estuvo «acompañada o seguida de la desactivación o eliminación de uno de los centrómeros ancestrales, y de eventos estabilizadores del punto de fusión».[20] Hay que admitir que es un lenguaje complejo, pero el mensaje es claro y simple. El estudio dice que durante la fusión, o inmediatamente después de ella, las funciones solapadas de los que originariamente eran dos cromosomas distintos *se ajustaron, se desactivaron o se eliminaron por completo* para hacer más eficiente el nuevo cromosoma único.

Un hecho que implica intencionalidad. Y como hemos descubierto antes, de esa intencionalidad derivan las extraordinarias funciones que poseemos los humanos y que no se encuentran en ninguna otra forma de vida en la Tierra.

> **Clave 10:** El cromosoma 2 humano, el segundo cromosoma de los de mayor tamaño del cuerpo humano, es el resultado de una antigua fusión de ADN que la teoría de la evolución, tal como hoy la entendemos, no puede explicar.

Dos preguntas: por qué y cómo

Así pues, sabemos dónde se encuentra el ADN perdido, y que dos antiguos cromosomas primates se fusionaron en el nuevo y mayor cromosoma 2 humano, todo lo cual plantea dos preguntas:

1. *¿Por qué* se produjo esta fusión del ADN?
2. *¿Cómo* se «desactivaron» o eliminaron por completo las dos partes solapadas (superfluas)?

La respuesta a la primera pregunta es que los científicos no lo saben. En el momento de escribir este libro, no se puede decir con absoluta certeza por qué el ADN primate se fusionó como lo hizo, dando origen a los humanos anatómicamente modernos. No escasean las teorías ni las especulaciones con las que se pretende explicar el misterio, pero más de veinticinco años después de ese descubrimiento, la verdad es que, en la actualidad, sigue sin haber un consenso científico sobre lo que pudo desencadenar ese suceso milagroso.

De todos modos, hay algo que parece ser cierto: el ADN que nos hace ser quienes somos, y lo que somos, *no* es consecuencia del proceso de evolución que Charles Darwin expuso. Tengo la impresión de que si somos capaces de responder la segunda pregunta —cómo se produjo la fusión—, lo que descubramos nos ayudará a responder definitivamente la pregunta del por qué, y muchos más misterios. Cuando sepamos explicar sin margen de error cómo se produjo la antigua fusión genética y de qué forma piezas específicas de la fusión fueron modificadas con tal precisión y a tal velocidad hace doscientos mil años, la resolución de estos misterios nos llevará directamente a una explicación de por qué se produjo un hecho tan extraordinario.

Como podrás imaginar, los científicos interpretan de distintos modos el descubrimiento de una fusión antigua y compleja del ADN. Y las interpretaciones diferentes han generado una amplia polémica. Los defensores a ultranza de la teoría de la evolución aplicada a los humanos dicen, aun después de la publicación del artículo en *Proceedings of the National Academy of Sciences*, que existen otras explicaciones a la fusión del ADN. Una teoría, por ejemplo, postula que humanos y simios, como los chimpancés y los gorilas, compartimos un ancestro común y que una «escisión» nos separó de los simios hace mucho tiempo.

Si esto es verdad, la fusión del cromosoma 2 nos ocurrió a nosotros, y solo a nosotros, y se produjo *después* de que ya nos habíamos escindido de los otros primates. Ellos conservaron sus cuarenta y ocho cromosomas y en nosotros se produjo la fusión que nos dejó con cuarenta y seis.

Es una idea que no logro comprender, porque apunta a que el ADN que nos hace singulares no apareció hasta después de que ya se hubiera producido la singularidad que fue la causa de la escisión.

No soy el único que piensa de este modo y, hasta la fecha, las explicaciones evolutivas no han recibido respaldo público. Pongo aquí este ejemplo para ilustrar cómo un descubrimiento crucial que intenta resolver un misterio, como el de la fusión del ADN del cromosoma 2 humano, puede generar más misterios cuando se asimila su significado.

LA COMPLEJIDAD IRREDUCTIBLE

Al reflexionar sobre la evolución y el papel que pueda haber desempeñado en nuestras vidas, hay que tener en cuenta otro punto. Es una idea que seguramente no escucharás en las aulas ni leerás en los libros de texto (aún), pero creo que es importante y obligado que hable aquí de ella. Se trata de la *complejidad irreductible*, cuyo significado es más simple de lo que la expresión pueda dar a entender.

Ya he señalado que hoy disponemos de conocimientos a los que Darwin no pudo acceder de ningún modo. Este hecho es el que da sentido al estudio de la complejidad irreductible. Por ejemplo, Darwin desconocía que hasta la bacteria más simple, la unicelular *E. coli*, necesita dos mil proteínas diferentes para existir; y desconocía que cada una de estas dos mil proteínas tiene una media de trescientos aminoácidos que la convierten en lo que es. En este sentido, la clave es que ni Darwin ni ningún científico de finales del siglo XIX o principios del XX podían saber lo complejos que son realmente los seres vivos. Nadie podía saberlo, hasta hace poco.

Básicamente, la complejidad irreductible significa que si una parte de un sistema deja de funcionar, todo el sistema falla. Para ilustrarlo se suele poner el ejemplo de la ratonera. Cuando todas las piezas de la trampa están en su sitio, la ratonera hace aquello para lo que fue hecha, aquello para lo que fue *diseñada*: el ratón que muerde el queso o la crema de cacahuete (el cebo) queda atrapado, y así termina su vida.

La ratonera es un sistema compuesto de distintas piezas, cada una de las cuales cumple una función para conseguir el objetivo último. Por ejemplo, está la palanca que sostiene el cebo, y está el muelle que desciende con tal fuerza letal cuando se mueve el cebo que el ratón ni siquiera advierte de dónde viene el golpe. Parece un dispositivo muy sencillo, pero su clave es esta: *si falta aunque solo sea una pieza, la ratonera no funciona*. Sin el muelle, la palanca no cierra de golpe. Sin la palanca, el muelle no tiene nada que disparar. Todas las piezas de la ratonera son necesarias para su funcionamiento, por lo que podemos asegurar que es imposible reestructurar de modo alguno este artilugio. No se puede reducir a un sistema más simple y hacer que siga funcionando. La ratonera es irreductiblemente compleja.

Si aplicamos esta idea al cuerpo humano, el resultado es muy parecido.

SOMOS EJEMPLOS VIVOS DE COMPLEJIDAD IRREDUCTIBLE

Todos sabemos que si nos hacemos un rasguño en la rodilla, lo habitual es que la herida sangre brevemente y después deje de hacerlo. La razón de que pare de sangrar es que la sangre de la zona de la herida se coagula. Estamos tan acostumbrados a ver este proceso que sabemos que la sangre se va a coagular. Lo damos por supuesto, sin más. Y el hecho de que ocurra es un ejemplo perfecto de complejidad irreductible. Cuando sufrimos un arañazo, un corte o una herida en la piel, veinte proteínas distintas deben estar ya en su sitio y dispuestas a actuar para que la sangre se coagule y la herida deje de sangrar.

Este hecho es fundamental en nuestra exposición de la complejidad irreductible por una razón importante: *si falta una sola de las proteínas necesarias para la coagulación, la sangre seguirá brotando.* Esperemos diez minutos o diez horas, el resultado será el mismo. La sangre solo se puede coagular cuando todas las proteínas que lo hacen posible están en su sitio.

La capacidad de coagulación de la sangre es un ejemplo de una función de la vida que pudo no haberse desarrollado a través de la evolución. Para que fuera el resultado de la evolución, habría sido necesario que ya se hubieran generado veinte proteínas en el mismo lugar antes de que la sangre que da vida al cuerpo humano pudiera formarse. Si esos componentes no hubiesen estado ya en su sitio, nuestros antepasados habrían sangrado hasta morir con la primera herida superficial que hubieran sufrido, lo cual significa que nosotros podríamos no estar aquí, porque probablemente habrían muerto sin descendencia. Y es solo un ejemplo.

Ahí va otro. Los pequeños brazos filamentosos (cilios) gracias a los que las células, incluidas las del esperma, avanzan por un fluido tienen más de cuarenta piezas móviles cuya presencia es necesaria para que los cilios ondeen. Si falta cualquiera de estas piezas, las células no se pueden trasladar. Si las antiguas células del esperma de un macho de nuestra especie no hubieran tenido la inmediata capacidad de «nadar» hacia el óvulo de la hembra, la reproducción no habría sido posible.

Y hay más.

Se ha dicho que la célula humana es la pieza de maquinaria más compleja de cuya existencia jamás se haya sabido. Hasta aproximadamente mediados del siglo XX, la idea más extendida era que las células eran diminutas bolsas de agua salada con elementos disueltos en ella. Hoy sabemos que nada podría estar más lejos de la realidad. Si fuera posible ampliar una célula hasta el tamaño de una ciudad, descubriríamos que es más compleja que las infraestructuras que hacen posible la actividad en la urbe. Algunas estructuras importantes de una célula son:

- Los ribosomas, que fabrican las proteínas.
- El retículo endoplasmático, que fabrica y transporta importantes sustancias químicas utilizadas por la célula.
- El núcleo, que contiene instrucciones para el correcto funcionamiento de la célula.
- Los microtúbulos, que permiten que la célula se traslade y cambie de forma.
- Los cilios (pequeños brazos ondulantes), con los que algunas células se mueven por los fluidos.

- Las mitocondrias, que generan energía para la célula.
- Una membrana que se comunica con el entorno y determina qué entra o sale de la célula.

Es solo una muestra de la gran cantidad de procesos que tienen lugar en cualquier momento en todas y cada una de los aproximadamente cincuenta billones de células del cuerpo humano. Si observamos lo que hace cada proceso, es evidente que toda esta maquinaria celular tenía que estar ya formada, y en su lugar, para que nuestras primeras células funcionaran como lo hacen. Desde la coagulación de la sangre hasta los cilios nadadores, el cuerpo contiene muchos ejemplos de complejidad irreductible.

Es evidente, incluso para el científico más escéptico, que el ADN de la vida se basa en la estructura, el orden y el intercambio de información que les dice a nuestras células qué han de hacer y cuándo han de hacerlo. En la naturaleza, este tipo de orden se suele considerar signo de inteligencia.

> **Clave 11:** Las veinte proteínas que hacen posible que la sangre se coagule y los más de cuarenta componentes de los cilios (brazos filamentosos) que permiten que las células se muevan por un fluido son solo dos ejemplos de funciones que no se pudieron desarrollar gradualmente a lo largo de un extenso período, como indica la evolución. En ambos ejemplos, si falta una sola proteína o un solo componente, la célula no funciona.

En entrevistas que le hicieron en los últimos años de su vida, Einstein decía sinceramente que creía en un orden oculto de información en el universo, y hablaba de la que en su opinión era la procedencia de ese orden. En una de esas entrevistas, confesaba:

«Veo un patrón, pero soy incapaz de imaginar al autor de tal patrón. Todos bailamos al son de una misteriosa melodía, interpretada a lo lejos por un flautista invisible».[21] En nuestra búsqueda del origen del ser humano, la propia presencia del orden y la intencionalidad que vemos en nuestro ADN es una señal de que el flautista invisible de Einstein existe.

SOMOS SUPERDOTADOS

Hay otro aspecto de la teoría de la evolución del que intencionadamente no he querido hablar hasta ahora. Es un corolario de la teoría darwiniana, enunciado por primera vez por un colega y defensor de Darwin, el naturalista británico Alfred Russel Wallace. En su obra, Wallace formuló el principio evolutivo que allana el camino para el resto de este libro. A partir de la obra original de Darwin, hizo una extraordinaria observación sobre el desarrollo de nuevas criaturas de una especie. Expondré el corolario de Wallace, con sus propias palabras, y a continuación lo aplicaré a lo que sabemos sobre nuestro propio desarrollo.

En el último capítulo de su libro *Contributions to the Theory of Natural Selection* [Contribuciones a la teoría de la selección natural], publicado en 1870, Wallace no deja duda alguna al lector cuando dice: «La selección natural solo habría dotado al hombre salvaje de un cerebro un poco superior al del simio, cuando el que posee es solo muy ligeramente inferior al del filósofo».[22] En este pasaje un tanto complejo, Wallace afirma que la naturaleza solo nos da lo que necesitamos y cuando lo necesitamos, y lo hace a través de la evolución, que Darwin define como un proceso lento y progresivo. En otras palabras, la teoría dice que poseemos capacidades como las de andar erguidos, una avanzada visión periférica y compartir los sentimientos mediante la sonrisa, frunciendo el entrecejo y otras expresiones faciales porque en algún momento del pasado las necesitamos.

Y aquí está el problema. Todos somos superdotados. Y parece que lo somos desde el alba de nuestra existencia.

> **Clave 12**: Los humanos aparecieron en la Tierra con el mismo cerebro y el mismo sistema nervioso avanzados que hoy poseemos, y con la capacidad de autorregular funciones ya desarrolladas, lo cual contradice el corolario de la teoría de la evolución de que la naturaleza «no dota en exceso» de tales características hasta que son necesarias.

LA NUEVA HISTORIA DEL SER HUMANO

Hace más de ciento cincuenta años que las mejores mentes humanas, bajo los auspicios de las más respetadas universidades del mundo, subvencionadas con enormes cantidades de dinero y con la tecnología más sofisticada disponible, se han dedicado a resolver el misterio de nuestro origen. Siendo esto así, si estuviéramos en el buen camino, parece que deberíamos haber avanzado mucho más de lo que lo hemos hecho. Visto el fracaso de la teoría de Darwin para explicar nuestra existencia, y considerando las nuevas pruebas que he expuesto, es razonable hacer la pregunta que se ha convertido en el gran elefante de la habitación*: ¿y si la ciencia moderna estuviera siguiendo un rumbo equivocado?

¿Y si estuviéramos intentando demostrar una teoría falsa y escribiendo una historia del ser humano errónea? La respuesta a esta pregunta es la razón de que haya escrito este libro. Si

---

* "El elefante en la habitación" (*elephant in the room*). Es un proverbio inglés que hace referencia metafórica a la evidencia que es ignorada.

estamos en el camino equivocado, tal vez ello explique por qué tantas soluciones aplicadas a los problemas del mundo no funcionan. Significaría que nuestro pensamiento y las «soluciones» que nuestros planteamientos han generado se basan en algo que no es verdad.

¿Por qué no dejar que las pruebas nos *lleven* a la historia de nuestro pasado, en lugar de intentar *forzarlas* para que encajen en un molde formado hace más de un siglo y medio? Si tenemos la seria voluntad de resolver el misterio más profundo de nuestra existencia, es lógico que abramos la mente y contemplemos otra interpretación de los datos que hemos reunido durante más de ciento cincuenta años de estudio.

¿Y si no existe una vía evolutiva que lleve a los humanos modernos? ¿Y si las piezas del rompecabezas genético que nos hace ser lo que somos se colocaron todas en su sitio de repente en lugar de irse acoplándose gradualmente con el tiempo? ¿Cómo sería esa historia? Los datos obtenidos a partir de los estudios del cromosoma 2 humano y otros sobre el ADN, la inexistencia de pruebas fósiles que documenten la transición de una especie de homínido a otra y la falta de un ADN común entre los humanos y los primates menos avanzados apunta, todo ello, a que tal vez no pertenezcamos al mismo árbol genealógico al que pertenecieron los primeros homínidos de los que se suele hablar en los libros de texto. De hecho, todas estas circunstancias apuntan a que no formamos parte de ningún árbol genealógico. Las pruebas señalan que la mejor forma de concebir nuestra historia es considerarnos como un matorral aislado, un arbusto evolutivo, que empieza y termina en nosotros. En otras palabras, tal vez descubramos que somos una especie única y exclusiva.

> **Clave 13:** Cada vez son más las pruebas físicas y de ADN que apuntan a que nuestra especie pudo aparecer hace doscientos mil años sin ninguna vía evolutiva que desembocara en lo que somos.

Esto no quiere decir que la evolución no exista ni se haya producido en algún punto. Existe y se ha producido. Como geólogo, he visto de primera mano el registro fósil de la evolución en muchas otras especies. Lo que ocurre es que cuando intentamos aplicar a los humanos lo que sabemos de la evolución de las plantas y los animales, los hechos no avalan la teoría. No pueden explicar lo que las pruebas manifiestan.

Si tuviéramos que elaborar una breve lista de lo más relevante que se ha descubierto sobre nosotros, los enunciados que siguen serían un magnífico resumen. Además, nos darían una acertada idea de adónde nos pueden llevar las nuevas teorías, y de nuestra nueva historia.

ESTO ES LO QUE NO SOMOS

- La teoría de que las células vivas evolucionaron (mutando de forma aleatoria) durante largos períodos de tiempo *no explica, ni puede explicar*, nuestro origen ni la complejidad de nuestros cuerpos.
- No hay pruebas físicas de la existencia del árbol genealógico evolutivo de los humanos.
- Los estudios sobre el ADN demuestran que *no* descendemos de los neandertales, como antes se pensaba.
- *No hemos cambiado* desde que el primer individuo de nuestra especie, la de los humanos anatómicamente modernos,

apareció en el registro fósil de la Tierra hace aproximadamente doscientos mil años.

- Los eventos específicos que dieron origen al ADN que nos hace singulares *no se produjeron* en la naturaleza.

Así pues, ahora que sabemos lo que *no* , ¿qué dice la mejor ciencia de nuestro tiempo sobre lo que *somos*? ¿Cómo es la nueva historia del ser humano?

ESTO ES LO QUE SOMOS

- Los HAM aparecimos en la Tierra hace aproximadamen-te doscientos mil años con el ADN y el cerebro y el sistema nervioso avanzados —que nos diferencian de otras formas de vida— ya desarrollados y activos.
- Parece que somos una especie única y limitada a nosotros mismos, con nuestro propio árbol genealógico, sencillo, en lugar de constituir una variación de formas de vida preexistentes que tradicionalmente se muestran en un árbol genealógico cada vez más poblado.
- El ADN que nos hace únicos es el resultado de una rara disposición de los cromosomas, que se fusionaron y optimizaron de un modo que no se puede concebir como aleatorio.

Clave 14: El científico honesto, que no esté condicionado por el entorno académico, la política ni la religión, no puede seguir despreciando las nuevas pruebas sobre el origen del ser humano y pretender mantener su credibilidad.

A lo largo de mi vida, he observado que cuando veo algo que no entiendo, por lo general se debe a que no dispongo de suficiente información. Creo que la teoría convencional sobre el origen del ser humano –la historia que se nos ha dicho que creamos– es uno de estos casos. Es evidente que las pruebas que he expuesto en este capítulo no avalan la teoría de la evolución de Darwin. Aunque la ciencia es buena y los métodos que utilizan los científicos son sólidos, tenemos la responsabilidad de reconocer las limitaciones de lo que la ciencia puede revelar. Como decía antes, las pruebas científicas pueden demostrar fehacientemente *qué* ocurrió en el pasado, pero no pueden demostrar necesariamente *por qué* ocurrió algo o si lo sucedido fue fruto de la intención.

Por ejemplo, si una noche calurosa de verano vemos que está ardiendo un campo lleno de hierba, los conocimientos científicos nos dicen que algún tipo de chispa lo ha prendido. Revelan que el fuego solo puede ser consecuencia o bien de una fuente de calor suficiente para prenderlo (la *temperatura de ignición*) o bien de otro fuego; por ejemplo, la chispa accidental que produce la hoja del cortacésped al golpear contra una piedra, la llama intencionada de una cerilla o un mechero o el impacto de un rayo que cae al suelo. Lo que quiero decir con todo ello es que sin conocer previamente las circunstancias presentes en el lugar cuando se desencadenó el incendio, la ciencia no puede determinar la razón exacta por la que se produjo la chispa o la llama, o si tuvo lugar un acto intencionado. Si hace miles de años hubo un incendio, gran parte de las pruebas relacionadas con las circunstancias en que se produjo se habrían perdido en la noche de los tiempos. Todo lo que sabríamos por los restos carbonizados de un tronco o una piedra chamuscada es que hubo un incendio.

La fusión del ADN en el cromosoma 2 humano es como ese incendio. La ciencia puede decirnos que se produjo esa fusión y cómo se produjo. Pero los científicos son incapaces de determinar todas las circunstancias relativas a la fusión, porque se han perdido en el transcurso de muchísimos años; así, para entender lo que observamos, solo podemos confiar en los hechos, la lógica y el razonamiento deductivo. Esto mismo que digo sobre el cromosoma 2 es de aplicación al gen FOXP2.

SOMOS HUMANOS POR DISEÑO

Quiero dejar absolutamente claro que lo que muestro a continuación no es una conclusión científica revisada y avalada por expertos, si bien científicos tradicionales con los que he hablado me han confesado que sospechan que es una conclusión acertada. Pero estos científicos no quieren exponer públicamente sus sospechas, porque tienen miedo de perder la reputación, la credibilidad y hasta el empleo. Si considero honestamente las pruebas que he expuesto en estos capítulos, creo que es lógico mirar más allá de la evolución y de una increíble racha de «buena suerte» biológica para explicar el hecho de nuestra existencia.

Las pruebas apuntan de forma abrumadora a que:

1. **Somos el resultado de un acto de creación intencionado**
   - Las mutaciones del FOXP2 y del cromosoma 2 humano son específicas.
   - Parece que las mutaciones del FOXP2 y del cromosoma 2 tuvieron lugar de forma rápida, y no a través de procesos evolutivos largos y lentos.
   - La optimización del cromosoma 2 que se produjo *después de la fusión* parece ser intencionada.
   - Después de más de ciento cincuenta años de búsqueda, el hecho de que no se hayan encontrado pruebas

físicas que nos vinculen a otras formas de vida del árbol genealógico de los primates indica que podemos ser una especie única y exclusiva, sin ninguna historia evolutiva.

2. Somos obra de una forma de vida inteligente
- Los tiempos, la precisión y la exactitud de nuestras mutaciones genéticas, y la tecnología necesaria para producir tales mutaciones, implican la previsión e intención de una inteligencia avanzada.
- La inteligencia que llevó a cabo las modificaciones genéticas que nos hacen humanos disponía de la tecnología avanzada necesaria para lograr, hace doscientos mil años, lo que hoy solo estamos aprendiendo a realizar (por ejemplo, fusionar ADN y entrelazar genes).

El sincero reconocimiento de estas posibilidades nos abre a un paradigma que cambia lo que pensamos de nosotros mismos y de nuestro lugar en el universo. Con este cambio, nos liberamos del paradigma de que somos una especie solitaria insignificante y pasamos a ser depositarios de un raro linaje que solo estamos empezando a explorar. Y aquí es donde empieza la magia de este libro. Estamos aquí con el cuerpo y el sistema nervioso que hacen posible nuestra capacidad para la compasión, la empatía, la intuición, la autosanación y mucho más. El hecho de que contemos con ello indica que se nos destinó a utilizar, y dominar, las sensibilidades que nos llegaron de su mano.

La nueva historia del ser humano empieza con nuestro origen. Comienza con el hecho de que, desde nuestro inicio, estamos cableados neurológicamente para unas capacidades sorprendentes. Este diseño nos permite formas impresionantes de vivir y una vida extraordinaria.

Al considerar que poseemos estas avanzadas características desde nuestro principio, de inmediato se nos plantea una pregunta: ¿cómo podemos despertar hoy plenamente estas capacidades en nuestras vidas? En los capítulos que siguen, te invito a acompañarme en un viaje de descubrimiento en el que responderemos de la mejor forma posible esta pregunta y analizaremos qué significa ser humanos por diseño.

3

EL CEREBRO DEL CORAZÓN

Células del corazón que piensan, sienten y recuerdan

*Si el siglo XX ha sido, por así decirlo, el siglo del cerebro,
el siglo XXI debería ser el siglo del corazón.*

Dr. GARY E. R. SCHWARTZ y
Dra. LINDA G. S. RUSSEK

Los primeros fósiles de humanos anatómicamente modernos fueron descubiertos en un abrigo rocoso del suroeste de Francia en 1868. A la formación donde se realizó el descubrimiento se la llamó *abri de Cro-Magnon* (que, en el dialecto local, quiere decir «refugio de la familia Magnon, habitante de la cueva»), un nombre que pronto se redujo a Cromagnon.[1] Con el nombre de ese enclave se bautizó a los humanos cromañón, hoy conocidos como HAM. Con independencia del nombre que se utilice para referirse a las primeras personas que vivieron en esa región de Francia, aquellos antiguos humanos eran distintos de cualquier otra forma de vida de las que existían en aquel tiempo o que jamás hayan existido.

Del mismo modo que hoy los forenses pueden utilizar el ordenador para reconstruir la masa muscular, la carne y los elementos faciales de un cuerpo humano moderno que se haya reducido al esqueleto, los científicos pueden emplear la misma tecnología con los esqueletos de HAM, y los elementos que pueden reconstruir se parecen a los nuestros… porque esos humanos somos nosotros. Las pruebas arqueológicas y del ADN revelan que no hemos cambiado en doscientos mil años.

Los humanos anatómicamente modernos tienen características que los diferencian de otros seres antiguos, como los neandertales, de quienes hoy sabemos que vivieron en la misma época. Los machos HAM, de una altura media de 1,75 m,[2] eran altos en comparación con los machos neandertales, cuya altura variaba entre 1,63 y 1,65 m.[3] Los HAM tenían una estructura ósea en general más fina y frágil, el cráneo más redondeado en la parte posterior y la cara más pequeña y con la barbilla más puntiaguda.

Además de estas diferencias visibles, los HAM presentaban una constitución avanzada, unas diferencias que se ven a simple vista y que les daban ventaja sobre todas las demás formas de vida de la Tierra. Muchos científicos atribuyen su supervivencia a lo largo de la edad de hielo hasta los tiempos modernos a estas características avanzadas, entre ellas un cerebro un 50% mayor que el de su pariente primate más cercano; un lenguaje complejo, una anatomía que le permite estar de pie, andar y correr erguido, y un dedo pulgar oponible.

Para no dejar lugar a duda alguna, quiero subrayar que está demostrado que la constitución de los HAM de hace doscientos mil años era básicamente la misma que la de los humanos actuales, tanto en el aspecto genético como en el fisiológico. Por esta razón, se da por supuesto que las avanzadas características que hoy poseemos las tenían también nuestros ancestros. Sus características inherentes incluían la capacidad que hoy tenemos de recurrir a la red de neuronas, los órganos vitales y las glándulas de todo el cuerpo para activar conscientemente –y, por tanto, a voluntad– su extraordinario potencial para disfrutar de beneficios como la intuición profunda y la autosanación.

Voy a comparar la presencia de esta red de los HAM con lo que ocurre en otras formas de vida que también poseen redes neuronales, pero están menos desarrolladas y han de recurrir a su entorno exterior para activar los beneficios de su anatomía. El pequeño pez cebra, habitualmente utilizado para experimentos de laboratorio, es un ejemplo perfecto de lo que quiero decir. El 80% de las neuronas de su cerebro solo se activan a la vez cuando se estimula al pez con algo exterior a su cuerpo, por ejemplo una señal visual que lo induce a pensar que la corriente lo arrastra en sentido opuesto. Ello es el equivalente al «todo listo» del cuerpo del pez. Esta activación simultánea de las neuronas es lo que le permite obtener de forma inmediata los beneficios de esta experiencia de coordinación. En este caso, el pez cebra puede aprovechar esta fuerza neuronal para nadar con rapidez y corregir el rumbo.[4]

Los antiguos humanos tenían la capacidad de utilizar su fuerza neuronal sin necesidad de ninguna señal exterior. Podían activar a voluntad su potente red de células y órganos especializados. En la actualidad seguimos teniendo esta capacidad.

Aquí es donde la nueva historia del ser humano que nuestra biología demuestra se aleja de las ideas originales de Darwin sobre la evolución. El acceso consciente a nuestra avanzada red neuronal nos da los poderes casi divinos de la intuición, la autosanación, la superconciencia y muchos más. Son beneficios que yoguis y chamanes han utilizado a lo largo de los tiempos y que se explican en sus textos místicos sagrados. Tal vez no quepa extrañarse de que la clave del acceso a tales características avanzadas de nuestra experiencia empiece con el dominio de un solo órgano que durante miles de años ha sido el centro de atención de las enseñanzas de nuestros antepasados: el corazón.

Un descubrimiento reciente efectuado en el interior del corazón está sacudiendo los cimientos de lo que se nos ha inducido a creer sobre lo que significa el corazón para nosotros y nuestros cuerpos. Este descubrimiento está trastocando el pensamiento tradicional relativo a cuál es el órgano corporal más importante, pero en realidad coincide con las enseñanzas que se encuentran en nuestras tradiciones más antiguas y preciadas.

EL CORAZÓN INEXPLORADO

Si a personas corrientes se les pregunta cuál creen que es el órgano que controla las funciones del cuerpo, lo más frecuente es que todas ellas den la misma respuesta. Dicen que es el cerebro. Y no es de extrañar que lo digan. Desde los tiempos de Leonardo da Vinci, hace quinientos años, hasta avanzada la década de los noventa del pasado siglo, todas las personas con estudios de Occidente han creído que el cerebro es el director de la sinfonía de funciones corporales que nos mantienen vivos y en buen estado.

Es lo que nos han enseñado. Es lo que nos han inducido a creer. Es lo que los profesores han afirmado con autoridad. Es la premisa en la que médicos y profesionales de la salud han basado decisiones de vida o muerte. Y es lo que la mayoría de las personas dicen cuando se les pide que señalen las funciones de los órganos más importantes del cuerpo. Algunos de los científicos y pensadores más innovadores de las instituciones y universidades más respetadas han aceptado y respaldado la idea de que el cerebro es el órgano principal del cuerpo humano, una creencia que persiste en el pensamiento dominante actual.

La página de inicio de la web de la Clínica Mansfield, asociada al Departamento de Neurocirugía de la Universidad de Cincinnati, es un bello ejemplo de esta forma de entender el cerebro. En ella se dice:

> El cerebro es un asombroso órgano de 1,4 kilos aproximadamente que controla todas las funciones del cuerpo, interpreta la información que le llega del mundo y encarna la esencia de la mente y el alma. La inteligencia, la creatividad, las emociones y la memoria son algunos de los muchos aspectos dirigidos por el cerebro.[5]

La idea de que el cerebro es el centro de control del cuerpo humano, de nuestros sentimientos y nuestros recuerdos ha contado con tal aceptación universal que durante mucho tiempo se ha dado por supuesta. Es decir, hasta hoy. Como desvelarán los descubrimientos que se exponen en los capítulos siguientes, esta interpretación es solo parte de una realidad mucho más amplia.

Actualmente, lo que pensábamos que sabíamos sobre el cerebro está cambiando. La razón es muy simple. Los descubrimientos que se explican en este capítulo, y las décadas de investigación que han seguido, revelan que este órgano solo es una parte de la historia. Es absolutamente cierto que entre las funciones del cerebro están la percepción, las habilidades motoras, el procesamiento de la información y la liberación automática de sustancias químicas ante cualquier urgencia —por ejemplo, la fatiga, el hambre y el deseo sexual—, y además preserva la fuerza de nuestro sistema inmunitario. Pero también es verdad que el cerebro no puede hacer todo esto él solo. Es únicamente una parte del conjunto del cuadro, que aún no ha emergido por completo y del que no se ha dicho todo. El inicio de esta historia se encuentra en el corazón.

> **Clave 15:** Como parte de nuestro avanzado sistema nervioso, el corazón está asociado al cerebro como órgano maestro para informar a este de lo que el cuerpo necesita en cualquier momento dado.

EL CORAZÓN HUMANO: ALGO MÁS QUE UNA BOMBA

En la escuela me enseñaron que la misión principal del corazón es mover la sangre por todo el cuerpo. Me dijeron que el corazón es una máquina de bombeo, una bomba, asombrosa pero, llana y simplemente, una bomba. También me enseñaron que el corazón tiene un cometido: mantener la sangre en movimiento durante toda nuestra vida. Es un cometido extraordinario en todos los sentidos, porque el corazón adulto late una media de ciento un mil veces al día. Y, con ello, hace que entre cinco y seis litros de sangre circulen por unos noventa y cinco mil kilómetros de arterias, capilares, venas y otros vasos sanguíneos.[6]

Sin embargo, cada vez son más las pruebas científicas que apuntan a que la función de bombeo del corazón, importante como es, puede quedar ensombrecida si se la compara con otras funciones que se han descubierto recientemente. En otras palabras, *es verdad* que el corazón bombea con fuerza y eficacia la sangre por todo el cuerpo, pero tal actividad acaso no sea su finalidad primordial, ni exclusiva.

Durante miles de años, nuestros antepasados consideraron que el corazón era el centro del pensamiento, el sentimiento, la memoria y la personalidad: el auténtico órgano maestro del cuerpo. Nacieron tradiciones que lo honraban, tradiciones que pasaron de generación en generación. Se celebraron ceremonias y se desarrollaron técnicas para utilizarlo como conducto de la intuición y la sanación.

En la Biblia se menciona el corazón ochocientas treinta veces, y la palabra *corazón* aparece en cincuenta y nueve de sus sesenta y seis libros.[7] En el libro de los Proverbios se habla del corazón como fuente de una inmensa sabiduría cuya comprensión requiere un exquisito entendimiento: «Como *aguas profundas* es el consejo en el corazón del hombre; mas el hombre inteligente lo alcanzará a sacar».[8]

El mismo sentimiento se manifiesta con claridad en la sabiduría nativa del pueblo omaha de América del Norte, cuya tradición dice: «Haz preguntas desde el corazón y se te responderá desde el corazón».[9]

El Sutra del Loto de la tradición budista *mahayana* habla del «tesoro escondido del corazón».[10] De este corazón dice la escritura que es «tan vasto como el propio universo, y disipa cualquier sentimiento de impotencia».[11]

Clave 16: Para las tradiciones antiguas, el corazón, y no el cerebro, ha sido siempre el centro de la sabiduría profunda, los sentimientos y la memoria y la puerta de acceso a otros reinos de la existencia.

Es evidente que en todas estas referencias se habla del corazón como de algo que es mucho más que una máquina de bombeo. En todas se afirma que en el corazón hay algo más de lo que se nos ha hecho creer. Tenían la misma opinión el visionario filósofo Rudolf Steiner, creador del método Waldorf de educación, y John Bremer, especialista en agricultura biodinámica, quien así lo manifestó a alumnos de la Facultad de Medicina de Harvard a principios del siglo xx.[12]

Si estamos dispuestos a aceptar lo que los descubrimientos siguientes revelan, podremos convenir con Steiner y Bremer en que nuestro corazón es capaz de algo mucho más misterioso, poderoso y bello que ser una simple bomba.

El estudio que hemos emprendido para conocernos ha abierto un camino que oscila como un péndulo. Desde que nací, a principios de los años cincuenta, hasta hoy, he visto cómo el péndulo del pensamiento ha oscilado desde la idea extrema de que el corazón es una bomba aislada que se puede reparar y sustituir como cualquier máquina, hasta la idea de que en realidad es una fuente integral de recuerdos, intuición y sabiduría profunda, además de un órgano biológico que nos da vida —antes de llegar a este segundo extremo, el péndulo pasó por el punto intermedio en que se consideró que el corazón era mucho más que una bomba—. El nuevo punto en el que estamos ubicados nos invita a reconsiderar a qué órgano podemos llamar justamente órgano maestro del cuerpo.

EL «PEQUEÑO CEREBRO» DEL CORAZÓN

En 1991, un descubrimiento científico publicado en la revista *Neurocardiology* disipó cualquier duda sobre que el corazón es algo más que una bomba. El nombre de la revista (Neurocardiología) da una pista sobre el descubrimiento de una intensa relación entre el corazón y el cerebro antes no reconocida. Un equipo de científicos dirigido por el doctor J. Andrew Armour, de la Universidad de Montreal, que estaba estudiando esta estrecha relación entre ambos órganos, descubrió que unas cuarenta mil neuronas especializadas, o *neuritas sensoriales*, formaban una red de comunicación dentro del corazón.[13]

La palabra *neurona* se refiere a una célula especializada que se puede excitar (estimular eléctricamente) lo que le permite compartir información con otras células del cuerpo. Es evidente que en el cerebro y a lo largo de la espina dorsal se concentran una gran cantidad de neuronas, pero el descubrimiento de estas células en el corazón y otros órganos, en cantidades más pequeñas, da una nueva idea del intenso grado de comunicación que existe en el interior del organismo.

Las neuritas son diminutas proyecciones que parten del cuerpo principal de la neurona para realizar distintas funciones corporales. Algunas *extraen* información de la neurona para conectarla con otras células, y otras detectan señales de distintas fuentes y las *llevan* a la neurona. La excepcionalidad de este descubrimiento es que las neuritas del corazón realizan muchas de las mismas funciones que tienen lugar en el cerebro.[14]

Dicho de un modo sencillo, Armour y su equipo descubrieron lo que se ha llamado el «pequeño cerebro» del corazón y las neuritas especializadas que hacen posible su existencia. Como manifiestan en su informe los autores del descubrimiento: «El "cerebro del corazón" es una intrincada red de nervios, neurotransmisores, proteínas y células auxiliares similares a las que se encuentran en el cerebro».[15]

Clave 17: El descubrimiento de cuarenta mil neuritas sensoriales en el corazón humano abre muchas posibilidades similares a las que se explican con detalle en las escrituras de algunas de nuestras tradiciones espirituales más antiguas y respetadas.

Una de las funciones fundamentales del cerebro del corazón es detectar cambios en las hormonas y otras sustancias químicas del cuerpo y comunicar estos cambios al cerebro para que este pueda atender debidamente nuestras necesidades.

Para cumplir tal cometido, el cerebro del corazón convierte el lenguaje del organismo –los sentimientos– en el lenguaje eléctrico del sistema nervioso para que el cerebro entienda los mensajes que le remite. La información codificada del corazón le dice al cerebro, por ejemplo, si en una situación de estrés necesitamos más adrenalina, o si es seguro producir menos adrenalina y ocuparse en fortalecer el sistema inmunitario.

Los investigadores han reconocido la existencia del pequeño cerebro del corazón, y con ello también se ha visto el papel que este cerebro desempeña en una serie de funciones físicas y más que físicas. Algunas de ellas son:

- La comunicación directa del corazón con las neuritas sensoriales de otros órganos del cuerpo.
- La sabiduría asentada en el corazón conocida como *inteligencia del corazón*.
- Los estados intencionados de intuición profunda.
- Las capacidades precognitivas intencionadas.
- El mecanismo de la autocuración intencionada.
- La activación de habilidades de superaprendizaje.
- Y mucho más.

Se ha descubierto que el pequeño cerebro del corazón funciona de dos formas distintas pero relacionadas. Puede actuar:

- Independientemente del cerebro craneal para pensar, aprender, recordar e incluso sentir él mismo nuestros mundos interior y exterior.[16]
- En armonía con el cerebro craneal para ofrecernos el beneficio de una sola y potente red neuronal repartida entre dos órganos.[17]

El descubrimiento de Armour puede cambiar para siempre la idea que tenemos de nosotros mismos. Le da un nuevo sentido a lo que es posible en nuestros cuerpos y a lo que somos capaces de conseguir en la vida. En sus propias palabras: «En los últimos años se ha demostrado que entre el corazón y el cerebro se produce una compleja comunicación en dos sentidos, de modo que uno y otro se influyen mutuamente en sus respectivas funciones».[18]

La nueva ciencia de la neurocardiología está empezando a ponerse a la altura de ciertas creencias tradicionales a la hora de explicar experiencias como la intuición, la precognición y la autosanación. Así se observa de modo especial al analizar los principios que se exponen en algunas de nuestras tradiciones espirituales más antiguas y respetadas. Las enseñanzas históricas demuestran, de modo casi universal, su conocimiento de la función del corazón de influir en nuestra personalidad, las decisiones que tomamos a diario y nuestra capacidad de efectuar elecciones de carácter moral, que incluyen el discernimiento entre el bien y el mal.

San Macario, cristiano copto fundador de un antiguo monasterio egipcio que lleva su nombre, entendió profundamente todo este potencial que reside en el corazón. Dijo:

El corazón no es sino una pequeña vasija, pero en él hay dragones, leones, bestias venenosas y todos los tesoros de la maldad; y hay caminos duros y quebrados, hay desfiladeros; y en él también está Dios, y están los ángeles, la vida y el reino, la luz y los apóstoles, ciudades celestiales, tesoros [...] Todas las cosas están en él.[19]

Entre «todas las cosas» de las que habla san Macario, hoy hemos de incluir los nuevos descubrimientos que documentan la capacidad del corazón de recordar sucesos de la vida, incluso cuando ya no está en el cuerpo de la persona que vivió esos sucesos.

RECUERDOS QUE VIVEN EN EL CORAZÓN

Uno de los misterios de los trasplantes de corazón es que este siga latiendo mucho después de ser extraído de su donante, a veces durante horas, y pueda volver a funcionar una vez puesto en otro cuerpo y conectado a otros vasos y nervios. Este es, en esencia, el misterio: si el cerebro realmente fuera el órgano maestro del cuerpo, responsable de enviar las instrucciones *al* corazón para que lata y bombee sangre, ¿no dejaría el corazón de latir y funcionar una vez interrumpida su conexión con el cerebro? ¿Por qué funciona sin estas instrucciones?

Los siguientes hechos históricos, y el descubrimiento a que dieron lugar, arrojaron mucha luz sobre el misterio del corazón y abren nuevas perspectivas sobre el papel fundamental que este desempeña en nuestra vida cotidiana.

El primer trasplante de corazón que tuvo éxito se realizó en Ciudad del Cabo (Sudáfrica) el 3 de diciembre de 1967. Aquel día, el doctor Christian Barnard colocó el corazón de una mujer de veinticinco años fallecida en un accidente de automóvil en el cuerpo de Louis Washkansky, un hombre de cincuenta y tres años que padecía una lesión cardíaca.[20] Desde el punto de vista médico, la operación fue todo un éxito. El corazón de la mujer empezó a funcionar de inmediato en el cuerpo del hombre, tal como esperaba el equipo que realizó el trasplante.

Una de las principales dificultades de todos los trasplantes, incluido el de Washkansky, es que el sistema inmunitario de la persona que recibe el corazón (o cualquier órgano) no lo reconoce como propio e intenta rechazar el tejido ajeno. Por esta razón, los médicos utilizan unos fármacos especiales para reprimir el sistema inmunitario del receptor y así engañar al cuerpo para que acepte el nuevo órgano. El aspecto positivo de esta técnica es que funciona y reduce las probabilidades de rechazo. Pero el éxito tiene un elevado precio.

Al tener el sistema inmunitario muy debilitado, el receptor del órgano nuevo pasa a estar vulnerable frente a infecciones tan comunes como el resfriado, la gripe o la neumonía. Y esto es exactamente lo que ocurrió con el primer trasplante de corazón humano. El nuevo corazón de Louis Washkansky funcionó perfectamente hasta que el hombre falleció dieciocho días después del trasplante debido a las complicaciones de una neumonía. Sin embargo, el hecho de que sobreviviera dieciocho días con un corazón nuevo demostró que el trasplante de un órgano era una posibilidad viable en casos en que el cuerpo, sano en todos los otros aspectos, pierde un órgano por accidente o enfermedad.

En las décadas posteriores al primer trasplante de Barnard, los procedimientos y técnicas se han perfeccionado hasta el punto de que en la actualidad los trasplantes de corazón se realizan de forma habitual. En 2014, se practicaron unos cinco mil en todo el mundo.[21] Puede parecer una cifra elevada, pero si se tiene en cuenta que hay cincuenta mil personas que esperan un corazón de un donante compatible, es evidente que la demanda de donantes de órganos seguirá siendo alta en el futuro que cabe prever.[22]

Expongo aquí esta historia sobre los trasplantes de corazón porque tiene una relación directa con el tema de este capítulo.

Desde los tiempos de los primeros trasplantes, siempre se ha dado un curioso fenómeno que la comunidad médica reconoce hoy como posible efecto secundario del trasplante de corazón. Se llama *transferencia de memoria*. Uno de los ejemplos más tempranos de este fenómeno fue documentado por la experiencia directa de una mujer llamada Claire Sylvia, a la que se practicó un trasplante en 1988. En su libro *A Change of Heart* [Un cambio de corazón] explica sus vivencias como receptora y cómo estas vivencias abrieron las puertas a los investigadores para el estudio serio, y la posterior aceptación, de que los recuerdos de la vida se pueden preservar en el corazón, cualquiera que sea el cuerpo en que se encuentre.[23]

Sylvia, bailarina profesional en su día, recibió con éxito el corazón, y los pulmones, de un donante cuya identidad inicialmente no fue revelada. No mucho después de la operación, empezaron a apetecerle alimentos que antes nunca le habían gustado de forma especial, por ejemplo los *nuggets* de pollo y los pimientos verdes. En el caso de los *nuggets*, el capricho era muy específico. Inexplicablemente, para satisfacerlo Sylvia se sentía atraída por la cadena de restaurantes KFC. Antes de la operación, nunca le había gustado ese tipo de comida, por lo que amigos, familia y médicos estaban desconcertados ante tales caprichos.

Justo antes de la operación le comunicaron a Sylvia que recibiría los órganos de un joven que había fallecido en un accidente de motocicleta. Lo habitual es que a la persona que va a recibir los órganos no se le informe de quién es el donante, pero Sylvia rastreó en la información disponible y averiguó en un obituario local la identidad del joven, además de la dirección de sus padres. En una visita a estos Sylvia se enteró de algunos detalles de la vida de su hijo, Tim, de quien ahora llevaba el corazón y los pulmones. Y estos detalles le confirmaron lo que la intuición ya le decía:

que a Tim le encantaban exactamente el tipo de *nuggets* de pollo y pimientos verdes que ahora le gustaban a ella. Era evidente que el deseo de Tim de los platos de los que disfrutaba en vida ahora formaba parte de la experiencia de Sylvia, y que tales deseos le habían llegado con la transferencia de memoria.[24]

> **Clave 18**: La documentación científica de recuerdos que pasan del donante al cuerpo del receptor a través del corazón –la transferencia de memoria– demuestra la realidad de la memoria del corazón.

El de Claire Sylvia fue uno de los primeros casos, y mejor documentados, de transferencia de memoria a través del trasplante de corazón, pero desde entonces ha habido otros. En todos se produce un cambio de personalidad del individuo que recibe el nuevo corazón. Son cambios que van desde el gusto por otro tipo de comida hasta diferencias de forma de ser e incluso de orientación sexual, todo ello reflejo de los gustos y la personalidad del donante.

Los cambios de personalidad son fascinantes, pero no todo acaba aquí. Los recuerdos sentimentales de la vida parecen estar tan arraigados en la memoria del corazón que se conservan con extraordinaria claridad y normalmente los experimenta de nuevo el receptor del corazón.

Quienes dudan de las teorías de la memoria del corazón proponen otras explicaciones alternativas a los cambios de personalidad y de estilo de vida que se producen después de un trasplante, incluidas determinadas alergias a fármacos e influencias subconscientes, pero hay un tipo particular de experiencia que las teorías de los escépticos no pueden explicar. Este tipo de casos documentados son los que han llevado a aceptar la transferencia de memoria como un hecho, y no como una curiosa coincidencia.

SI EL CORAZÓN ESTÁ VIVO, LOS RECUERDOS PERMANECEN

Dos años después de la publicación del libro de Sylvia, en 1999, el neuropsicólogo Paul Pearsall publicó otro libro de referencia en el que documentaba casos de memoria del corazón. En el libro, titulado *El código del corazón*, se explicaban recuerdos y sueños vivos, incluso pesadillas, de enfermos a quienes se les había practicado un trasplante. Lo extraordinario de uno de los casos era que se pudo confirmar que las experiencias del receptor eran sucesos que el donante había vivido. En dicho caso, una niña de ocho años había recibido el corazón de otra niña dos años mayor.

Casi inmediatamente después de la intervención quirúrgica, la niña empezó a tener sueños aterradores, auténticas pesadillas, en que alguien la perseguía, la atacaba y la asesinaba. El trasplante fue técnicamente un éxito, pero el impacto de las pesadillas siguió. Al final la niña fue remitida a una psiquiatra para que evaluase su estado mental. Los sucesos y las imágenes que la pequeña describía eran tan claros, coherentes y detallados que la psiquiatra se convenció de que esos sueños eran algo más que curiosos efectos secundarios del trasplante. Tuvo la seguridad de que la niña hablaba de recuerdos de algo que realmente había sucedido. La pregunta era de quién eran esos recuerdos.

Finalmente, las autoridades intervinieron en el caso, y pronto se descubrió que la niña recordaba detalles de un asesinato no resuelto que se había producido en su ciudad. Dio detalles acerca de dónde, cuándo y cómo se había cometido el crimen. Incluso repitió palabras que se dijeron durante el ataque y dijo el nombre del asesino. Con los detalles que facilitó, la policía consiguió localizar y detener a un hombre que encajaba con la descripción y las circunstancias en que se habían producido los hechos. El hombre fue juzgado y declarado culpable de agresión y asesinato de la niña de diez años cuyo corazón estaba ahora en el cuerpo de la niña de ocho.[25]

Este caso demuestra la perfecta realidad del pequeño cerebro del corazón, un cerebro que funciona de una forma que antes se pensaba que era exclusiva del cerebro craneal. El descubrimiento de este segundo cerebro ubicado en el corazón, y las convincentes pruebas de su capacidad de pensar y recordar, han abierto la puerta a una grandísima diversidad de posibilidades en nuestras vidas.

¿Qué significa para nosotros el potencial oculto del corazón? Desde que Leonardo da Vinci dibujó, hace casi seiscientos años, los nervios que conectan el cerebro con los principales órganos del cuerpo, se nos ha inducido a considerar el cerebro y el corazón en términos disyuntivos.[26] Científicos, ingenieros y entendidos en problemas analíticos piensan desde hace tiempo que el cerebro es el centro maestro de control de las funciones del resto del cuerpo, de modo que a menudo han dejado de lado el corazón. Al mismo tiempo, pintores, músicos y pensadores intuitivos han creído que el corazón es la clave de la inspiración, la perspicacia ante los retos de la vida y la profunda sabiduría que nos puede orientar, y en consonancia con tal creencia han desechado la capacidad reflexiva del cerebro en favor de estas funciones. Hoy es evidente por qué este pensamiento disyuntivo no funciona, en general, demasiado bien.

Separar el cerebro del corazón ofrece una imagen incompleta de todo nuestro potencial. Está claro que cuanto más se descubre que el corazón y el cerebro pueden comportarse como una sola red para regular el cuerpo, más evidente es que el mayor beneficio lo obtenemos cuando armonizamos ambos órganos para que trabajen juntos, en lugar de ocuparnos exclusivamente de uno o el otro. Cuanto más sabemos cómo generar armonía entre el cerebro y el corazón, mejor uso podemos hacer de este conocimiento para aprovechar la fuerza de nuestros mayores potenciales.

Clare Boothe Luce, escritora y congresista, dijo en cierta ocasión: «El mayor grado de sofisticación es la sencillez».[27] Esto es especialmente verdad en el caso de la naturaleza, la cual es simple y elegante, hasta que la complicamos con descripciones extrañas y fórmulas complejas. ¿Puede haber, pues, algo más sencillo que el hecho de que el cerebro del corazón y el cerebro de la cabeza formen de modo natural una única y potente red que nos permite experimentar la intuición profunda, la empatía y la compasión?

Estados de conciencia destacables como estos se atribuyen habitualmente a las extraordinarias habilidades de místicos, monjes y yoguis ejercitados, pero creo que en realidad son estados de conciencia que están al alcance de todos y que nuestra cultura sencillamente ha olvidado.

LA SABIDURÍA DEL CORAZÓN EN LA VIDA COTIDIANA

¿Te has encontrado alguna vez ante una decisión que parecía imposible de tomar? Tal vez la de seguir con un tratamiento médico que no se ajustaba a tus creencias. Quizá la de continuar con una relación difícil o romperla. Posiblemente, si tomabas la decisión equivocada, tu vida o la de un ser querido estaba en juego.

Pueden parecer situaciones muy distintas, pero todas tienen en común que no es fácil decidir lo más conveniente. En ninguna hay una respuesta claramente correcta o incorrecta.

No existe ningún «libro de la verdad» al que, ante decisiones difíciles, puedas recurrir para que te diga qué es lo mejor que puedes hacer. Si alguna vez has tenido que tomar alguna decisión de este tipo, probablemente te diste cuenta de que cada amigo en quien intentaste buscar consejo tenía una opinión distinta sobre el mejor camino que podías seguir, así que al final te encontraste con una serie de opiniones diferentes que dificultaban aún más tu elección.

O tal vez ocurrió otra cosa. Tal vez seguiste el consejo de un amigo o familiar que puso su mejor voluntad en ayudarte. Quizá probaste con la antigua solución de hacer una lista de pros y contras para responder tu pregunta. Esto es lo que me aconsejaba mi madre cuando en mi juventud tenía que tomar una decisión difícil.

—Toma una hoja de papel y haz dos columnas —me decía—. Escribe en una «Ventajas», para todo lo bueno que pueda haber en lo que decidas, y en la otra «Inconvenientes», para lo que no sea tan bueno. Suma una columna y otra, y los totales te darán la respuesta. Y si no funciona, pregúntale a tu padre.

Puedo asegurar por propia experiencia que ninguna de estas soluciones funciona. Antes de que mi padre nos abandonara, cuando yo tenía diez años, no podía confiar mucho en él para que me contestara las grandes preguntas de la vida. De modo que si mi madre no sabía responderme, me quedaban muy pocas opciones. Y la lista que ella me aconsejaba que hiciera siempre parecía favorecer la que *yo* quería que fuese la respuesta, y no la que realmente era la mejor.

La razón de que sea tan difícil tomar decisiones importantes que no son evidentes guarda relación directa con cómo se nos ha condicionado a pensar. A la mayoría nos han enseñado a pensar exclusivamente con el cerebro. Hay ocasiones en que el razonamiento mental funciona; por ejemplo, cuando planificamos la construcción de una casa, resolvemos un problema matemático complejo o tomamos medidas para asegurarnos el futuro. Pero hay veces en que al intentar responder las grandes preguntas de la vida mediante el razonamiento solamente, en realidad nos limitamos. Resolver los problemas solo razonando a veces puede ser un proceso lento y engorroso por dos motivos:

- **Las decisiones basadas en la razón normalmente se filtran a través de nuestras percepciones y experiencias pasadas.** Cuando decidimos lo que vamos a hacer con una relación íntima, por ejemplo, la decisión pasa por los filtros de nuestra autoimagen. De ahí la suma importancia que tiene la respuesta a la pregunta ¿quién soy? La mente decidirá seguir con la relación, o terminar con ella, según el valor personal que nos otorguemos. Como veremos en el capítulo siguiente, este sentimiento deriva, en parte, del relato científico de la evolución y del sentimiento de insignificancia que nos genera.

- **La mente tiende a justificar las conclusiones a las que llegamos a través del razonamiento circular, una forma de pensar que para avalar una conclusión la reafirma.** Por ejemplo, si te dijera: «Me gusta Bon Jovi porque es mi banda preferida», el elemento circular del razonamiento está en que afirmo lo mismo dos veces, empleando las palabras *gusta* y *preferida*. Con ellas, utilizo el segundo pensamiento para justificar el primero, y el primero para justificar el segundo.
Este tipo de razonamiento se puede manifestar de formas inesperadas; por ejemplo, podemos reforzar el miedo

a aceptar un trabajo nuevo y difícil que nos acaban de ofrecer, y con este miedo podemos justificar la idea de rechazarlo. En este caso, el razonamiento circular es más o menos este: *Ya tengo un trabajo seguro en una buena empresa* ➡ *Si acepto el nuevo empleo y las nuevas responsabilidades, es posible que no sepa cumplir con las expectativas que conlleva* ➡ *Si pierdo ese empleo nuevo, no tendré seguridad* ➡ *Ya tengo un empleo seguro en una buena empresa.*

Quiero dejar claro que ninguna de las características anteriores de la resolución mental de problemas es mala ni buena en sí misma. Lo que digo es que la vida nos pone en situaciones muy distintas en las que hemos de decidir mediante formas de pensar diferentes; en unos casos con el cerebro, y en otros con el corazón. El razonamiento basado en el corazón puede sernos menos familiar en este mundo tan acelerado de la tecnología y la información digital, pero, en un sentido muy real, la sabiduría del corazón es tal vez la tecnología más sofisticada de la que jamás hayamos podido disponer.

En lugar de sopesar los pros y los contras de una decisión, o de evaluar las probabilidades de que una experiencia pasada se repita en el presente, la inteligencia del corazón sabe al instante lo que más nos conviene en un momento dado. La aceptemos o la ignoremos, la sabiduría del corazón está ahí, a nuestro servicio. Se manifiesta en lo que sentimos sobre otras personas, y cuando tomamos decisiones importantes en la vida. Los estudios científicos sobre la precisión de las primeras impresiones en cuanto a si podemos confiar o no en una determinada persona son un claro ejemplo de la sabiduría del corazón que todos hemos experimentado en algún momento de la vida.

EL CORAZÓN LO SABE ENSEGUIDA

Un estudio dirigido por el doctor Alex Todorov, psicólogo de la Universidad de Princeton, demostró que cuando nos encontramos con una persona por primera vez, la evaluamos casi de forma inmediata: «Enseguida decidimos si esa persona tiene o no muchos de los rasgos que consideramos importantes, encanto personal y talento por ejemplo, aunque no hayamos intercambiado con ella ni una sola palabra —dice—. Parece que estamos programados para sacar conclusiones de forma rápida y sin pararnos a reflexionar».[28]

Si nos detenemos a pensar con qué rapidez nos formamos opiniones sobre los demás, nos daremos cuenta de que es algo que tiene perfecto sentido. Es la forma que tiene la naturaleza de mantenernos a salvo. Nuestros ancestros, por ejemplo, no podían permitirse el lujo de dedicar muchas horas a conocer a quienes se encontraban mientras vagaban en busca de comida y un clima propicio. No se sentaban a tomar un té y preguntarles por los intereses comunes, la familia o sus pasatiempos preferidos a esos individuos que, envueltos en pieles de oso, los acechaban con lanzas en la mano. Tenían que saber enseguida, casi al instante, si podían confiar en ellos o no. Si no podían, debían reaccionar rápidamente. Saber las respuestas a esas preguntas en una o dos milésimas de segundo les daba tiempo para hacerlo.

Es obvio que las circunstancias de nuestras vidas han cambiado como consecuencia de la sociedad moderna, pero nuestra experiencia humana esencial sigue siendo en gran parte la misma que siempre ha sido. Cuando conocemos a alguien, seguimos necesitando saber lo antes posible si estamos a salvo y si podemos confiar en esa persona. Así ocurre en los negocios, en las amistades y, en especial, en el amor y las relaciones íntimas. Los científicos han atribuido tradicionalmente nuestras primeras impresiones a alguna función del cerebro, pero nuevas pruebas apuntan a que en la formación del juicio interviene algo más que el cerebro. El corazón cumple una función vital que nos ayuda a decidir en menos de un segundo.

El Instituto HeartMath (IHM) es un centro de investigación pionero que se dedica a estudiar y comprender todo el potencial del corazón humano; en algunos casos, más allá de lo que se suele hacer en los laboratorios y las aulas de las universidades. Quiero aclarar que no soy empleado del IHM, pero llevo más de veinte años colaborando estrechamente con ellos para compartir muchos de sus descubrimientos de base científica con el público en general.[29] En lo que resta de este libro haré referencias, con el permiso del IHM, a sus estudios, sus descubrimientos y sus técnicas, para ilustrar todo lo que nos puede reportar la aceptación del potencial de nuestro corazón. Por ejemplo, un resumen de estudios sobre la intuición dirigidos por el IHM muestra bellamente el papel que desempeña el corazón en nuestras decisiones:

En la base de esta capacidad [la intuición] está el corazón humano, el cual tiene un grado de inteligencia cuya complejidad y vastedad seguimos estudiando y comprendiendo. Hoy sabemos que podemos cultivar esta inteligencia en beneficio propio de muchas formas.[30]

Como señalaba antes, la inteligencia del corazón sortea los filtros del cerebro (pensamientos relativos a experiencias pasadas, la autoestima y demás); por esto puede decidir sobre nuestra seguridad y nuestro bienestar de forma casi inmediata. En el estudio de Todorov se descubrió que cuando nos encontramos con una cara nueva, elaboramos un juicio en tan solo una décima de segundo.

En otros diversos estudios se ha descubierto que, exactamente como nos decía nuestra madre en términos no científicos, la primera impresión normalmente es cierta. Sin embargo, vivimos en una sociedad que tradicionalmente ha desechado la intuición en el pasado; por esto observamos que, ante decisiones de suma importancia, muchas veces hacemos caso omiso de las primeras impresiones.

Tengo amigos, por ejemplo, que me han confesado que cuando conocieron a la persona con la que después se casaron, su primera reacción fue la de salir corriendo enseguida. Pero en lugar de atender a la sabiduría de su corazón, racionalizaron lo que sentían e hicieron todo lo contrario. Todo indicaba que no había ninguna buena razón para seguir con aquella relación.

En un caso, no fue hasta los doce años de matrimonio cuando una amiga con la que compartía despacho en una empresa admitió que la primera impresión que le había producido el que después fue su marido había sido la correcta. El hombre con el que se casó no desarrolló hacia ella más respeto del que le tenía cuando se conocieron. El punto fundamental en este caso es que mi amiga supo —su corazón supo— casi al instante (en tan solo una décima de segundo) que la relación no era segura. No hizo caso a lo que el corazón le decía, y empleó doce años de su vida en llegar a la misma conclusión. En esos doce años, había tenido experiencias que le hicieron reconsiderar lo que pensaba de sí misma y aceptar que merecía más respeto del que su marido le demostraba.

Las experiencias de este tipo evidencian que en lugar de razonar las decisiones en términos categóricos de buenas o malas, algo que sobre el papel puede parecer adecuado, tenemos la oportunidad de acudir a una sabiduría más profunda que está más allá de todos los sesgos de la mente. En última instancia, todo se reduce a la intuición y lo que sentimos en el corazón.

DESPERTAR LA SABIDURÍA DEL CORAZÓN

La aceptación de los beneficios de la sabiduría del corazón nos puede catapultar inmediatamente más allá de los límites tradicionales en lo que se refiere al estilo de vida, la capacidad de resolución de problemas e incluso nuestra capacidad para el amor. Son también estas capacidades lo que nos da la resiliencia necesaria para aceptar los grandes cambios que tienen lugar en nuestras vidas, y aceptarlos de forma saludable. Si tenemos en cuenta todo lo que hoy sabemos sobre el corazón (como el hecho de que forma parte de una amplia red neuronal que ya estaba desarrollada cuando nuestros ancestros aparecieron en la Tierra hace doscientos mil años; el hecho de que tengamos en el corazón un pequeño cerebro compuesto de células que piensan, sienten y recuerdan con independencia del cerebro, y el hecho de que podemos activar por nosotros mismos los beneficios procedentes de la relación existente entre el cerebro y el corazón), ahora la pregunta es qué más hace el corazón que solo estemos empezando a comprender. ¿Qué capacidades nos quedan hoy por descubrir que hayamos olvidado que poseemos o que hasta ahora no hayamos comenzado a entender por completo?

Clave 19: El corazón es la clave para despertar la intuición profunda, recuerdos sutiles y capacidades extraordinarias que antes eran consideradas extrañas y aceptar estos atributos como parte normal de la vida cotidiana.

4

LA NUEVA HISTORIA DEL SER HUMANO

Una vida con propósito

Cuando negamos nuestra historia, esta nos define. Sin embargo, cuando nos adueñamos de esa historia, le acabamos dando un nuevo final.

BRENÉ BROWN (1965-),
investigador estadounidense

Cuando respondemos la pregunta ¿quiénes somos? desde el punto de vista de la ciencia convencional, ¿es posible que no solo nos encontremos en el camino equivocado, sino que estemos atascados en él, y que ese camino nos aleje cada vez más de la comprensión de las verdades de la vida que más nos empoderan? El hecho de quedar embarrancados en el camino equivocado ya nos ha ocurrido antes, y la comunidad científica está reponiéndose aún del asombro que le produjo descubrir lo alejadas que estaban sus expectativas la última vez que una teoría que había aceptado resultó ser falsa.

NO ES LO QUE SE ESPERABA

Al término del Proyecto Genoma Humano (PGH) en 2001, los científicos se quedaron atónitos al descubrir que el mapa genético del ser humano era aproximadamente un 75% más pequeño de lo que habían creído. No fue un mero error de cálculo. Era tal la diferencia entre lo que se esperaba y la realidad que la comunidad internacional de biólogos y genetistas que intervinieron en el proyecto tuvo que reconocer una dura realidad acerca de los que habían sido sus supuestos básicos.

Con anterioridad al PGH se pensaba que habría un gen exclusivo para cada una de las proteínas que componen nuestros cuerpos. A partir de esta idea de una correspondencia de uno a uno, los investigadores esperaban que el proyecto identificara al menos cien mil genes en el mapa genético humano. Científicos y empresarios estaban tan seguros de ello que habían planeado desarrollar productos farmacéuticos para modificar y «arreglar» los genes que se descubrieran, y levantar toda una industria nueva de medicina genética, cuando se conocieran los resultados del proyecto.[1] Nadie previó los resultados reales, y cuando estos aparecieron, científicos universitarios, instituciones de investigación y laboratorios de todo el mundo tuvieron que asimilar una sorprendente realidad.

El PGH reveló que el genoma humano está compuesto por una cantidad de genes que oscila entre los veinte mil y los veinticuatro mil —setenta y cinco mil menos de lo que se pensaba—.[2] La pregunta era dónde estaban los genes que «faltaban», y si existieron alguna vez.

Estudios posteriores al PGH revelaron cuál fue el error de la idea original de los científicos. Hoy sabemos que no ocurre que un gen codifique una proteína, sino que un solo gen puede producir los códigos de muchas proteínas, en algunos casos incluso de miles. Un gen de la mosca de la fruta, por ejemplo, puede codificar nada menos que treinta y ocho mil proteínas diferentes.[3] Presumiblemente ocurre lo mismo en los seres humanos, aunque en grado menor. «Parece que la media es de cinco o seis proteínas para un solo gen», indica Victor A. McKusick, coautor del artículo de referencia en el que se explican los descubrimientos del PGH de 2001.[4]

Pero ¿cómo pudo un error tan grave pasar desapercibido durante tanto tiempo? ¿Cómo fue posible que un supuesto básico de los cimientos de un nuevo campo futurista de la ciencia, un campo que se pensaba que conduciría a toda una nueva industria farmacéutica, estuviera tan equivocado?

La respuesta a estas preguntas es la razón de que haga toda esta exposición. *El error se debió a la aceptación científica de una teoría no demostrada* —la aceptación del supuesto de una correspondencia de uno a uno entre los genes y las proteínas— que los científicos habían efectuado a mediados del siglo XX.

Craig Venter, presidente de una empresa que dirigía a uno de los equipos de cartografiado de los genes del PGH, reconoció inmediatamente la importancia de los resultados del proyecto: «En el ser humano solo tenemos trescientos genes exclusivos que el ratón no tiene. Por esto creo que los genes seguramente no pueden explicar todo lo que nos hace ser lo que somos».[5]

El PGH es un ejemplo claro de las consecuencias de aceptar un supuesto científico como un hecho sin que existan pruebas que lo certifiquen. En este caso, todo un campo de la ciencia y la medicina, y las personas e industrias que confiaban en una y otra, se sumieron en el caos a causa de los errores de juicio. Los resultados del PGH también obligaron a reconsiderar una premisa fundamental que los científicos habían aceptado sin reservas y que en las aulas universitarias se había enseñado como si de un hecho se tratara. Hoy parece que los científicos están en el buen camino en lo que se refiere a la relación entre los genes y las proteínas, pero el Proyecto Genoma Humano no es el único caso en que una doctrina no demostrada ha llevado a los científicos a un callejón sin salida en cuanto a sus supuestos. Si lo hubiera sido, podríamos decir que lo ocurrido fue una anomalía. Pero no es así. El ejemplo del PGH ilustra un modo de pensar que ya vimos antes en un pasado no tan lejano.

EL MISMO EXPERIMENTO, UN EQUIPO NUEVO Y UN RESULTADO DIFERENTE

La idea científica de que todo lo que se puede ver y tocar es independiente de todo lo demás es otro ejemplo del tipo de razonamiento que ha llevado a la ciencia a un callejón sin salida. El concepto de la independencia entre las cosas tiene sus raíces en el famoso experimento de Michelson-Morley, realizado por primera vez en 1887. Conocido por el nombre de los dos científicos que lo diseñaron, Albert Michelson y Edward Morley, el experimento encarnaba el tan ansiado esfuerzo de la comunidad científica por resolver, de una vez por todas, la cuestión de si existe un campo universal de energía que conecta todas las cosas.[6] En esa época, la idea era que si ese campo realmente existía, se movería en relación con la Tierra. Y dado que el campo se movería, su movimiento se podría detectar.

El experimento se llevó a cabo en un laboratorio improvisado en el sótano de un edificio de la Universidad Case de la Reserva Occidental. Los científicos de la época interpretaron que sus resultados demostraban que no existe un campo de energía universal, lo cual implicaba que todo es independiente de todo y que, por tanto, lo que ocurre en un lugar afecta muy poco, o nada, a lo que ocurre en otro lugar.

Estas conclusiones se convirtieron en la base de la teoría científica y de la enseñanza durante casi un siglo. Hasta que el experimento que Michelson y Morley realizaron en el siglo XIX se repitió en el xx, varias generaciones crecieron con la idea de que vivimos en un mundo en el que somos independientes unos de otros, y que lo que hacemos en un lugar no tiene efecto alguno fuera de ese lugar. Tal creencia se reflejó en el conjunto de nuestra civilización, desde decisiones personales que afectaban a otras personas y el desarrollo de sistemas económicos que beneficiaban a unos a expensas de otros hasta el cuadro general de la relación de la humanidad con nuestro planeta. Los científicos de todo el mundo aceptaron como un hecho los supuestos de Michelson y Morley... hasta que noventa y nueve años después se revisó el experimento.

En 1986, un científico llamado E. W. Silvertooth repitió el experimento Michelson-Morley en un estudio patrocinado por las Fuerzas Aéreas de Estados Unidos. La revista *Nature* publicó los resultados con el modesto título «Relatividad especial». Con un equipo de detección mucho más sensible que el que Michelson y Morley tenían en 1887, *Silvertooth sí detectó el campo, y este se movía tal como Michelson y Morley previeron que lo haría cien años antes*.[7] Con ello, Silvertooth desmintió toda una visión del mundo.

Durante casi un siglo, la mejor ciencia del mundo moderno se basó en una idea que sencillamente no era correcta. Hoy, afortunadamente, sabemos mejor cuál es la realidad, y podemos aplicar este conocimiento. Pero aun con el segundo experimento que demostró la existencia del campo y el papel fundamental que desempeña en nuestras vidas, hoy el principio de la independencia se sigue aceptando en algunos manuales y se enseña en algunas universidades. Con ello se induce a una generación más a seguir por un camino equivocado.

Pongo el experimento Michelson-Morley y el Proyecto Genoma Humano como ejemplos clásicos de cómo una teoría científica sumamente respetada en un momento puede, y debe, cambiar cuando un nuevo descubrimiento contradice supuestos anteriores. Precisamente este tipo de descubrimiento es el que está desmontando la teoría de la evolución humana, y es de suma importancia que abandonemos individualmente nuestros supuestos pasados y los desechemos públicamente en lo que se refiere a la idea de que el ADN que nos hace ser lo que somos se formó por pura casualidad.

> **Clave 20:** La disposición a aceptar como un hecho un supuesto científico sin que haya pruebas que lo avalen nos puede conducir, y así lo ha hecho en el pasado, a conclusiones erróneas sobre la idea que tenemos de nosotros mismos y nuestra relación con el mundo.

PROBABILIDADES IMPOSIBLES

La historia convencional de la vida sobre la Tierra —la teoría de la evolución— nos pide que creamos que hace mucho tiempo se dieron exactamente las condiciones propicias, de la mejor forma posible y en el momento exacto, para que se cree el entorno adecuado para que las fuerzas oportunas formasen átomos perfectos y los forjasen en los elementos que dieron origen a la primera molécula de vida. Por si no bastara con pedirnos que nos creamos esta improbable serie de acontecimientos, a continuación se nos dice que aceptemos que esta primera célula de vida sobrevivió, y prosperó, de manera que se multiplicó y se diversificó incontables veces, y después se impuso a lo largo de las eras con una estrategia adaptativa conocida como «supervivencia del más fuerte» para convertirse en los cuerpos que nos permiten vivir como hoy vivimos.

Las probabilidades de que esta serie de acontecimientos realmente se produjeran son tan pequeñas que parece imposible que tuvieran lugar.

Ilya Prigogine, el último químico dos veces galardonado con el Premio Nobel, suscribiría la afirmación anterior: «La probabilidad estadística de que las estructuras orgánicas y las reacciones más exquisitamente armónicas características de los organismos vivos se generaran por accidente es cero», dijo.[8] De acuerdo con él, muchos otros científicos, utilizando los métodos más avanzados de que se dispone, hoy pueden demostrar la grandísima improbabilidad de que el origen de nuestro ADN sea el azar.

Antes de su muerte en 1989, el científico y matemático suizo Marcel Golay calculó que la probabilidad de que la proteína viva más simple se hubiese formado por casualidad era de 1 entre 10^{450}, y Frank Salisbury, fisiólogo vegetal y antiguo rector de la Universidad Estatal de Utah, calculó que la probabilidad de que exista una molécula común de ADN es de 1 entre 10^{600}.[9]

Son unas cifras tan inimaginablemente largas y que representan una probabilidad tan remota de que algo ocurra que me voy a detener un momento en ellas para ilustrar lo que los matemáticos nos están diciendo. El número 10^{600} equivale a un uno seguido de seiscientos ceros, un centillón, es decir:

1.000.000.000.000.000.000.000.000.000.000.000.000.000.
000.000.000.000.000.000.000.000.000.000.000.000.000.
000.000.000.000.000.000.000.000.000.000.000.000.000.
000.000.000.000.000.000.000.000.000.000.000.000.000.
000.000.000.000.000.000.000.000.000.000.000.000.000.
000.000.000.000.000.000.000.000.000.000.000.000.000.
000.000.000.000.000.000.000.000.000.000.000.000.000.
000.000.000.000.000.000.000.000.000.000.000.000.000.

000.000.000.000.000.000.000.000.000.000.000.000.000.000.000.
000.000.000.000.000.000.000.000.000.000.000.000.000.000.000.
000.000.000.000.000.000.000.000.000.000.000.000.000.000.000.
000.000.000.000.000.000.000.000.000.000.000.000.000.000.000.
000.000.000.000.000.000.000.000.000.000.000.000.000.000.000.
000.000.000.000.000.000

Esta cifra representa en toda su extensión la improbabilidad de que la primera molécula de ADN se formara por azar. Insisto en este punto porque los científicos en general aceptan que cuando las probabilidades de que algo ocurra son de 1 entre 10^{110} o más, las posibilidades de que ese suceso se produzca son tan pequeñas que es imposible que tenga lugar. Si estos números representaran la probabilidad de que nos tocara la lotería, por ejemplo, seguramente nos abstendríamos de comprar un décimo por la tan remotísima posibilidad de que nuestro número fuera el premiado. Por esto, los propios científicos nos están diciendo que el hecho de que el ADN tan siquiera exista representa una probabilidad que ya es «imposible» si las opciones son de 1 entre 10^{110}... Pero para colmo esta imposibilidad se puede incluso multiplicar por 5, hasta que llega a ser de 1 entre 10^{600}, lo cual hace que la improbabilidad sea todavía mayor.

El astrónomo sir Fred Hoyle y el astrobiólogo y matemático Chandra Wickramasinghe, ambos británicos, calcularon, en un libro del que son coautores, una probabilidad aún menor, de menos de 1 entre $10^{40.000}$, basándose en el número de enzimas conocidas necesarias para que exista la vida y las probabilidades de que hubiesen aparecido por azar.[10] Cuando empezamos a hablar de probabilidades tan bajas, los propios números prácticamente dejan de tener sentido.

Para el no entendido en matemáticas, Hoyle explica claramente que tan desorbitadas cifras equivalen a un tornado que barriera todo un desguace y, con todas las piezas diseminadas en él, ensamblara un Boeing 747.[11] Y, considerando esta improbabilidad, los científicos intentan comprender el origen de la vida. Pero si las pruebas demuestran que somos el resultado de algo más que la pura casualidad que la teoría de la evolución postula, eso significaría que el hecho de nuestra existencia ha de cobrar también un nuevo sentido.

Clave 21: Reconocidos científicos aseguran que es matemáticamente imposible que el código genético de la vida haya surgido a través del proceso evolutivo solamente.

LA EVOLUCIÓN: UNA CLAVIJA CUADRADA PARA UN AGUJERO REDONDO

Cuando Darwin formuló su teoría de la evolución a mediados del siglo XIX, se pensaba que en las décadas siguientes nuevos descubrimientos validarían aún más su teoría, la cual ya se aceptó como una realidad científica en su tiempo. Sin embargo, lo que ha ocurrido desde entonces desmiente tales expectativas. Las pruebas no ratifican la evolución humana. Pero en lugar de dejar que las pruebas nos lleven a escribir una nueva historia del origen del ser humano, se han concentrado los esfuerzos para encajar a la fuerza los nuevos descubrimientos en el esquema de la historia de la evolución existente.

En resumen, vemos pruebas de todo ello en los esfuerzos de los científicos tradicionales por establecer un vínculo entre los antiguos fósiles de primates del pasado y los humanos modernos en el árbol genealógico de los primates. Con producciones de algunos medios de comunicación convencionales, como las de Public Broadcasting Service, que ocultan al público una perspectiva equilibrada, como ocurrió con el tendencioso documental sobre la evolución, y con algunos académicos, como el biólogo Richard Dawkins, que llegan a menospreciar y ridiculizar a todo el que cuestione los conocimientos convencionales sobre el origen del ser humano, la insistencia en que hay pruebas que refrendan las teorías existentes equivale al proverbial intento de encajar una clavija cuadrada en un agujero redondo. Si se persiste en el intento y se la fuerza para que entre en tal agujero, la clavija nunca va a encajar bien, por la simple razón de que ese no es su lugar.

Los descubrimientos sobre el ADN humano revelan que nuestra especie no se ajusta a la historia pulcra e impecable tradicional de la evolución. No obstante, se sigue intentando encajar los hechos en la teoría, de una forma que nos aleja de la correcta resolución del misterio de nuestra existencia.

NUESTRO PUNTO DE NO RETORNO

Una amiga mía tenía un ordenador de mesa que, cuando lo compró, nueve años antes, era el no va más; tenía el *software* más avanzado. Pero cuando fueron apareciendo actualizaciones del sistema operativo, como una mejor seguridad de red, una mayor velocidad en las operaciones y mejoras del sistema, mi amiga olvidó descargárselas. Estaba ocupada en llevar todo el trabajo al día y no pensaba que los mensajes que la advertían de que disponía de nuevas actualizaciones que aparecían en la pantalla de vez en cuando fueran algo prioritario en su plan de trabajo.

Durante aproximadamente los dos primeros años, el hecho de no actualizar el sistema afectó al ordenador de forma casi inapreciable. Algunas de las mejoras eran pequeñas y afectaban poco al trabajo de mi amiga. Esas pequeñas actualizaciones seguían la notación de v1.1, v1.2, v1.3, etc., dentro de la misma versión. Pero cuando los programadores introdujeron en el *software* cambios importantes que justificaban toda una versión nueva, por ejemplo una v2.0, las cosas cambiaron, porque cualquier *software* nuevo empezaba por buscar en el ordenador de mi amiga los elementos de la versión antigua sobre los que se pudiera instalar.

Un día, mi amiga estaba enfrascada en la corrección de un libro nuevo y fue a abrir un archivo que acababa de recibir del editor, que utilizaba otro sistema operativo. Y ahí fue donde todo cambió y recibí una llamada suya en la que me pedía ayuda.

—El ordenador se ha quedado colgado. No puedo ni apagarlo —dijo.

Después de probar con un par de inútiles indicaciones mías, imaginé —sabedor como era de la aversión de mi amiga por las actualizaciones del *software*— lo que estaba ocurriendo.

—¿Qué versión del sistema operativo estás utilizando? —le pregunté.

La respuesta me reveló la causa del problema. El *software* del ordenador de mi amiga llevaba literalmente años desfasado. El que necesitaba para leer el libro con el que iba a trabajar requería elementos de una versión reciente, unas características que no existían en parte alguna del sistema de mi amiga.

Las opciones que tenía eran muy simples. Podía pasarse la tarde bajando e instalando todas las versiones anteriores del *software*, una por una, para incorporar todas las actualizaciones que nunca había introducido, o podía comprar un ordenador nuevo plenamente actualizado, dotado del *software* más reciente. Conociendo lo que mi amiga pensaba de la sostenibilidad y el mantenimiento de los aparatos electrónicos, su decisión no me sorprendió. Optó por dedicar todo un día a actualizar su viejo ordenador en el que tanto confiaba.

UNA HISTORIA NUEVA SOBRE UNA BASE ANTIGUA

La historia de mi amiga y su *software* desfasado es análoga a lo que hoy vive la comunidad científica respecto a la ampliación de las teorías de la evolución humana. La teoría que Darwin formuló en 1859 era una versión 1.0 al respecto. Con el tiempo se dispuso de nuevas tecnologías que ayudaron a la ciencia a realizar descubrimientos increíbles sobre biología molecular y el genoma humano, por lo que la teoría debería haber sido actualizada a las versiones 1.1, 1.2, etc.

Pero no se hizo.

El método científico se basa en el principio de la observación en estudios de investigación individuales que llevan a «actualizaciones» de nuestra base común de conocimientos. La ciencia está diseñada para ser actualizada y revisada constantemente a medida que nueva información va saliendo a la luz.

Sin embargo, lo que ha ocurrido es que la reticencia, incluso la oposición directa, de las comunidades científica y académica a reconocer nuevos descubrimientos relativos al desarrollo humano realizados en los últimos más de ciento cincuenta años se parece al recelo de mi amiga a incorporar sucesivas actualizaciones del sistema a su ordenador. Intentar encajar los descubrimientos de este tipo en la teoría existente de la evolución es como tratar de descargar toda una versión nueva de *software* en un ordenador en el que no cabe. Los descubrimientos 2.0 del ADN son tan distintos de la idea original de la evolución que no hay sitio para ellos. La teoría 1.0 sencillamente no encaja con los hechos.

Mi amiga intentó hacer exactamente lo que la comunidad científica trata de hacer hoy: un esfuerzo por «arreglar» de algún modo el sistema operativo y el *software* del ordenador para poder adaptarlo a las nuevas circunstancias. Pero mi amiga descubrió algo en cuanto a los ordenadores y el *software* que pueden utilizar: que hay un punto de no retorno. El *software* transferido a un ordenador debe estar vinculado directamente a sus características y elementos exactos —los chips, procesadores y capacidades para los que está diseñado—. Cuando programas avanzados empiezan a requerir volúmenes de memoria o velocidades de procesamiento que el *hardware* no puede soportar, el *software* no funciona. Mi amiga puso todo su empeño en introducir todas las actualizaciones que se le ofrecían, pero finalmente no tuvo más remedio que adquirir otro ordenador cuyo *hardware* aceptara las nuevas versiones del *software* que necesitaba para poder trabajar.

Este es el punto exacto en que nos encontramos en lo que a la historia del origen del ser humano se refiere. El intento de incorporar la historia de las mutaciones exactas y rápidas del ADN, como las que se dan en el FOXP2 y el cromosoma 2 humano, a la teoría existente del proceso de evolución largo, lento y progresivo no funciona. Ni puede funcionar, porque esa teoría no tiene en cuenta los nuevos descubrimientos. Hemos alcanzado el punto de no retorno.

Del mismo modo que el viejo ordenador en el que tanto confiaba mi amiga y que tan bien le había funcionado llegó a un punto en que quedó obsoleto, hemos llegado a un punto en que la historia del ser humano que nos hemos contado en el pasado ha quedado obsoleta. Ha llegado la hora de que invirtamos en una nueva teoría que contemple la información anómala que científicos anteriores no supieron explicar.

Genetistas y biólogos han tenido que cambiar de ideas para ajustarlas a los hechos desvelados por el Proyecto Genoma Humano y los físicos se han visto obligados a actualizar sus teorías para adaptarlas a los resultados más recientes del experimento Michelson-Morley. De igual forma, tenemos que hacer sitio para futuros descubrimientos que puedan trastocar algunas de las ideas más respetadas de nuestros mejores pensadores. De forma hermosa y quizá no intencionada, parece que la ciencia ya nos ha dado todo lo que necesitamos para hacer exactamente esto. Las piezas para construir la historia humana versión 2.0 ya existen. Todo es cuestión de que decidamos aceptar lo que las pruebas ya han revelado.

ACTUALIZACIÓN DE LA HISTORIA DEL SER HUMANO

De forma similar al resultado del Proyecto Genoma Humano, la misma ciencia que se esperaba que acabara por refrendar la teoría de la evolución de Darwin y resolver el misterio de nuestro origen ha acabado por hacer todo lo contrario. Nuevos descubrimientos llevan a conclusiones desconcertantes para la tradición científica durante tanto tiempo asentada. Paradójicamente, las pruebas llevan en una dirección que hoy corre paralela a lo que nos dicen algunas de las tradiciones más antiguas y respetadas sobre nuestro origen. Para tu comodidad, incluyo aquí, como piezas para la construcción de la nueva historia del ser humano, un conciso resumen de las pruebas expuestas en los capítulos anteriores.

Hecho 1: Las relaciones que se muestran en el árbol genealógico evolutivo humano solo son especulaciones. Se cree que existen y se enseñan como hechos en las aulas, pero más de ciento cincuenta años de estudios no han conseguido aportar pruebas físicas que confirmen las relaciones representadas en ese árbol genealógico.

Hecho 2: Si el registro fósil es exacto, los humanos anatómicamente modernos (HAM) aparecieron de repente en la Tierra hace unos doscientos mil años, con características avanzadas que los distinguen por completo de toda otra forma de vida ya desarrollada en esos tiempos o que se haya desarrollado a partir de entonces. Estas características siguen con nosotros sin que hayan cambiado, e incluyen:

- Un cerebro un 50% mayor que el de nuestro pariente primate más cercano, el chimpancé.
- La posición erguida y una destreza manual avanzada.
- La capacidad para el lenguaje avanzado.
- Una red neuronal extendida que permite habilidades extraordinarias, como la intuición profunda y el acceso a voluntad a la sabiduría basada en el corazón.

Hecho 3: La ausencia de un ADN común entre los HAM y los neandertales demuestra que los primeros no descendieron de los segundos. Estudios adicionales revelan que nuestros ancestros compartieron la Tierra con los neandertales, de quienes antes se pensó que fueron algunos de nuestros antepasados. Lógicamente, si compartimos la Tierra *con* ellos, no pudimos descender *de* ellos.

Hecho 4: El análisis del ADN revela que:

- El ADN que nos distingue de otros primates es el resultado de un misterioso proceso de «fusión» que derivó en nuestro segundo mayor cromosoma: el cromosoma 2 humano.

- El modo en que se fusionó el cromosoma 2 apunta a que algo que está *más allá* de la evolución ha hecho posible nuestra condición de humanos: el «apagado» o la eliminación de funciones solapadas y el hecho de que se produjera con rapidez, y no muy lentamente durante un largo período.

Únicamente con estos cuatro hechos tenemos razones más que suficientes para reconsiderar la historia tradicional de lo que somos. Es evidente que no somos el producto de un proceso evolutivo, al menos no del tipo de evolución que Charles Darwin tenía en mente cuando formuló su teoría original en el siglo XIX. La probabilidad científica de que el ADN que nos hace humanos se produjera por azar, una probabilidad que se ha comparado con la de que un tornado en un desguace recompusiera un avión, apunta a la conclusión de que los humanos no somos el resultado de sucesos fortuitos puestos en marcha por la casualidad.

La pregunta, pues, es muy sencilla: ¿estamos dispuestos a aceptar lo que la mejor ciencia de nuestro tiempo nos muestra? Si la respuesta es que sí, hemos de aceptar una nueva historia del ser humano que refleje mejor las pruebas que hemos acumulado. La ciencia moderna está debatiendo el significado de estas pruebas nuevas y cómo encajan en la historia de nuestro origen; no así los pueblos indígenas del planeta y los practicantes de algunas de las tradiciones espirituales de mayor aceptación del mundo. En su modo de pensar, las pruebas modernas no hacen sino confirmar y fortalecer su aceptación de las antiguas explicaciones que están en la base de sus creencias.

Más de la mitad del mundo confiesa que practica una de las tres principales religiones nacidas de un tronco común —el judaísmo, el cristianismo y el islam—, por lo que no es de extrañar que las nuevas pruebas científicas sean tan bien recibidas por una parte tan grande de la población mundial.

EXPLICACIONES ANTIGUAS DE UN ORIGEN INTENCIONADO

Casi de modo universal, las escrituras de las tradiciones espirituales más antiguas y respetadas del mundo convienen en que los humanos estamos unidos a algo que nos trasciende y está más allá de nuestro entorno inmediato. Y por distintas que estas tradiciones sean entre sí, sus explicaciones sobre la historia del origen del ser humano guardan un parecido asombroso. Algunas de sus ideas comunes son:

- Una inteligencia avanzada y un acto intencionado son los responsables de nuestro origen.

  * El uso de términos como *ellos* o *ángeles* (en las lenguas antiguas que hablaban los autores de esos textos) al exponer la creación humana apunta a la intervención de una inteligencia grupal.

- Descripciones en las que se explica que somos producto del polvo/el barro/la tierra de nuestro planeta fundido con una esencia que no es de este mundo.

  * En las tres tradiciones abrahámicas —judaísmo, cristianismo e islam— se utiliza el polvo o el barro de la tierra para crear el primer cuerpo de un ser humano.
  * Una vez formado el primer cuerpo humano, por ejemplo, se le «insufla» vida por la nariz, y la sangre de una inteligencia superior se mezcla con el cuerpo de la primera persona.

Las tradiciones antiguas explican con todo lujo de detalles la naturaleza íntima de nuestra creación y cómo, al igual que a nuestros ancestros, se nos ha insuflado lo que se describe como una chispa especial de una esencia misteriosa, que nos une eternamente a unos con otros y con algo que no podemos ver pero que existe más allá de nuestro mundo físico.

Estos detalles se han eliminado en gran medida de las versiones actuales de la Biblia cristiana, pero la antigua literatura hebrea, como el *Hagadá* y ciertos pergaminos «perdidos», demuestra que ese grado de detalle era intencionado en los textos originales. Esa chispa mística, que hasta hoy la ciencia no ha sido capaz de medir, es la que nos diferencia de todas las otras formas de vida de la Tierra.

Los que siguen son unos pocos ejemplos clave de relatos antiguos que ilustran los elementos comunes de la historia a la que me estoy refiriendo.

La historia de la creación según los sumerios. En la región que hoy corresponde a Irak estuvo la antigua Sumeria, donde tradicionalmente se ha pensado que se desarrolló la civilización más antigua de la Tierra. (Nuevos descubrimientos realizados en excavaciones de otras primeras civilizaciones, como el de Göbekli Tepe, en Turquía, revelan que dichos enclaves pueden ser tan antiguos como Sumeria o más). La historia sumeria de la creación está registrada en una tablilla de piedra que se encontró en el sureste de Irak, en la que fue la antigua ciudad de Nippur.

Según la historia de la creación, que los arqueólogos conocen como Génesis de Eridu, el primer ser humano fue creado en Nippur. La historia habla de un tiempo en que múltiples dioses regían en la Tierra. Por razones que se detallan en el texto, uno de los dioses fue sacrificado, y con su sangre mezclada con barro fue creado el primer ser humano. Este es un fragmento del relato:

> Dios y hombre
> se mezclarán en barro
> y formarán una unidad;
> para que hasta el final de los tiempos
> la Carne y el Alma
> estén en buena sazón
> y el Alma forme familia con la sangre.[12]

En otras palabras, esta historia señala que somos producto de un acto intencionado dirigido por seres avanzados de aspecto humano y que nos infundió a todos determinadas cualidades que los dioses pusieron en el nuevo ser humano.

El primer hombre en las tradiciones judía, cristiana e islámica. Los temas recurrentes de las antiguas historias de la creación son descripciones del origen del ser humano como obra de seres más avanzados y de otros mundos. Las tradiciones orales de la Midrash y la antigua Cábala hebreas, por ejemplo, hablan de que el creador hace esta petición a sus ángeles:

> *Traedme polvo de las cuatro esquinas de la Tierra,*
> *y con él crearé al hombre.*[13]

En términos parecidos, en el Corán se dice que Dios creó a la humanidad con elementos naturales:

> *Te hemos creado del polvo.*[14]

Sin embargo, en otro pasaje del Corán el nacimiento del hombre se atribuye a la acción de Dios con el agua:

Él [Dios] ha creado al hombre del agua.[15]

Estas dos últimas descripciones pueden parecer contradictorias, pero la lectura atenta de los versículos aclara el misterio. En la primera descripción, la historia del origen de Adán en el polvo forma parte de una secuencia más larga en la que se explican los sucesos que condujeron a los primeros seres vivos. Los versículos revelan que después del origen de Adán a partir de la tierra hubo un proceso de creación progresiva de más modos de vida a medida que el primer humano comenzaba a tomar forma. En la explicación se dice que después de ser creado a partir de la tierra, el ser humano fue constituido a partir de estos elementos:

Un pequeño germen de vida, después un coágulo de sangre, después un trozo de carne, completos e incompletos, y así te lo decimos para que lo entiendas.[16]

De este modo, el Corán enriquece las descripciones tradicionales de la creación de Adán aportando detalles sobre cómo el «polvo» se convierte en carne.

De manera similar, en el mundo occidental, cuando se pregunta a la gente de qué fue hecho el primer ser humano, la respuesta suele ser de lo «mismo» de lo que está hecho el mundo: tierra, barro o polvo. Para apoyar tales afirmaciones, normalmente recurrimos a la historia bíblica del libro del Génesis. La historia de Adán, que comparten casi dos mil millones de judíos y cristianos, constituye la explicación más elemental del origen del ser humano. Con una simplicidad decepcionante, en el Génesis se expone la creación del ser humano con estas escasas palabras:

Entonces el Señor Dios formó al hombre del polvo de la tierra. [17]

La historia maya de la creación. Aproximadamente entre los años 250 y 900 de la era cristiana, la civilización maya floreció en una vasta extensión de Norteamérica, desde el norte del actual México hacia el sur, por la península de Yucatán, y de Centro América, lo que hoy son los países de Belice y Guatemala, además de partes de Honduras y El Salvador. La civilización maya es reconocida como una de las seis «cunas de la civilización» que al parecer se desarrollaron en diferentes lugares de la Tierra, en tiempos distintos y de forma independiente entre sí. Las otras cinco son Mesopotamia y las civilizaciones del río Nilo, el río Indo, el río Amarillo y los Andes centrales peruanos. [18]

Los antiguos mayas poseían un complejo sistema de matemáticas y escritura jeroglífica, avanzados conocimientos de los ciclos cósmicos y una historia de la creación bien desarrollada. Esta última se conoce hoy como el Popol Vuh, y describe la creación humana de forma muy similar a la historia que se cuenta en algunas de las escrituras semíticas originales. El Popol Vuh señala que el primer intento de creación del ser humano resultó fallido. El proceso de creación se perfeccionó en el curso de intentos posteriores.

Lo que aquí me interesa es que los mayas, que tenían un conocimiento avanzado del cosmos (que no se confirmó hasta mediados del siglo XX), atribuían su existencia a un proceso consciente puesto en marcha por una inteligencia ya existente, y no a un proceso espontáneo y fortuito de la naturaleza. Así empieza la exposición del Popol Vuh:

Juntos hicieron un cuerpo, pero no era bueno. [...] Debemos intentarlo de nuevo.[19]

Los ejemplos anteriores son solo una muestra de elementos comunes de muchas explicaciones indígenas del origen del ser humano. Son explicaciones diversas en sus detalles, pero en lo esencial son asombrosamente similares. Todas dicen que:

1. Somos producto de un acto intencionado.
2. Como tales, estamos relacionados con la existencia de una familia cósmica.
3. Poseemos los rasgos que nuestro creador (o creadores) nos dio.

Estos son, exactamente, los puntos que la teoría de la evolución, en su forma actual, no puede explicar.

Clave 22: Casi de forma universal, las tradiciones antiguas e indígenas atribuyen nuestro origen al resultado de un acto consciente e intencionado.

¿EVOLUCIÓN? ¿CREACIONISMO? ¿O...?

El pensamiento pasado sobre nuestro origen ha sido disyuntivo. Si nuestra historia no es la de la evolución, la alternativa a la que automáticamente se ha recurrido es la de los creacionistas, quienes afirman que nuestro origen es divino, parecido al que cuenta la historia bíblica. Con este tipo de pensamiento, todo el bagaje de la doctrina religiosa del creacionismo, por una parte, y todo el bagaje de los fanáticos de la ciencia que se aferran a la teoría de la evolución, por otra, prácticamente han imposibilitado pensar en una tercera posibilidad. No obstante, los estudios sobre el ADN revelan que tal posibilidad existe.

El hecho científico de la mutación que dio origen al gen FOXP2 e hizo posible el lenguaje complejo y la fusión del ADN de la que nació el cromosoma 2 humano y permitió las avanzadas funciones cerebrales que lleva asociadas, además de las pruebas que indican que tales mutaciones no se pueden atribuir solo a la evolución, todo ello nos invita a pensar en algo que está más allá del creacionismo y la evolución con el fin de determinar el origen de nuestra especie. Para los fines de esta exposición, y respetando el hecho de que esas mutaciones se produjeron, sin dejar de reconocer que algo más que la evolución contribuyó a ellas, vamos a llamar a nuestra tercera posibilidad *mutación dirigida*.

La expresión lo dice todo. Algún tipo de fuerza que hasta hoy la ciencia no ha podido explicar es responsable de la precisión, los tiempos y la perfección de las mutaciones que nos hacen ser lo que somos. Esta fuerza desconocida dirigió las mutaciones que la ciencia ha demostrado que se produjeron. La expresión *mutación dirigida* describe con exactitud la realidad a la que se refiere, pero también plantea la evidente pregunta de quién, o qué, dirigió esa mutación.

La mera contemplación de la posibilidad de una mutación dirigida nos lleva, como es evidente, a un terreno reservado históricamente a las explicaciones religiosas de nuestra existencia o, más recientemente, a explicaciones extraterrestres ajenas al ámbito de la ciencia, al menos de la ciencia tal como hoy la conocemos. La ciencia se basa en la comprensión de la naturaleza y de las muchas manifestaciones del mundo natural, por lo que una explicación sobrenatural del origen del ser humano se sitúa, por definición, más allá de la naturaleza y de la comprensión científica.

Mi opinión, como científico, es que la posibilidad de la mutación dirigida trasciende la teoría de Darwin y del creacionismo. Opino que las pruebas de las que hoy se dispone no apuntan a una explicación sobrenatural, sino que llevan directamente a una interpretación nueva y ampliada del mundo natural y de la propia naturaleza. Parece que esta nueva interpretación tiene el potencial de catapultarnos a años luz de las restrictivas ideas sobre nuestro origen que aceptamos en el pasado. En otras palabras, la voluntad de aceptar las verdades más profundas de nuestro origen nos puede llevar a entender, por fin, los misterios más profundos del cosmos y conocer el lugar que en él ocupamos.

Esta vía de investigación conduce a lo que los científicos llaman una caja de Pandora de posibilidades: una vez abierta la caja es imposible volver a colocar en ella lo que contenía. Desde el misterio de lo que nos hace humanos, más allá del reducido número de genes descubiertos por el Proyecto Genoma Humano, hasta el misterio de las mutaciones que se tradujeron en el gen FOXP2 y el cromosoma 2 humano, nuestra nueva historia nos lleva a aceptar una explicación de cómo nuestros antepasados llegaron a ser anatómicamente modernos —con una constitución idéntica a la nuestra— que está más allá de la probabilidad de unos genes afortunados y una mutación casual.

La voluntad de aceptar la tercera opción, la de una mutación dirigida, nos mete de lleno en terrenos inexplorados y fuerzas nunca vistas y nos obliga a pensar en una inteligencia desconocida que la ciencia fue reticente a aceptar en el pasado. Y aquí es donde todo cambia en lo que se refiere a la respuesta científica a la pregunta ¿quiénes somos? Si aceptamos nuevas interpretaciones de las pruebas existentes, las conclusiones que de ellas derivan solo pueden servir para reafirmarnos en la consideración de nuevas posibilidades sobre la idea que tenemos de nosotros mismos y de nuestro potencial. También pueden ofrecer perspectivas diferentes sobre cómo vivimos la vida y resolvemos nuestros problemas. Y, tal vez lo más importante, tienen el potencial de cambiar el valor que nos otorgamos y el aprecio que sentimos por toda vida humana.

Del mismo modo que hoy nos pasamos horas buscando el pasado de nuestra familia en archivos polvorientos y en webs de genealogía para comprendernos mejor como individuos, creo que también añoramos la conexión con la verdad más profunda de nuestra procedencia como humanos. El estudio de nuestro linaje nos produce una sensación de pertenencia y orgullo, porque descubrimos lo que nuestros antepasados lograron y superaron para que hoy nosotros podamos vivir. Y este mismo sentimiento de orgullo y pertenencia aparece cuando descubrimos que nuestras vidas son el resultado de un acto consciente de mutación dirigida.

He hablado con biólogos, antropólogos y otros científicos sobre las pruebas y sus consecuencias, que he expuesto en los capítulos anteriores. Su reacción es la previsible. Al principio, cuando me oyen insinuar que la evolución no es la historia científica de nuestro origen, creen que estoy bromeando. Después se dan cuenta de que hablo completamente en serio, y el tono de la conversación y la expresión de su cara cambian. Algunos se ponen agresivos y se indignan. Se toman la posibilidad como algo personal y preguntan por qué, siendo como soy su amigo, me empeño en socavar sus muchos años de docencia y su reputación.

Otros, a menudo sin abandonar la conversación, callan. En privado, a veces me confiesan que sabían que llegaría el día en que deberían afrontar esa conversación, pero que desconocían cuándo iba a ser. El día tenía que llegar, me dicen, porque se han ido sumando descubrimientos que en su día fueron considerados anomalías, una acumulación tan rápida que demuestra que la ciencia tomó el camino equivocado para resolver el misterio de nuestro origen. En la base de la historia emergente de la vida humana hay otra historia que se está desplegando, en la escala inconmensurable del propio universo, que describe un tipo de vida diferente.

UN UNIVERSO VIVO DADO POR MUERTO

Durante más de trescientos años, la historia científica del universo nos hizo creer que vivimos en un universo «muerto». Según esta idea, el cosmos está formado por componentes inertes, como el polvo derivado de la explosión de las estrellas o los desechos fruto de la colisión de asteroides y planetas desintegrados. En un universo muerto no tiene sentido la vida ni hay razón para vivir. Pero nuevos descubrimientos realizados por investigadores de vanguardia justifican sobradamente que reconsideremos esta concepción, lo cual significa que, después de todo, es posible que la vida tenga un propósito.

Al frente de los estudios relativos a cómo nos puede afectar en la vida cotidiana el nuevo paradigma científico de que el universo vive está el investigador social Duane Elgin. Su filosofía, basada en pruebas existentes en la comunidad científica, acepta que el universo es un ente vivo que crece y evoluciona, y no un sistema inerte. Elgin muestra que la idea que tenemos del universo y del lugar que ocupamos en él está en la propia base de cómo vivimos la vida y resolvemos nuestros problemas, en especial en cuanto al trato mutuo que nos dispensamos.

Si fuera verdad que vivimos en un universo muerto, tendría sentido hacer lo que ya hemos hecho en el pasado, es decir, explotar al máximo todos los recursos disponibles y obtener de ellos todos sus beneficios. En palabras de Elgin, en coherencia con la idea de que estamos en un universo sin vida «nos aprovechamos de lo que está muerto en nombre de lo que está vivo. El consumismo y la explotación son consecuencias lógicas de la idea de un universo muerto».[20] Así es como ha vivido la humanidad hasta hoy, salvo raras excepciones.

No es casualidad que la forma que tiene Elgin de entender el consumismo y la explotación refleje el mundo en el que hoy nos encontramos. Del mismo modo que la teoría de la evolución nos indujo a pensar que la vida humana es producto de unos sucesos casuales, también se nos ha hecho creer que el universo es un recurso que nos pertenece para que lo dominemos y explotemos.

El problema de tal actitud es que, en última instancia, ha provocado el agotamiento de los recursos naturales, formas insostenibles de producción de alimentos y los conflictos derivados de la escasez de recursos que hoy están en la raíz de tantísimo sufrimiento.

Elgin, sin embargo, piensa que formamos parte de un sistema vivo y que el conocimiento de esta verdad cambiará la forma en que nos relacionamos unos con otros y nos conducirá a un estilo de vida basado en la cooperación, más sostenible. Las semejanzas que se observan en todo el universo, en todos los sistemas vivos conocidos, otorgan credibilidad a esta idea. Desde los microbios y las redes neuronales hasta los ecosistemas y el comportamiento de poblaciones enteras, todos los sistemas vivos, cualquiera que sea su tamaño, poseen características que demuestran el intercambio de energía e información. En apoyo de su teoría, Elgin describe cómo es el universo:

- Completamente unificado y capaz de comunicarse consigo mismo de manera inmediata de formas no locales que trascienden los límites de la velocidad de la luz.

- Sostenido por el flujo constante de una cantidad de energía de proporciones inimaginables.
- Libre en sus niveles más profundos, cuánticos.[21]

A reglón seguido, admite que estas características no significan por sí mismas que formemos parte de un universo vivo, pero señala que cada hecho se suma a un volumen de información creciente que apoya esta teoría.[22] Por extrapolación, como seres vivos formamos parte de este intercambio de energía e información. Nuestra existencia tiene un fin más elevado que el de llegar a final de mes.

> **Clave 23:** Se acumulan progresivamente las pruebas de que existimos como parte de un universo vivo y dinámico, y no en uno compuesto solamente de polvo, gas y espacio vacío.

EN UN UNIVERSO VIVO, LA VIDA TIENE UN PROPÓSITO

En un universo que está vivo, tiene sentido que aparezcan seres vivos a menudo y de múltiples formas. Es comprensible porque la propia vida es la fuerza que dirige el sistema. Descubrir que existimos como seres vivos en el contexto de un sistema aún mayor implica que en nuestras vidas estamos destinados a algo más que nacer, disfrutar unos años en la Tierra y morir. Implica que en algún lugar, subyacente a todo lo que sabemos y vemos, nuestras vidas tienen un propósito.

Y en este punto es donde nuestra historia nos lleva más allá del reino de la ciencia demostrada.

Clave 24: Si somos el resultado de algo más que la pura casualidad, es comprensible que el fin de nuestras vidas sea algo más que la mera supervivencia. Implica que nuestras vidas tienen una finalidad.

Como sociedad, hoy nos hallamos en el punto de encuentro de dos formas de pensar sobre nosotros mismos y sobre el universo en el que vivimos. El universo vivo de Elgin ofrece la imagen completa de la vida con un propósito de arriba abajo: desde la macroescala del propio universo como ente vivo, en cuyo interior, en la microescala, se expresan las células vivas que componen nuestros cuerpos. Los descubrimientos que he expuesto en este libro dan pruebas de abajo arriba: desde el micromundo del ADN mutado que conduce a complejas manifestaciones de la vida dentro del macrocontexto del universo vivo de Elgin.

Si pensamos en el universo como en algo que está vivo, todo cambia. Las palabras de Elgin le dan un bello sentido a esta idea:

En un universo vivo, nuestra existencia física está impregnada, y sostenida, por una vivacidad que es inseparable del universo más amplio. Considerarnos parte de un tejido de creación que no presenta roturas nos despierta el sentimiento de conexión y compasión con la totalidad de la vida. Reconocemos nuestros cuerpos como vehículos preciosos y biodegradables que nos permiten adquirir experiencias de vida cada vez más profundas.[23]

Aquí podemos encontrar la respuesta a la pregunta del propósito de la vida. La existencia de un universo vivo significa que somos parte del mundo que nos rodea, y que nuestra vitalidad se integra en una vitalidad mayor. Y dado que la propia finalidad de la vida del universo es crecer, cambiar y perpetuarse, estas son exactamente las cualidades que, como seres humanos, nos hemos de afanar en incorporar mientras estemos en este mundo.

Las satisfacciones y las decepciones de cada empleo, el éxtasis y el desengaño de cada relación íntima, la inefable dicha de traer un niño al mundo o el dolor insufrible de perder a un hijo, la decisión de adoptar otra vida humana y la capacidad de salvar una vida, cada guerra que iniciamos y cada una que finalizamos..., con cada una de las experiencias que la vida nos depara, aprendemos a conocernos mejor como individuos y como especie.

En un nivel tácito, y probablemente subconsciente, es posible que creemos exactamente estas experiencias para impulsarnos hasta el límite de lo que pensamos que es la verdad sobre nosotros y lo que es posible en la vida. Y cada vez que nos impulsamos hasta el límite y avanzamos, descubrimos que hay más que saber. Vivimos la experiencia de nuestra condición de seres vivos y, si así lo decidimos, la disfrutamos.

Esta es la definición exacta de un universo vivo y del papel que en él desempeñamos. Nuestra vida y lo que dure son la forma que tenemos de aportar la esencia de nuestra experiencia exclusiva a un ente ya vivo y extremadamente diverso. Tal vez Ray Bradbury lo exprese mejor:

> Somos el milagro de la fuerza y la materia que por sí mismas se remodelan como imaginación y voluntad. La fuerza de la vida que experimenta con las formas. Tú, por ejemplo. O yo. El universo grita que está vivo. Y cada uno somos uno de estos gritos.[24]

Dentro de los límites que la ciencia se autoimpone hoy en día, no hay forma directa de saber con certeza cuál es la finalidad de la vida. Indirectamente, sin embargo, es posible que la respuesta esté oculta ante nuestros propios ojos. Tal vez descubramos que en la propia existencia de nuestras avanzadas capacidades –la intuición, la condolencia, la empatía y la compasión– está la llave para desentrañar este misterio.

Su dedicación a la ciencia llevó a Einstein exactamente a esta conclusión. A muchos científicos que pugnan por desvelar los misterios más profundos de nuestra existencia les ocurre que cuanto más profundo los llevan sus descubrimientos, más reconocen que en la existencia humana hay algo más de lo que un universo estéril y sin sentido pudiera producir por accidente. Cuando a Einstein le preguntaron por el sentido de nuestras vidas, dio una respuesta elegante. Incluyo un fragmento relativamente largo de su reflexión para poner en contexto la respuesta, que destaco en cursiva:

> El ser humano forma parte de la totalidad que llamamos universo, una parte limitada en el tiempo y el espacio. Sin embargo, se experimenta a sí mismo y experimenta sus pensamientos y sus sentimientos como algo separado del resto, en una especie de ilusión óptica de la conciencia. Esta ilusión es una forma de prisión que hace que nos limitemos a preocuparnos por nuestros deseos personales y que limita nuestros afectos a unas pocas personas que están cerca de nosotros. Nuestra tarea debe ser *liberarnos de esa prisión por medio de ampliar nuestro círculo de compasión hasta abarcar la totalidad de las criaturas vivas y la totalidad de la naturaleza en la plenitud de su belleza.* Nadie lo puede conseguir por completo, pero la lucha por lograrlo es en sí misma parte de la liberación, y el fundamento de la seguridad interior.[25]

La belleza de las palabras de Einstein está en que trascienden las cifras, las estadísticas y la lógica. Es una respuesta exclusivamente intuitiva a una pregunta científica trascendental. Es también un ejemplo perfecto de cómo los avances de la ciencia moderna nos han llevado al límite de lo que la ciencia puede afirmar con certeza. Hay un punto —un límite tácito— donde todos los principios básicos de las explicaciones científicas fallan cuando se trata de explicar la vida. Y fallan porque somos más que células, carne y huesos. La vida humana posee una cualidad que no se puede definir en términos puramente científicos, tal como hoy conocemos la ciencia. Y esta cualidad es lo que nos puede llevar a entender las verdades más profundas de nuestra existencia.

Para la comunidad científica, aceptar el hecho de que la evolución ya no puede seguir contando nuestra historia, dicen, sería como una bola de demolición que un día apareciera y acabara con más de ciento cincuenta años de exploraciones y trabajo arduo, y con vidas enteras de docencia que ese trabajo ha generado. Entiendo perfectamente a quienes piensan así. Nadie quiere ver cómo se desmoronan los cimientos del trabajo al que ha dedicado la vida.

Pero también veo que ocurre otra cosa. Por importante que sea la ciencia en el mundo actual, a medida que empujamos la frontera del conocimiento científico hasta el extremo de su capacidad para definir el mundo descubrimos los límites de su capacidad a la hora de servirnos. Y aquí es donde la ciencia, tal como hoy la conocemos, fracasa. Hay cualidades de la vida humana que, sencillamente, no se pueden medir ni definir.

LA CIENCIA NO PUEDE MEDIR LA CAPACIDAD DE AMAR

En algunos aspectos es posible que valoremos en exceso la ciencia. Quizá le demos excesivo crédito a lo que creemos que esta puede lograr. Tal vez hemos colocado la ciencia y el método científico en un pedestal tan alto que demos por supuesto que disponen ya de las respuestas a los misterios más profundos de la vida, o que tienen el potencial de resolverlos —misterios como cuál es la finalidad de nuestra vida personal—. Si es este el caso, tal vez ello se deba a que al preguntarnos ¿quiénes somos? estemos esperando demasiado de la ciencia.

Así nos lo recuerda el filósofo alemán Karl Jaspers cuando dice: «Los límites de la ciencia siempre han sido fuente de amargo desengaño cuando esperábamos de ella algo que no podía ofrecer».[26]

El «amargo desengaño» del que habla Jaspers tal vez sea exactamente la fuente de la frustración que se observa en la comunidad científica cuando se trata de conciliar los nuevos descubrimientos con la actual teoría del origen del ser humano. Quizá le estemos pidiendo a la ciencia algo que no puede hacer ni jamás estuvo diseñada para hacer. Lo digo por su propia naturaleza. Solo nos puede explicar *cómo* se comportan las moléculas del cuerpo hoy y cómo lo han hecho en el pasado. Pero no puede decir *por qué*, para empezar, aparecieron esas moléculas.

Una de las razones de que la ciencia sea incapaz de dar esta respuesta es que la información científica se basa en sucesos que o bien se observan en la naturaleza o bien se repiten en el laboratorio para demostrar una teoría. La realidad es que nadie de quienes hoy vivimos fue testigo del momento en que la primera vida humana apareció en la Tierra. Y en el laboratorio nunca se ha reproducido el proceso que haría posible un suceso tan asombroso.

Existen explicaciones escritas de la creación humana vinculadas a tradiciones religiosas, elaboradas mucho después del hecho en sí, pero no existe hoy ningún registro de primera mano del momento de la creación humana, salvo el de la propia creación: nosotros. Si queremos determinar el *porqué* de nuestro origen en un universo vivo, hemos de mirar *más allá* del proceso de cómo hemos llegado al punto en el que hoy estamos y, en su lugar, pensar en lo que hemos adquirido en nuestro viaje.

Es un empeño que tal vez no sea tan arduo como parece. Es posible que las pistas que indican si la vida tiene una finalidad estén al alcance de todos en nuestro interior, donde siempre han estado. Viven dentro de cada uno de nosotros en las extraordinarias capacidades que nuestra constitución genética nos ofrece y en la fuerza que nos da nuestra red neuronal expandida de comunicación entre el cerebro y el corazón.

> **Clave 25:** Nuestra capacidad para la intuición profunda, la condolencia, la empatía y la compasión y el poder de autosanación que nos permite vivir lo suficiente para compartir estas capacidades son la aguja de la brújula que nos señala directamente el rumbo de nuestras vidas.

Ninguna otra forma de vida de la Tierra tiene la capacidad de amar desinteresadamente, aceptar el cambio por decisión propia y de forma saludable, autocurarse, autorregular su longevidad o activar su respuesta inmunitaria a voluntad. Y ninguna otra forma de vida tiene la capacidad de experimentar la intuición, la condolencia, la empatía y, en definitiva, la compasión, todas ellas manifestaciones del amor, y vivirlas a voluntad. Estas experiencias exclusivamente humanas demuestran que nuestras vidas tienen un propósito, que no es otro que aceptar estas capacidades para reconocernos ante su presencia.

Segunda parte

DESPERTAR LA NUEVA HISTORIA DEL SER HUMANO

5

ESTAMOS «CABLEADOS» PARA LA CONEXIÓN

Despertar nuestros poderes de la intuición, la empatía y la compasión

El único tiempo que desperdiciamos es el que empleamos en pensar que estamos solos.

MITCH ALBOM (1958-),
escritor y periodista estadounidense

¿Has vivido alguna vez uno de esos momentos en que de repente te parece que formas una sola unidad con todo el universo? En un momento dado estás con los asuntos rutinarios de la vida diaria, y un instante después te encuentras de forma inesperada en completa armonía con toda la vida, todas las personas y todo el mundo. Tal vez estabas sentado en el coche o el camión en un semáforo, esperando a que se pusiera en verde. O quizá estabas mirando por la ventanilla esperando a que los niños salieran del colegio para recogerlos...

Cualquiera que sea el escenario, normalmente es algo que «pasa» cuando no estás concentrado en nada en particular. Cuando te encuentras *entre* pensamientos y no centrado en nada en concreto es cuando desde lo más profundo de ti surge un sentimiento. Tal vez es una sensación de calidez que te abriga el cuerpo. O se te pone la piel de gallina en los brazos o sientes un hormigueo en la nuca. Luego, de repente, es como si el velo que está corrido entre los mundos se rasgara por completo, y se te ofrece un asiento en primera fila para contemplar el sentido de tu vida. Recibes respuestas a todas tus preguntas y ves con claridad el mapa de carreteras que debe permitirte llegar a tu destino.

Y después, con la misma espontaneidad con que empezó el fenómeno, acaba. El semáforo se pone en verde. El conductor del coche que tienes detrás toca el claxon para que aceleres. Y ¡puf! la claridad de lo que veías solo unos segundos antes se evapora. Se ha ido. Y has de volver a centrarte en el mundo del tipo que te está tocando el claxon y ponerte a pensar en qué vas a preparar para cenar. También te quedas pensando adónde ha ido a parar ese claro atisbo que has tenido del sentido de la vida.

CONECTADOS CON TODO EN TODAS PARTES

Es posible que el escenario anterior sea un poco exagerado, pero sin duda es habitual. Todos hemos experimentado momentos de diáfana claridad en que tenemos la sensación de estar «en la zona». Sentimos que estamos donde se supone que debemos estar, porque no pensamos en nada. Y esta es la clave. En el momento en que empezamos a analizar lo que experimentamos, ese estado se desvanece. Y lo hace porque cuando pensamos salimos dando tumbos del punto de destino de la conciencia en el que no pensamos en nada —el corazón— para ir al lugar en el que la concentración requiere un esfuerzo —la mente—.

La zona que nos produce una sensación de conexión, confianza, omnisciencia y paz es un estado natural del ser que conocemos como *intuición*, la cual empieza en el corazón. La intuición basada en el corazón sortea la razón y la lógica convencionales del cerebro pensante. Se sirve de algo más profundo y antiguo que el razonamiento abstracto y, sin embargo, a la mayoría la intuición nos es muy familiar. Si nos detenemos a pensarlo, tal familiaridad no debería extrañarnos. La intuición es el lenguaje interior que nuestros cuerpos han utilizado para comunicarse con nosotros desde que nacimos. Mucho antes de aprender a hablar con la voz, sentimos con nuestras células; siendo esto así, se entiende que esta forma más primigenia de comunicación –el sentimiento intuitivo– sea el lenguaje que el cuerpo emplea para comunicar mensajes vitales sobre la confianza, la seguridad y la supervivencia.

Los ejemplos anteriores de momentos en que sin proponérnoslo nos sentimos en armonía y conectados, sin hacer nada en particular, ilustran un tipo específico de intuición: la *intuición espontánea*. Es la clase de intuición que interviene cuando quiere. También es la que parece que se va cuando se le antoja, normalmente antes de que estemos preparados para que lo haga. La pregunta es si podemos activar intencionadamente esta poderosa forma de intuición cuando más la necesitamos, si podemos activar la intuición profunda a voluntad.

EL IMPULSO DE CONECTAR

Los destellos de intuición espontánea se dan a veces de forma muy simple; por ejemplo, cuando descolgamos el teléfono para llamar a un amigo o un ser querido y descubrimos que esa persona ya estaba en la línea cuando marcamos su número. Hubo un tiempo en mi vida en que tuve este tipo de experiencia con mi madre. Teníamos establecido el ritual de llamarnos todos los domingos. Por muy lejos que me encontrara, hacía todo lo posible por llamarla, enterarme de cómo le había ido en esa semana y contarle lo que yo había hecho. Después de divorciarse de mi padre a mediados de los años sesenta, mi madre decidió vivir sola. Nos veíamos muy poco, y a intervalos muy largos, y la llamada semanal era lo que nos mantenía en contacto. En aquellas llamadas dominicales se repetía un misterio que ilustra el tipo de intuición que explico en este capítulo. Descolgaba yo el receptor para marcar el número de mi madre, y enseguida escuchaba su voz al otro extremo de la línea sin que el teléfono le llegara a sonar.

—Hola —decía—. Soy mamá.

—Lo sé —le respondía—. Iba a marcar el número pero ya estás ahí.

Lo que ocurría le sorprendía menos a ella que a mí, y le divertía más.

—Pues ya ves —decía—. Ya estamos conectados. Será algo paranormal. La percepción extrasensorial nos funciona hoy perfectamente.

Nos reíamos, y siempre era una buena manera de empezar nuestra puesta al día semanal.

Cuento esta historia para ilustrar una cuestión. La conexión entre dos personas que posibilita esa llamada simultánea, como la que yo tenía con mi madre, no es producto de un razonamiento consciente. No es cuestión de anotar en la agenda que vamos a llamar un determinado día a una determinada hora. De hecho, es casi imposible establecer esta conexión profunda de forma consciente. El proceso de pensar cuándo y dónde hacer esa llamada es lo que crea interferencias e impide que se produzca la conexión espontánea.

Cuando me dispongo a llamar a mi madre, en el momento en que levanto el auricular lo hago en respuesta a una indicación subconsciente. Es más la sensación de que es hora de llamar que el pensamiento «es la hora de la llamada». Estoy con las rutinas diarias y de repente siento el impulso —una indicación o un apremio— de levantar el teléfono y llamar en el momento exacto en que lo hago. Y *porque* respondo a una indicación intuitiva, no es extraño que mi madre ya esté al otro extremo de la línea. Si pensara que he de llamar y lo hiciera, aunque fuese un segundo antes o después, perdería el momento y nunca establecería la conexión intuitiva con mi madre.

En las experiencias intuitivas de la vida casi siempre se repiten dos circunstancias universales:

- El impulso de conectar normalmente no es un pensamiento consciente.
- El impulso mutuo de conectar aparece de forma espontánea cuando no lo buscamos ni lo esperamos.

¿INTUICIÓN O INSTINTO?

Después de vivir la experiencia de una conexión intuitiva profunda como la de la inspiración mientras esperamos a que el semáforo se ponga en verde, o la conexión telefónica que yo compartía con mi madre, surgen estas preguntas cuando la experiencia termina: ¿volverá a ocurrir? Y, si lo hace, ¿cuándo? ¿Aguardamos sin más a que el universo nos dé una palmadita en el hombro, esperando disponer de la próxima experiencia intuitiva cuando la necesitemos, o la cuestión es más complicada? ¿Estamos empoderados de algún modo para activar nuestras conexiones intuitivas cuando queramos?

Son buenas preguntas. Y por diferentes que puedan parecer unas de otras, la respuesta a todas ellas está en el mismo sitio. Todo es cuestión de experimentar la intuición por nosotros mismos. Ahora bien, la propia palabra *intuición* significa cosas distintas para cada uno.

Empecemos, pues, por el principio. ¿Qué es la intuición y cómo se manifiesta en nuestras vidas?

● ● ● ● ●

La *intuición* es el conocimiento directo que deriva de cómo recibimos las percepciones de los sentidos, y otras, conscientes e inconscientes. En este sentido, como decía antes, la clave es que la intuición no se basa en el razonamiento. Al contrario, es una evaluación subconsciente del momento actual basada en factores tales como la experiencia, las vivencias personales y los sentidos físicos, y también el instinto, de forma que nos genera una conciencia que no se mueve por la lógica. Mediante la intuición, podemos tomar esos factores y procesarlos rápidamente sin tener que dedicar tiempo a pensar en ellos. A esta conciencia se la llama a veces la brújula del alma, porque nos ayuda a saber lo que más nos conviene en un determinado momento. El escritor estadounidense Dean Koontz define perfectamente este sentido: «La intuición es ver con el alma».[1]

Hay una diferencia entre experimentar la intuición y el fenómeno afín del instinto. El *instinto* es la forma que tiene la naturaleza de informarnos rápidamente de lo que más nos conviene y de cómo reaccionar en el momento presente mediante respuestas que están «programadas» o «conectadas» en la mente subconsciente. El instinto se basa en experiencias pasadas. Lo que nos informa puede ser a veces nuestro pasado personal, pero también puede incluir el pasado colectivo de la respuesta de nuestros antepasados a una situación similar. Cuando algo lo han vivido muchas personas en muchas ocasiones, se integra profundamente en la psique colectiva.

Un ejemplo sería el miedo innato del niño a quedarse solo en el pasillo del supermercado, aunque solo sean los segundos que su madre tarda en ir a buscar una lata de sopa. En el breve instante en que el niño mira a su alrededor y se da cuenta de que su madre no está, la respuesta es casi siempre previsible. Lo normal es que llore acongojado, incluso que grite de terror al ver que de repente lo han dejado solo.

Lo significativo de este ejemplo es que el niño puede percibir realmente un peligro real, aunque nunca antes haya tenido una mala experiencia que justifique sus temores. Cuando ocurre algo así, es muy probable que su miedo esté basado en el instinto.

Las reacciones instintivas se basan en la experiencia colectiva de muchas personas, a lo largo de muchas generaciones, que han aprendido, como en el ejemplo anterior, que es más seguro estar con otra gente en un entorno familiar que solo en un lugar extraño. El miedo del niño es un instinto primigenio de seguridad y supervivencia compartido que se activa en el subconsciente.

Lo habitual es que el instinto no tenga en cuenta los factores del conocimiento y la experiencia personales que puedan influir en la respuesta subconsciente. El instinto nos puede decir, por ejemplo, que debemos atacar para defendernos de amigos o compañeros de trabajo que pensamos que nos han agredido con sus críticas. Sea que nos sintiéramos amenazados por la afilada punta de la lanza del intruso que penetró en nuestra cueva hace diez mil años o que hoy nos hiera el aguijón de la crítica despiadada de alguien conocido, el instinto es el mismo: cuando nos sentimos atacados, reaccionamos deprisa y con determinación para defendernos. Sin embargo, es posible que en la misma situación la intuición nos advierta de que es mejor una respuesta más serena y moderada.

La intuición considera factores adicionales que trascienden lo que tenemos programado, por lo que la reacción puede ser más meditada y menos hiriente. Un ejemplo sería la historia que compartimos con quien nos critica; la certeza de que se preocupa por nosotros, por ejemplo, y de que lo que nos ha parecido un ataque personal en realidad pretendía ser una crítica constructiva. En situaciones así, el instinto de defendernos sigue presente, pero poseemos la capacidad intuitiva de moderar la respuesta. Podemos decirle al amigo o compañero de trabajo que nos sentimos agredidos por su crítica, sin por ello contraatacar de ningún modo. Ajustar así la reacción al momento dado tiene el potencial de evitar que dañemos irreparablemente la relación.

> **Clave 26**: La *intuición* es una evaluación en tiempo real basada en vivencias personales y pasadas, indicaciones sensoriales y la experiencia, mientras que el *instinto* es una reacción que tenemos «programada» en el subconsciente como mecanismo de supervivencia.

DISTINGUIR LA DIFERENCIA

Tal vez no recordemos cómo reaccionábamos de niños cuando nos veíamos solos, pero lo habitual es que de mayores nos encontremos en situaciones en que el instinto nos advierte de que algo no va bien y que podemos estar en peligro. Un ejemplo claro es el desasosiego que sentimos al andar por una calle oscura de un barrio que no conocemos a la una de la madrugada. Es posible que nunca hayamos tenido una mala experiencia al andar de noche por una calle oscura de cualquier parte del mundo, pero otras personas sí la han tenido. Además de la mala fama que puedan tener una calle o una zona determinadas de la ciudad, nuestro miedo es en gran medida una reacción subconsciente basada en las experiencias acumuladas de muchas personas que han ido por calles oscuras en las mismas condiciones, a altas horas de la noche, a lo largo de muchas generaciones.

Igual que al niño le aterroriza estar solo en un sitio extraño, las calles oscuras fueron muchas veces escenario de situaciones desagradables para quienes iban por ellas, y hoy sentimos el mismo miedo. De noche, cuando hay poca gente por las calles, es más fácil verse sorprendido por alguien que vaya con malas intenciones. Cuando nos encontramos solos, de noche, en una calle oscura, el instinto se activa para recordarnos nuestra experiencia colectiva y prepararnos para la posibilidad de una experiencia similar en el momento actual.

Estoy efectuando la distinción entre intuición e instinto a causa del modo de operar de la intuición. En lugar de reaccionar basándose en la acumulación de experiencias anteriores, la intuición nos informa de la realidad actual, de lo que ocurre ahora mismo. Lo puede hacer a gran velocidad, en tiempo real, porque no necesita aplicar el filtro de todas las experiencias de calles oscuras del pasado colectivo, ni de las informaciones sobre crímenes de la prensa local. La intuición empieza en el corazón, concretamente en el pequeño cerebro del corazón: un conjunto de células especializadas que piensan, sienten y recuerdan independientemente del cerebro de la cabeza o del instinto visceral.

Las reacciones intuitivas y el instinto a veces pueden ser contradictorios, y es fácil confundirse cuando apuntan en sentidos opuestos al mismo tiempo. El instinto nos puede advertir de que una calle oscura no es segura, pero es posible que el corazón nos diga que en esa calle en particular, en ese preciso momento, estamos a salvo. ¿Qué debemos hacer en situaciones como esta?

¿Cómo podemos distinguir la voz del instinto visceral de la del corazón, y cuál nos conviene seguir?

Todos experimentamos la intuición y el instinto casi a diario, pero el mayor grado de autodominio lo alcanzamos cuando discernimos entre ellos y conciliamos ambos en nuestras vidas. Para ello necesitamos saber claramente de dónde procede la intuición.

EL OJO ÚNICO DEL CORAZÓN

Parte de mi ascendencia es cheroqui, un pueblo indígena que habitó en el sureste de Estados Unidos. En la lengua cheroqui hay una expresión para referirse a la intuición que ya está presente en nuestro interior, más allá de toda lógica y razón: *chante ishta*. A diferencia de la palabra sánscrita *prana* que no tiene traducción en castellano y significa más o menos «energía vital», *chante ishta* sí tiene traducción directa: «ojo único del corazón».

Chante ishta es la información que procede de la sabiduría natural del corazón. Otra forma de decirlo es que la intuición es un conocimiento que las células especializadas que forman el cerebro secundario del corazón hacen posible. Las células de nuestro corazón están cableadas para percibir el momento presente e informarnos del entorno inmediato. El cerebro de la cabeza puede escuchar lo que las células del corazón detectan y reaccionar en consecuencia, pero no tiene por qué hacerlo necesariamente.

Poseemos la capacidad de escuchar el saber del corazón sin que intervengan el cerebro ni las reacciones instintivas y aprendidas. La clave está en impedir que se filtre la información que recibimos del corazón a través del acervo de conocimientos del instinto. El valor de tal sabiduría es que nos da una perspectiva clara sobre las acciones de las personas, los sucesos de la vida y las situaciones, una perspectiva que trasciende las polaridades del juicio, los sesgos y el miedo.

EL USO JUICIOSO DEL PODER

El corazón desconoce las reglas del comportamiento social y las leyes que dictan las autoridades locales o federales. No sabe qué es lo correcto o incorrecto según la cultura, la sociedad y el gobierno, ni entiende de corrección política. El ojo único del corazón solo sabe qué es verdad para nosotros en un determinado momento. Nos ofrece un punto de referencia cuando no tenemos a nadie a quien preguntar, ni nadie a quien recurrir ante decisiones difíciles de la vida. De este modo, la sabiduría del corazón nos informa, sin filtros ni censuras, de cuál es nuestra situación inmediata.

Dicho esto, todo lo que nos empodera en la vida conlleva una responsabilidad. La que nos impone el poder de la sabiduría del corazón es emplear esta con prudencia, con sentido común, de una forma que nos honre y sea respetuosa con los demás. Quiero decir con ello que la intuición del corazón puede ser una guía útil en la vida, pero no es la base de ningún manual de normas rígidas por las que acabemos esclavizados.

De ti depende seguir los sabios consejos del corazón y moderar la intuición, con sensatez y responsabilidad, según sean las circunstancias del momento.

LA CIENCIA DE LA INTUICIÓN

Muchos de los recientes descubrimientos sobre la intuición y lo que esta significa para nuestras vidas han sido obra de científicos del Instituto HeartMath. Igual que las conclusiones a las que llegaron algunos científicos a principios del siglo XX, los estudios modernos del IHM apuntan a que la función del corazón es mucho más profunda y sutil de lo que se creía anteriormente.

Si conseguimos entender de qué modo el cuerpo facilita la intuición, podremos recrear estas mismas condiciones siempre que queramos, sin tener que esperar a que se produzcan de vez en cuando y de manera fortuita, como en el caso de las llamadas a mi madre. Afortunadamente, después de dos décadas de estudios, los científicos del IHM han desarrollado técnicas que ayudan a hacer exactamente esto. Un estudio realizado en 2007 ofreció algunas de las primeras pruebas científicas de lo que ocurre en el corazón y el cerebro en los momentos de intuición y señala cómo podemos recrear a propósito esas condiciones.

El objetivo del estudio del IHM era investigar una de las conexiones emocionales más fuertes que se conocen: el vínculo intuitivo entre una madre y su hijo. A partir de descubrimientos anteriores que demostraban que «las señales generadas por el corazón tienen la capacidad de afectar a personas de nuestro entorno»,[2] en este estudio en particular se utilizaron monitores para medir las ondas cerebrales de la madre (como las que arroja un electroencefalograma convencional) y el ritmo cardíaco del bebé (como el que refleja un electrocardiograma convencional) mientras la madre tenía a este en el regazo. La predicción era que la interacción entre los campos eléctricos del corazón del bebé y el cerebro de la madre alertaría a esta de las necesidades de su hijo.[3]

Al principio, el efecto del latido del corazón del bebé era indetectable en el cerebro de la madre. Sin embargo, cuando se pedía a esta que pusiera toda su atención exclusivamente en el niño, el patrón de las ondas cerebrales cambiaba de forma radical e inesperada. *Cuando la madre centraba la atención en su hijo, el latido del corazón de este se reflejaba en las ondas cerebrales de ella.* La conclusión del estudio fue que el acto intencional de pasar a prestar atención a su hijo hizo que la madre fuese más sensible a las señales electromagnéticas del corazón del bebé y sintonizase más con ellas.[4]

Este estudio tiene repercusiones para muchos aspectos de nuestras vidas, pero la razón de que lo exponga aquí la resumen perfectamente las palabras de los propios científicos: «Estos descubrimientos tienen implicaciones fascinantes, y apuntan a que la madre que se encuentra en un estado de coherencia física y psicológica se hace más sensible a la sutil información electromagnética codificada en las señales electromagnéticas de su hijo».[5] La *coherencia* se puede definir como la armonía energética que se establece como señal eléctrica entre dos órganos del cuerpo, en este caso entre el corazón de la madre y su cerebro.

Estudios posteriores del IHM y otros centros de investigación señalan hoy que el tipo de conexión intuitiva que demuestran la madre y su hijo puede incluir también la capacidad que tenemos de ajustar nuestras ondas cerebrales a los sutiles campos de energía de otras personas, por razones que van desde la oración emocionalmente provechosa y sanadora hasta las conexiones informales, sea cual sea la distancia que nos separe de los otros implicados.

Tal vez no quepa extrañarse de que los resultados del estudio coincidan con lo que ocurría entre mi madre y yo en nuestras llamadas de los domingos. También contribuyen a explicar por qué la madre que tiene a su hijo en el ejército en zona de combate, al otro lado del mundo, puede sintonizar con lo que le ocurre, como le sucedió a Kaye Young con su hijo Ronald.

LA INTUICIÓN EN EL MUNDO REAL

En 2003, Ronald Young júnior era suboficial mayor del Ejército de Estados Unidos con destino en la Cuarta Brigada de la Primera División de Caballería, con base en Fort Hood (Texas). Un domingo por la noche su madre sintió —como una sensación intuitiva— que su hijo tenía problemas. En aquel momento, Ronald estaba pilotando un helicóptero Apache en el contexto de una misión al suroeste de Bagdad. Dijo Kaye: «Tuve un sentimiento de madre; sentí que mi hijo estaba conmigo, y que me rodeaba con sus brazos».[6]

No mucho después de ese presentimiento, sus temores se confirmaron. Oficiales del Ejército se presentaron en la casa familiar para informar a Kaye y otros familiares de que el helicóptero se había estrellado en la ciudad de Kerbala la noche anterior. Se disponía de muy poca información, y se desconocía el paradero de Ron. Para el Ejército, estaba oficialmente desaparecido en combate.

Cuando Kaye escuchó de boca del oficial la confirmación de que Ron estaba desaparecido, inmediatamente se puso a gritar:

—¡Lo sabía! ¡Lo sabía! ¡Lo sabía!

Y, en efecto, lo sabía. Tal vez desconociera los detalles de lo ocurrido, pero sabía, porque la intuición se lo había dicho, que su hijo tenía problemas. Por las noticias de la televisión de Abu Dabi, la familia se enteró de lo que había sucedido con Ron. En las imágenes aparecía, junto con otra persona, vivo y en cautividad. Los dos hablaban con alguien oculto a la cámara. Eran prisioneros de guerra, pero parecían estar en condiciones razonablemente buenas.[7]

La historia, afortunadamente, acabó bien. Ronald Young fue rescatado por los marines de Estados Unidos en una arriesgada misión en abril de 2003. En la misma operación fueron rescatados el otro piloto del helicóptero, David S. Williams, y otros cinco prisioneros de la Compañía 507 de Mantenimiento.[8] La conexión intuitiva que Kaye tuvo con su hijo le hizo saber algo acerca de lo que le ocurrió antes de que hubiese alguna información oficial al respecto. Es un ejemplo contundente de cómo, en la vida diaria y de forma espontánea, aparece información importante sobre los seres queridos.

> **Clave 27**: El vínculo emocional que existe entre la madre y sus hijos está hoy documentado científicamente por estudios que desvelan la conexión intuitiva que todos podemos desarrollar en nuestras relaciones.

LA INTUICIÓN A VOLUNTAD

En los ejemplos anteriores, la conexión intuitiva se producía de manera espontánea. No hacían nada especial para iniciar conscientemente la experiencia. Sencillamente, ocurría. Es habitual experimentar este tipo de intuición con individuos a los que nos unen fuertes lazos emocionales, porque nos importa mucho lo que les suceda. El nombre técnico de esta experiencia intuitiva es *coherencia psicofísica*, generalmente abreviado como *coherencia*.

Ahora bien, aunque la conexión profunda con otra persona puede ser una experiencia hermosa, cuando esa conexión es espontánea, es difícil confiar en ella para que nos oriente en los momentos en que más la necesitamos, porque nunca sabemos cuándo se va a repetir, ni si va a hacerlo.

Si no hacemos más que quedarnos sentados a la espera de que se descorra el velo y el universo nos muestre cuál es la mejor decisión que podemos tomar, qué empleo es el que más nos conviene, qué momento es el más adecuado para terminar una relación o si debemos llamar a un amigo que nos preocupa, es posible que tengamos que esperar mucho tiempo. La razón es que la intuición espontánea es exactamente así: espontánea. Se presenta cuando ella quiere, no siempre cuando la necesitamos.

Y aquí entra en escena la intuición a voluntad.

Del mismo modo que podemos encender el televisor para ver un gran éxito de taquilla el día y a la hora que nos plazca, también podemos generar coherencia entre el cerebro y el corazón para propiciar los estados más profundos posibles de intuición cuando lo decidamos. La capacidad que tenemos de activar consciente y voluntariamente la intuición es lo que despierta la sabiduría del corazón que antes podía parecer algo esporádico y huidizo. Si reflexionamos sobre la conexión entre Kaye y su hijo en Irak, empezamos a atisbar el potencial desaprovechado que esa capacidad tiene para nuestras vidas.

Podemos disponer de dicho potencial en la vida cotidiana. Y, normalmente, en los momentos más difíciles de la vida es cuando más necesitamos la intuición. La decisión que tuve que tomar acerca de si llevar o no a un grupo de personas a mostrarles Egipto a finales de los años noventa es un ejemplo perfecto del tipo de pregunta para la que no hay una respuesta clara. También es un ejemplo perfecto de una ocasión en que la orientación intuitiva del corazón se mostró clara, directa y precisa.

UNA DECISIÓN DE VIDA O MUERTE TOMADA CON EL CORAZÓN

En noviembre de 1997, tenía programado llevar un grupo de personas a Egipto. Formaba parte de una peregrinación anual que había dirigido desde 1992. Decir que Egipto es un destino fascinante no hace plena justicia a la realidad: supera todo lo que se pueda imaginar. Contemplar con los propios ojos la Gran

Esfinge, un misterio que de niño había estudiado en diversas imágenes, y la Gran Pirámide, con sus casi ciento cuarenta metros de altura, es una de las grandes experiencias que se puedan vivir. Y me había comprometido por contrato a llevar a un grupo de personas de distintos países por el desierto egipcio para que vivieran precisamente este tipo de experiencias.

Sin embargo, en los informativos de la tarde del 17 de noviembre, los medios de comunicación empezaron a mostrar unas imágenes terribles. Los detalles se iban conociendo poco a poco, pero estaba claro lo que había sucedido. Terroristas armados habían dado muerte a cincuenta y ocho turistas extranjeros y cuatro egipcios en un atentado particularmente horrible cometido en el templo de la reina Hatsheput, un popular yacimiento arqueológico cercano a la ciudad de Luxor.[9] Tenía previsto iniciar el viaje la semana siguiente con mi grupo, viaje que incluía una visita al lugar de los atentados.

La que hoy se conoce como *masacre de Luxor* fue devastadora para Egipto en muchos sentidos. El sector del turismo se vino abajo. Cientos de agencias cancelaron sus viajes y abandonaron el país. Las compañías aéreas dejaron de volar a El Cairo. Los hoteles quedaron vacíos. Y el orgullo del pueblo egipcio sufrió una profunda herida.

—Nosotros no somos así —me decían mis amigos egipcios por teléfono—. Por favor, no penséis que somos como ellos —suplicaban.

Inmediatamente comencé a recibir llamadas para preguntarme por el viaje previsto. Quienes se habían apuntado me rogaban que no lo cancelara. Mientras tanto, a las autoridades egipcias les preocupaba la posibilidad de otro atentado. Y la agencia de viajes me pedía que me decidiera, y que lo hiciera pronto. La familia y los amigos me insistían en que no fuera. Las opciones eran claras: podía posponer el viaje, cancelarlo definitivamente o seguir con lo programado. Me sentía inclinado hacia cualquiera de las posibilidades. Las personas con quienes hablaba tenían cada una su opinión, y todas eran razonables. Justo cuando creía haber tomado la decisión acertada, me llamaba alguien y me daba una buena razón para tomar otra. Era claramente una de esas ocasiones en que la decisión no era entre blanco o negro; no existía una decisión buena y una decisión mala, ni había forma de saber lo que iba a ocurrir en los días y semanas siguientes. Estaba solo, con mi instinto, mi intuición y la voluntad de tomar la decisión más respetuosa con el grupo y conmigo mismo.

EL LENGUAJE DEL CORAZÓN

Abrumado por el caos de información y opiniones, desconecté el teléfono y corté todo contacto. Desde mi casa en el alto desierto del norte de Nuevo México, fui a dar un largo paseo por un camino polvoriento por el que había ido muchas veces cuando tenía que tomar alguna decisión difícil. Y apliqué la técnica que más adelante expondré para escuchar lo que mi más profunda intuición pudiera decirme acerca del viaje. Me detuve al cabo de un buen rato y cerré los ojos, puse toda la atención en mi interior y me concentré en el corazón.

Siguiendo los consejos de monjes y monjas tibetanos y yoguis que conozco, y de algunos amigos indígenas, sabía que en ese momento me ayudaría tocar con la punta de los dedos la zona de mi cuerpo cercana al corazón, para centrar en ella toda la percepción. Empecé a respirar despacio, e inmediatamente tuve una sensación familiar de tranquilidad que me impregnaba todo el cuerpo. Me sentía yo mismo, y cuanto más lo sentía, más empezaban a cobrar nuevo significado los terribles acontecimientos de aquel día. Cuando comencé a notar sentimientos de gratitud, en este caso por el sosiego de mi cuerpo y por la oportunidad de tomar aquella decisión tan importante, me hice la pregunta que nadie podía contestar por mí. Desde la inteligencia del corazón, me pregunté en silencio: «¿Es un buen momento para que mi grupo viva la experiencia de los misterios de Egipto?».

En los años que llevo usando la inteligencia basada en el corazón, he descubierto que este opera mejor cuando se le hacen preguntas breves que cuando se le plantean formulaciones muy largas. El corazón no necesita ningún preámbulo a la pregunta que le hagamos ni conocer la historia que pueda haber detrás de la decisión que queremos tomar. Ya sabe todo eso.

A algunas personas, la sabiduría del corazón les llega como un sentimiento; otras pueden tener la sensación de que saben sin necesidad de preguntar, y a otras la respuesta les llega como una voz familiar que han estado oyendo toda la vida. En mi caso, normalmente ocurren todas estas cosas. A menudo oigo primero una voz sutil, reforzada por un sólido sentimiento de reafirmación, seguridad y certidumbre, seguido de una sensación de determinación y plenitud. Y esto fue exactamente lo que ocurrió aquel día en el alto desierto.

Antes incluso de que terminara de formular la pregunta, ya tenía la respuesta a mi disposición: completa, directa y clara. Inmediatamente sentí —supe— que el viaje iría bien. Sería una experiencia profunda, intensa y sanadora. Y, sobre todo, supe que si dejaba que la intuición nos guiara en todas las fases del viaje, estaríamos a salvo. En aquel momento tuve la certeza de que pronto estaría en Egipto con el grupo.

Quiero dejar perfectamente claro lo que estoy diciendo: *la decisión de seguir con el viaje se basó en las impresiones sensoriales que recibí como resultado de un proceso metódico de base científica.* No fue fruto de un sentimiento de confianza en que todo iría según lo programado, ni en que todo iría bien. Este es un tipo de confianza perfectamente adecuada en otras circunstancias, pero cuando se trata de la seguridad y la vida de todo un grupo de personas, la decisión se debe basar en algo más. En mi caso ese algo más fue el profundo saber de la intuición.

Los pasos que fui dando para activar mi intuición profunda parece que también tienen su paralelo en un proceso que otras personas utilizan a veces de manera menos estructurada, pero con resultados similares. El valor de acceder a la inteligencia del corazón es que con ella podemos hacer preguntas sin apegarnos al resultado, a través del *chante ishta*, el ojo único del corazón.

Cuando tuve clara la decisión, llamé personalmente a todos los que se habían inscrito para el viaje, y todos, cualquiera que fuera su edad o su país de procedencia, me dijeron que confiaban en mí en cuanto a si seguir adelante con el viaje, siempre y cuando yo pensara que era seguro; y así lo creía.

> **Clave 28:** La atención intencionada al corazón nos capacita para vivir de modo coherente estados profundos de intuición cuando queramos, a voluntad.

EL PREMIO A LA CONFIANZA EN MI INTUICIÓN

A la semana siguiente, y según lo previsto, salí hacia Egipto con cuarenta personas maravillosas, para iniciar una hermosa aventura, que estuvo llena de sorpresas. Llegamos a un país que estaba llorando la pérdida de tantas vidas y tambaleándose por el impacto del atentado. El entonces presidente de Egipto, Hosni Mubarak, era amigo de nuestro guía, y estaba tan sumamente agradecido de que hubiéramos ido a su país en un momento tan difícil que escribió una carta oficial en la que autorizaba al Departamento de Antigüedades a abrirnos yacimientos arqueológicos muy especiales. Después supimos que algunos de ellos no se habían abierto desde las primeras excavaciones a finales del siglo XIX, y no se han vuelto a abrir después de nuestra visita. Huelga decir que el viaje fue increíble, y se crearon lazos de amistad entre miembros del grupo y ciudadanos egipcios que aún hoy perduran.

La belleza de la sabiduría del corazón es que nos libera de la carga de tener que decidir en segundos. Basándome en lo que sabía que estaba sucediendo en aquel momento, sentí que la decisión de dirigir aquel viaje era acertada. Creo también que si lo hubiera cancelado basándome en lo que aquel día sabía, también hubiese sido una buena decisión. Ahora bien, creo que con la resolución de seguir con el viaje que tomé sirviéndome de la sabiduría del corazón respeté la confianza que habían depositado en mí, y me respeté a mí mismo. Esta fue la mejor decisión posible.

Cuento esta historia para ilustrar cómo la herramienta de la coherencia entre corazón y cerebro me ha servido en el mundo real. Es un ejemplo de una decisión importante que afectaba a cuarenta personas, relacionada con un viaje que nos hizo cruzar medio mundo, pero uso exactamente la misma herramienta, en algunos casos a diario, para planificar el día, templar las relaciones y seguir los principios que considero importantes cuando la vida me pone a prueba.

Lo que sé con absoluta certeza es que si respetamos el corazón, nunca nos podremos equivocar. También sé que si a mí me funciona la inteligencia del corazón también te funcionará a ti.

LA SABIDURÍA DE TU CORAZÓN SOLO ES VERDADERA PARA TI

La inteligencia del corazón te acompaña siempre. Es constante. Puedes confiar en ella. Es importante que así lo reconozcas, porque significa que esa sabiduría —las respuestas a las preguntas más profundas y enigmáticas de la vida que nadie más puede responder— ya existe en tu interior. El vínculo entre tu corazón y el punto donde habitan tus respuestas no es algo que haya que elaborar ni crear antes de poderlo usar, sino que ya está establecido. Te acompaña desde que naciste, y nunca te ha abandonado, pero tú decides el momento de acceder a ese vínculo como «línea directa» con las verdades más profundas de tu vida.

Puedes decidir aprovechar el saber del corazón solo en determinadas circunstancias, cuando no tengas adónde ir ni a quién recurrir. O puedes decidir desarrollar una relación con tu corazón que se convierta en tu segunda naturaleza, en una fuente de orientación a la que puedas acudir todos y cada uno de los días de tu vida. Cualquiera que sea el papel que asignes a la inteligencia de tu corazón, de ti depende cómo compartir lo que le oigas decir a este y cómo gestionar la realidad de tu mundo cotidiano. Ahí es donde interviene el discernimiento.

La sabiduría del corazón puede ser cierta para ti, pero es posible que no siempre lo sea para los demás. Los amigos, hijos, hermanos, nuestra pareja y la familia, todos tienen su propia sabiduría a la que pueden acceder. Cuando intentamos decidir por otro en asuntos trascendentales en un momento determinado, seguramente no podemos saber con seguridad cuál es la realidad de esa persona en ese momento. Posiblemente no podamos conocer, por ejemplo, detalles íntimos de su historia vital desde su nacimiento hasta el momento presente, ni las circunstancias en que hoy se encuentra. Y como no podemos estar seguros de todo esto, nos resulta imposible prever el efecto que nuestro bienintencionado deseo de compartir nuestra sabiduría vaya a tener en la experiencia de esa persona.

Planteo este tema aquí y ahora como punto de reflexión.

Cuando veas que te preguntas si has de compartir lo que la inteligencia del corazón te ha revelado, te recomiendo que, para orientarte, te hagas estas tres preguntas:

1. ¿Cuál es mi intención al contar lo que he descubierto?
2. ¿Quién se beneficiará si comparto esta información? O concretamente: ¿Beneficiará esta información a ____________? (Pon en la raya continua el nombre de la persona con la que estés pensando compartir lo que se te ha revelado).
3. ¿A quién puede perjudicar que cuente esta información?

Lo más importante al abordar estas preguntas es que seas absolutamente honesto contigo mismo en relación con la primera de ellas. Saber lo que pretendes es la base de tu responsabilidad personal. Con ese propósito firmemente asentado, te será fácil evaluar tu respuesta a las dos preguntas siguientes para determinar si se ajustan al objetivo que has formulado. Lo hagan o no, tendrás la respuesta a tu pregunta sobre la conveniencia de compartir ese profundo conocimiento de que dispones.

Con todas estas ideas en mente, vamos a hablar de cómo aplicar los pasos de la coherencia para acceder a la inteligencia y la orientación del corazón.

HAZLE UNA PREGUNTA AL CORAZÓN

Una vez expuesto el papel que desempeña el corazón en el acceso a la intuición profunda, me gustaría aprovechar la oportunidad para presentar una técnica verificada con la que puedes disponer también de la sabiduría del corazón. Quiero que sea un ejercicio personal, por lo que en este apartado voy a simular que estoy hablando contigo, los dos sentados en la sala de estar de mi casa. Este ejercicio es uno de esos puntos en que la ciencia y la espiritualidad se solapan bellamente. Si bien la ciencia puede describir la estrecha relación existente entre el corazón y el cerebro, las antiguas prácticas espirituales, y las técnicas de autodominio que han ayudado a la gente a confiar en esta relación durante milenios, hacen lo mismo sin necesidad de contar con una explicación científica.

Probablemente no sea casualidad que las rigurosas técnicas científicas desarrolladas por los investigadores del Instituto HeartMath se asemejen mucho a algunas de las preservadas en los monasterios y las antiguas tradiciones o por practicantes espirituales indígenas. Todos tenemos nuestra propia forma de aprender, y creo que cuando algo es verdad aparece en el mundo de distintas maneras para así reflejar la diversidad de formas de aprendizaje.

Teniendo presente lo dicho, he decidido exponer, con la debida autorización, la siguiente técnica del IHM, porque es segura, se basa en datos científicos bien documentados y está simplificada de un modo que facilita su empleo en la vida diaria.

Sin embargo, como ocurre con cualquier técnica que se transmite de maestro a alumno, la mejor forma de experimentar los pasos para generar coherencia entre el cerebro y el corazón es con un practicante experto que facilite el proceso. De modo que voy a explicar en los párrafos siguientes los principios que conducen a crear la coherencia entre el corazón y el cerebro, pero te aconsejo que los experimentes siguiendo las instrucciones gratuitas que encontrarás en la web del Instituto HeartMath (consulta el apartado «Recursos»).

La técnica para crear la coherencia entre el corazón y el cerebro se llama, acertadamente, Técnica de Coherencia Rápida®*; el IHM la ha perfeccionado en los tres sencillos primeros pasos expuestos a continuación. Cada uno de ellos, y de forma independiente, envía al cuerpo una señal que lo advierte de que se ha puesto en marcha un determinado cambio. Juntos, estos pasos generan una experiencia que nos devuelve a la armonía natural que existía en el cuerpo humano en tiempos anteriores, antes de que, por diversos condicionamientos, empezáramos a desconectar la red corazón-cerebro. Los pasos 4 y 5, con los que accedemos a la sabiduría del corazón, se basan en la coherencia creada con los pasos 1, 2 y 3.

CINCO PASOS PARA PREGUNTARLE AL CORAZÓN

Estos son los pasos que permiten generar coherencia de forma rápida y acceder a la inteligencia del corazón:

Paso 1: Concéntrate en el corazón
- Acción: Deja que la conciencia pase de la mente a la zona del corazón.
- Resultado: De este modo envías al corazón la señal de que se ha producido un cambio: ya no estás ocupado en el mundo que te rodea, sino que vas cobrando conciencia de tu mundo interior.

---

* También conocida como Técnica de Coherencia Cardíaca.

Paso 2: Respira más despacio

- Acción: Empieza a respirar un poco más despacio de lo normal. Tómate unos cinco o seis segundos para inspirar y otros tantos para espirar.
- Resultado: Este sencillo paso manda al cuerpo una segunda señal que lo advierte de que estás seguro y en un lugar que favorece el proceso. Es bien sabido que respirar lenta y profundamente favorece la relajación del sistema nervioso (la reacción parasimpática).

Paso 3: Percibe una sensación reconfortante

- Acción: Haz todo lo que puedas para percibir una auténtica sensación de afecto, aprecio, gratitud o compasión por algo o alguien. Es fundamental que este sentimiento sea todo lo sincero y honesto que sea posible.
- Resultado: La calidad de este sentimiento agudiza y optimiza la coherencia entre el corazón y el cerebro. Si bien todos podemos evocar un sentimiento, es uno de esos procesos con los que tal vez debas experimentar hasta poder determinar lo que a ti te funciona mejor.

Una vez dado debidamente el paso 3, ha quedado establecida la conexión que une corazón y cerebro, y que se traduce en la coherencia entre ambos. En este punto, ambos están en comunicación a través de la red neuronal que los conecta. Aquí acaba propiamente la Técnica de Coherencia Rápida®, pero también es el primer paso de otros procesos. Podemos usar la coherencia que hemos generado para acceder a estados más profundos de conciencia, incluida la intuición profunda expuesta en este capítulo, que nos permite recibir la orientación de la inteligencia del corazón. Los pasos 4 y 5 detallan el procedimiento para llevarlo a cabo.

Paso 4: Hazle una pregunta a tu corazón

- Acción: Los tres pasos anteriores generan la armonía entre corazón y cerebro que te permite aprovechar la sabiduría del corazón. Respirando despacio y con la atención puesta en el corazón, ha llegado el momento de que formules tu pregunta.

  Normalmente, como mejor funciona la inteligencia del corazón es con preguntas breves y concretas. Recuerda que el corazón no necesita ningún preámbulo ni que se le explique lo que pueda haber detrás de lo que le preguntes. Haz la pregunta en silencio, como una sola frase concisa, y después deja que la inteligencia del corazón responda de un modo que te sirva.

- Resultado: Se activa la intuición e inicias un diálogo.

Muchas personas me piden que interprete los símbolos que aparecen en sus sueños, o el significado de alguna experiencia que han tenido en la vida. Puedo dar mi opinión, pero nada más. Es mi idea de lo que la imagen o la experiencia puedan significar en su vida. La realidad es que me es imposible saber de ningún modo qué significan sus sueños y sus experiencias para quienes los han vivido. También es verdad que ellos sí lo pueden saber.

La clave para dialogar con éxito con el corazón es esta: si tienes capacidad suficiente para vivir la experiencia, la tienes también para saber por ti mismo qué significa esa experiencia.

No quiero interferir en tu proceso de preguntarle al corazón, pero a veces un ejemplo sirve de gran ayuda. Un sueño misterioso es la mejor oportunidad para aplicar la sabiduría del corazón a una situación real. A partir de la armonía entre corazón y cerebro establecida en los tres pasos anteriores, limítate a hacer el siguiente tipo de preguntas, completando el espacio en blanco con el nombre de las personas, los símbolos o las cosas sobre los que preguntes. Solo son ejemplos de formato; puedes elegir el que más te convenga o usarlos de plantilla para elaborar el tuyo propio.

- Desde el profundo saber de mi corazón, pido que se me muestre el significado de _______________ que aparece en mi sueño.
- Mediante el ojo único de mi corazón que solo sabe mi verdad, pido que se me explique el significado de _______________ que vi en mi sueño.
- Pido ayuda para comprender el sentido que tiene _______________ para mi vida.

Paso 5: Escucha la respuesta

- Acción: Percibe cómo se siente tu cuerpo inmediatamente después de hacer la pregunta en el paso 4. Toma nota de cualquier sensación –calor, hormigueo, un pitido en los oídos, etc.– o sentimiento que pueda surgir. Para quienes ya estén familiarizados con la inteligencia de su cuerpo y su corazón, este paso es la parte más fácil del proceso. Para quienes puedan tener menos experiencia a la hora de escuchar a su cuerpo, es un ejercicio de atención.
- Resultado: Todos tenemos una forma exclusiva de aprender y experimentar. No existe una manera correcta ni incorrecta de recibir la sabiduría del corazón. Lo fundamental es que sepas qué es lo que te funciona mejor a ti.

Como decía antes, suelo recibir la sabiduría del corazón en forma de palabras que me llegan al mismo tiempo que percibo sensaciones cálidas en el cuerpo. Otras personas nunca oyen las palabras y solo experimentan una comunicación no verbal; por ejemplo, cierto calor en la zona del corazón o el vientre. Otras sienten que las inunda una ola de paz mientras reciben la respuesta a la pregunta. Recuerda que tú y tu cuerpo formáis una pareja única en el mundo. En este sentido, lo importante es que escuches tu propio cuerpo para averiguar cómo se comunica contigo, y que le des la oportunidad de ser escuchado.

Ahora ya dispones de una técnica pautada que te ayudará a sentirte empoderado ante los mayores retos de la vida. Probablemente no podrás cambiar las situaciones que se te presenten, pero seguro que cambiará el modo que tienes de sentirlas y de reaccionar ante ellas. Si aún no has tenido esta experiencia, es posible que descubras que la sabiduría de tu corazón se convierte en una gran amiga, en una de las mejores fuentes de energía para tu vida. La coherencia y el acierto de las soluciones basadas en el corazón te empoderan para afrontar cualquier situación relacionada con cualquier persona o problema con una seguridad que es difícil que encuentres si te sientes indefenso, abrumado, impotente y perdido.

Puedo decir francamente que la sabiduría del corazón nunca me ha inducido a tomar una mala decisión. Y aunque no he empleado esta técnica para todas las decisiones importantes de mi vida, también puedo decir sinceramente que las únicas de las que me he arrepentido son aquellas que tomé sin hacer caso a lo que el corazón me decía.

A la hora de abordar el ejercicio, te invito a tener en cuenta una cuestión importante: no hay una forma correcta ni incorrecta de recibir la sabiduría del corazón. Cada uno de nosotros nacemos con nuestro código exclusivo que nos da acceso a la sabiduría del corazón y a la forma de aplicarla a la vida. El secreto del código es que cada uno sepa qué es lo que le funciona mejor.

> **Clave 29:** Podemos acceder a la sabiduría del corazón a través de un proceso que se puede resumir en cinco pasos sencillos: concentrarse, respirar, sentir, preguntar y escuchar.

PREGUNTARLE AL CORAZÓN: ALGO ABSOLUTAMENTE NORMAL

La intuición te puede ayudar a sentirte más empoderado ante los mayores retos de la vida. Cada vez que accedes a la sabiduría del corazón, refuerzas y fortaleces las conexiones neuronales que hacen posible el vínculo entre el corazón y el cerebro. Oigo decir muy a menudo a quienes incorporan la sabiduría del corazón a su vida que la Técnica de Coherencia Rápida® les es cada vez más fácil de aplicar.

De hecho, para algunas personas, la experiencia se convierte en algo normal, de modo que para ellas, más que una técnica estructurada, es una reacción automática. Pasan la atención de forma instintiva al corazón muchas veces al día, para considerar en sus debidos términos las dificultades de la vida y equilibrar las exigencias que imponen. Asimismo descubren que una vez que están en el corazón, la capacidad que tienen de aceptar los problemas que les vienen con actitud compasiva pasa a ser también algo normal.

Cuando la gente me cuenta este tipo de experiencias, aunque el proceso no deja de asombrarme, no me extraña lo que oigo, porque la intuición que fluye de modo natural del corazón es el peldaño que nos lleva a los niveles más altos de condolencia, empatía y, en última instancia, compasión. Cuando me detengo a considerarlo, veo que este flujo de experiencia tiene perfecto sentido. Al fin y al cabo, ¿cómo nos podemos relacionar con alguien con actitud compasiva si, en primer lugar, no sabemos identificarnos con el sufrimiento que esa persona siente, y hacerlo de manera saludable? La capacidad de identificarse con la experiencia de dolor, desasosiego o conmoción de los demás sin asumir como propio su sufrimiento —una experiencia que a veces se llama de *cuidado exagerado*— es fundamental para ayudar de manera efectiva a quien sufre, padece o se siente agobiado. Y aquí es donde interviene la empatía.

La capacidad de relacionarse con otra persona —o, para el caso, con cualquier forma de vida— a nivel íntimo se denomina *empatía*. La capacidad de sentir empatía es la clave de la capacidad de experimentar compasión.

LA EMPATÍA: UN PELDAÑO PARA LLEGAR A LA COMPASIÓN

En la popular serie de televisión *Star Trek: La nueva generación* (1987-1994), uno de los personajes principales es la consejera Deanna Troi (que interpreta Marina Sirtis), una *émpata*: una persona hiperempática, que tiene la capacidad de percibir los sentimientos y las emociones de otro ser y experimentarlos a nivel personal. El objetivo declarado del viaje futurista de los protagonistas por el universo es «explorar nuevos mundos extraños, buscar nuevas formas de vida y civilizaciones y adentrarse sin miedo donde nadie lo ha hecho antes», por lo que se entiende perfectamente que la capacidad para la empatía sea parte esencial de la tripulación de la nave. La misión de la nave *Enterprise* está programada para varios años, por lo que es sumamente probable que quienes viajan en ella se encuentren con formas de vida que no se comuniquen con palabras, como hacemos los humanos. Y esto es exactamente lo que ocurre a lo largo de la serie. Pero gracias a las destrezas empáticas de la consejera Troi, esos intercambios no verbales no plantean ningún problema. Aunque cada encuentro con una especie alienígena es único, todos suelen tener un desarrollo común que, más o menos, se ajusta a la siguiente trama.

El capitán de la *Enterprise* comunica con el líder de una nave alienígena aparecida de repente y cuyas intenciones son desconocidas. El líder de la nave alienígena le dice, con sus palabras, al capitán: «Venimos en son de paz», pero la consejera Troi percibe otra intención que las palabras no reflejan. Como *émpata* que es, siente que detrás del intercambio que se produce entre los dos líderes se esconde algo peligroso. De modo que mientras el capitán de la *Enterprise* escucha al alienígena, Troi le dice al oído lo que siente; por ejemplo: «Pretenden destruirnos». Es fácil entender por qué la función de la consejera tiene un valor tan grande para la misión de la *Enterprise*.

La serie es ciencia ficción, no así las habilidades empáticas de la consejera Troi. Son reales, y todos las experimentamos en mayor o menor grado en la vida cotidiana, a menudo sin siquiera ser conscientes de ello.

¿Qué es, pues, la empatía? ¿Qué relación guarda con la condolencia? Y ¿cómo podemos experimentar ambas de forma saludable?

• • •

Tanto la empatía como la condolencia son formas de intuición. Experimentar *condolencia* significa identificarse *con* otros en su dolor o sufrimiento; entonces decimos que sentimos la angustia o la pérdida de otra persona. Cuando, por ejemplo, amigos o familiares sufren la muerte de alguien querido, enviamos tarjetas de condolencia para comunicarles que sentimos su pérdida y lo que debe de significar para ellos.

Cuando experimentamos condolencia, somos observadores; estamos ansiosos de permanecer al lado de los dolientes y ayudarlos en su experiencia. A veces decimos que «solo podemos imaginar» lo que esa pérdida debe de suponer para ellos, afirmación que refleja claramente la realidad. La pérdida que lamentamos no nos afecta de forma directa, pero nos identificamos con el dolor de esa persona querida y recordamos experiencias propias similares para imaginar lo que debe de sentir. La condolencia es el primer paso para llegar a la empatía.

Cuando sentimos *empatía* hacia los demás, vamos más allá de la condolencia. Comenzamos a cerrar la brecha entre reconocer de lejos que alguien está sufriendo y sentir su dolor en nuestras propias carnes. Nos ponemos perceptiva y emocionalmente en el lugar del otro para sentir lo que siente. De este modo nos identificamos más estrechamente, de forma aún más profunda, con su dolor.

La condolencia y la empatía son, ambas, precursoras de la *compasión*. Para comprender a otra persona y reaccionar a su estado de ánimo, antes hemos de sentir empatía por ella. Sin embargo, hay que decir que tener empatía en una situación no significa necesariamente que vayamos a ser compasivos. Podemos ser empáticos con la experiencia ajena sin que la empatía desemboque en la compasión.

Ser alguien compasivo es una decisión. Cuando decidimos efectuar dicha elección, lo que vivimos nos lleva a un nivel de experiencia más profundo.

Clave 30: La intuición, la condolencia y la empatía son los peldaños que llevan a la compasión.

Con la compasión nos implicamos: *hacemos algo concreto para intentar aliviar el dolor de una o más personas*. Esperamos que nuestras acciones contribuyan de algún modo a mitigar el sufrimiento de otros. Pero el objetivo de la compasión no tiene tanto que ver con el resultado como con nosotros y cómo cambiamos cuando decidimos ser compasivos. Cuando nuestra vida refleja la compasión que decidimos tener, esa compasión que hemos asumido se puede reflejar en todo lo que hacemos.

Los grandes maestros espirituales nos recuerdan desde hace siglos que la respuesta compasiva a nuestro mundo empieza en nosotros y reside en nuestra forma de relacionarnos con el mundo. Desde esta perspectiva, podemos decir que la compasión es una potente tecnología interior, una forma avanzada de intuición que nos da el poder de generar soluciones sostenibles desde un nivel muy personal. Cualquier duda que pudiera albergar sobre el poder de la compasión en nuestras vidas se disipó después de mi estancia con tibetanos que, desde una edad muy temprana, habían sido introducidos en las tradiciones de la compasión.

EL ENCUENTRO CON EL ABAD

Una gélida mañana de la primavera de 1998, en las altas montañas del Tíbet, me encontré viviendo una realidad en la que llevaba soñando desde que me alcanzaba la memoria. Estaba dirigiendo un viaje que era en parte un peregrinaje y en parte una expedición de investigación a uno de los lugares más majestuosos, prístinos, remotos y absolutamente hermosos que quedan en la Tierra: la quebrada altiplanicie tibetana, un lugar en que los monasterios budistas han sobrevivido a los duros embates del tiempo durante más de mil quinientos años.

El decimosexto día de aquel viaje, me encontraba sentado junto con unos pocos miembros de mi grupo en el reducido espacio de una pequeña capilla escondida dentro de los impresionantes muros del antiguo monasterio que estábamos visitando aquel día. Rodeados de altares budistas y desteñidos *thangkas* (tapices de intrincados bordados que conservan las grandes enseñanzas del pasado), apenas visibles en aquella pálida luz, teníamos ante nosotros al líder de máxima autoridad del monasterio: el abad mayor. Gracias a las habilidades de nuestro traductor, se nos había ofrecido una audiencia privada con aquel estudiante permanente de la meditación y la compasión.

Durante la hora que duró aproximadamente aquel encuentro íntimo, tuve ocasión de hacer preguntas sobre las tradiciones, las creencias y los más profundos misterios de la vida del Tíbet. Fueron preguntas directas y precisas, y el abad disfrutó de la oportunidad de variar su rutina diaria con nuestro encuentro. Tanto, de hecho, que se resistió al apremio de sus ayudantes, que intentaban que nos dejara para atender otra cita.

Cuento esta historia porque la confianza y la amistad que surgieron en ese encuentro inicial sentaron las bases de un segundo encuentro en otra capilla del mismo monasterio siete años después.

En 2005 visité de nuevo los monasterios del altiplano tibetano. Esa vez iba con otro grupo de investigadores y peregrinos, en un viaje de dieciocho días. Al regresar al monasterio que había visitado anteriormente, nos enteramos de que el abad mayor que tan generoso había sido con su tiempo en 1998 ya no estaba allí: había fallecido. Nunca supimos los detalles de cuándo o cómo había muerto, pero los monjes no nos dejaron ninguna duda sobre la realidad de que el abad ya no estaba en este mundo. Sin embargo, era evidente que las amistades que habíamos entablado siete años antes habían dejado el sello de la buena voluntad entre quienes habían sido los ayudantes del abad y entre otros monjes que aún vivían en el monasterio. De modo que, aunque no conocíamos al nuevo líder que había sucedido al anterior, más joven que aquel —el nuevo solo se aproximaba a los noventa años—, la buena voluntad y las sólidas relaciones nos precedían. Cuando el nuevo abad supo que nuestro grupo había vuelto, fuimos acogidos con sumo cariño y se nos dio oportunidad de continuar la profunda conversación que había empezado siete años antes.

LA FUERZA QUE CONECTA TODAS LAS COSAS

Otra gélida mañana tibetana, esta vez en otra capilla del mismo monasterio, estábamos sentados con el nuevo abad. Solo unos minutos antes, nos habían llevado por un pasadizo sinuoso y de paredes de piedra que conducía a aquella dependencia diminuta, fría y de luz tenue. Mientras esperábamos al abad, recuerdo que me decía que era difícil que pudiésemos hacernos una idea de las conversaciones, las enseñanzas y los procesos de iniciación que habían tenido lugar en el mismo sitio en que nos encontrábamos aquella mañana. Oí a lo lejos el apagado sonido de las sandalias de cuero al golpear el suelo de piedra. Supe que era el abad que acudía a nuestro encuentro. Mientras el sonido se iba acercando, quienes estábamos ahí teníamos la certeza de que la reunión, aunque con retraso, iba a tener lugar.

El abad levantó el pesado tapiz que colgaba en la puerta para que el aire frío permaneciese fuera (o para que el caliente no saliera). Con una enorme sonrisa, llevó el pulgar de su mano derecha al corazón, con el resto de los dedos juntos y señalando al cielo, en medio *mudra* de oración, y con la otra mano sostenía su vestidura mientras se deslizaba por la habitación. Después de las formalidades de las presentaciones y la bendición de las *khatas* —unas estolas blancas ceremoniales que los visitantes ofrecen al abad para que las bendiga—, nos indicó que estaba dispuesto para que le formulásemos preguntas. Y allí, recogido en el silencio del antiguo monasterio, le hice una pregunta sobre el tema del libro que por entonces estaba escribiendo, *La matriz divina* (editorial Sirio).

—En vuestra tradición —comencé— ¿cuál es la fuerza que nos conecta con otras personas, el mundo y todas las cosas? ¿Cuál es el conducto que lleva nuestras plegarias más allá del cuerpo, aquello que cohesiona el universo?

Con la sonrisa que nunca abandonó su rostro, el abad estableció contacto visual conmigo mientras el traductor le trasladaba mi pregunta en tibetano. Lo que ocurrió a continuación nos sorprendió a todos los que estábamos en aquella habitación.

Los dos hombres —el abad y el traductor— comenzaron a hablar alto y animadamente, con gesticulaciones tan exageradas y un énfasis tan entusiasta que aquello comenzaba a parecerse a un concurso de gritos tibetano. Pese a que mi tibetano es horrible y a que no pude entender ni una sola palabra de ninguno de los dos, el tema de la conversación parecía evidente. Discutían sobre el sentido de mi pregunta y dónde encajaba esta en las enseñanzas del abad. Este estaba habituado a responder preguntas similares de alumnos conocidos que ya habían estudiado con él y contaban con años de formación que les disponían para una conversación de aquel tipo. Pero el abad no me conocía. No estaba al tanto de mi historia, mis tradiciones y mi experiencia espiritual, y no sabía dónde ni cómo iniciar su respuesta.

Responderme como podría haberlo hecho a un monje de toda la vida hubiese sido como los padres que le dicen al hijo de dónde vienen los niños sin que este tenga nociones de biología ni sepa acerca de las relaciones íntimas humanas. Sería posible responder esa pregunta, pero, sin esos conocimientos previos, para el niño la respuesta no tendría sentido. De modo parecido, el abad sabía que podía responder mi pregunta sobre la fuerza que conecta todas las cosas. Lo que no sabía era si yo entendería su respuesta.

¿UNA FUERZA DE LA NATURALEZA, UNA EMOCIÓN HUMANA O AMBAS COSAS?

De repente se hizo el silencio. Todos dejamos de hablar y el abad levantó la vista hacia los *thangkas* que cubrían las paredes de la capilla. Después de aspirar profundamente el aire frío y escaso, respondió mi pregunta de forma a la vez sorprendente e inesperada. Me miró y solo dijo una palabra, en tibetano. Instintivamente miré al traductor.

—¿Qué ha dicho? —pregunté—. Solo ha sido una palabra.

No estaba preparado para lo que a continuación escuché decir al traductor.

—Compasión —dijo—. El *geshe* dice que «compasión» es la respuesta a tu pregunta. La compasión es lo que nos conecta con todas las criaturas y todas las cosas.

La respuesta me sorprendió, porque me habían enseñado que la compasión es una experiencia y una práctica. *Sentimos* compasión por nosotros mismos y por otras personas que se encuentran en circunstancias difíciles. También *experimentamos* compasión como una práctica en la vida diaria. Si le entendía bien, el abad nos decía ahora que la compasión es algo más que un sentimiento: es una fuerza de la naturaleza.

Nunca había oído hablar de la compasión como una fuerza física. Sin embargo, esta sola palabra fue la respuesta del abad a mi pregunta «¿qué es lo que nos conecta con el mundo?». Y esta aparente contradicción me llevó a la siguiente pregunta:

—¿Cómo puede ser? —quise saber, buscando claridad en relación con lo que había escuchado—. ¿Nos está diciendo que la compasión es una *fuerza de la naturaleza* que conecta todas las cosas, o nos está diciendo que es un *sentimiento humano que experimentamos*?

Cuando el traductor trasladó mi pregunta al abad, se inició otra vez un animado diálogo. El abad dejó de mirarme de nuevo, respiró profundamente, dirigió la vista al traductor y respondió mi pregunta con una sola palabra:

—¡Sí! —dijo en tibetano. Esa fue su respuesta. Y aquí acabó también nuestra conversación.

Después de casi diez minutos de desenfadado diálogo sobre los elementos más profundos del budismo tibetano, todo lo que me iba a llevar conmigo era la palabra tibetana equivalente a *compasión*. Recuerdo que aquel día salí del monasterio con una sensación de insuficiencia, como si en la traducción, literalmente, se hubiera perdido algo. La respuesta del abad fue un poco misteriosa y no parecía tener sentido. Había algo que, sencillamente, no encajaba.

Pocos días después descubrí la razón.

En otro monasterio, esa vez con un monje ilustrado, no un abad de alto rango, me vi inmerso de nuevo en la misma conversación. Sin embargo, esta vez estábamos en el entorno informal de la celda del monje. Era una habitación muy pequeña y sin ningún elemento decorativo, y en ella el monje comía, dormía, rezaba y estudiaba cuando no estaba en la gran sala de canto del monasterio.

Por entonces, el traductor ya se había familiarizado con mi tipo de preguntas y lo que pretendía comprender. Mientras nos apiñábamos al calor de las lámparas de grasa de yak que iluminaban aquella dependencia llena de humo, levanté los ojos hacia el bajo techo. Estaba cubierto del hollín allí depositado en los muchos años en que lámparas similares habían ardido para dar luz y calor, exactamente como hacían aquella fría tarde.

Una vez más, a través del traductor, planteé la misma pregunta al monje:

—¿La compasión es una fuerza de la creación o una emoción humana?

El monje dirigió la vista hacia el hollín del techo que yo había estado mirando unos segundos antes. Con un profundo suspiro, se detuvo a pensar un momento, buscando en lo aprendido en el monasterio desde que ingresó en él a los ocho años. Ahora debía de tener veintitantos. Bajó la vista lentamente, me miró y respondió.

Fue una respuesta breve. Contundente. Y llena de sentido.

—Ambas cosas —fueron las palabras que me llegaron del monje—. La compasión es *tanto* una fuerza de la naturaleza *como* una emoción humana.

En ese momento, el encuentro anterior con el abad cobró pleno sentido, y comprendí la profunda enseñanza que aquel hombre nos había transmitido a todos los del grupo.

> **Clave 31**: La compasión es a la vez una fuerza de la naturaleza y una experiencia emocional que nos conecta con la naturaleza y todo tipo de vida.

La compasión de Einstein

Aquel día, en la celda de un monje, al otro lado del mundo, a horas de la ciudad más próxima y a casi cuatro mil quinientos metros sobre el nivel del mar, escuché las palabras de una sabiduría sencilla, pero poderosa, que muchas tradiciones occidentales, incluida la ciencia, han ignorado hasta hoy. El monje acababa de recordarnos que una sola experiencia humana que nos distingue de todas las demás formas de vida —la compasión— es la misma fuerza de la naturaleza que nos conecta íntimamente con todas las cosas. Cuando sentimos verdadera compasión, la sensación de separación entre nosotros y los demás, todas las formas de vida y el mundo, y también dentro de nosotros mismos, desaparece.

Albert Einstein reconocía el poder que tiene la compasión en nuestras vidas y el potencial que encierra de aliviar el sufrimiento. Dijo: «Nuestra tarea ha de ser liberarnos [...] por medio de ampliar nuestro círculo de compasión de modo que abarque todas las criaturas vivas y toda la naturaleza en su hermosura».[10] El decimocuarto dalái lama llevó esta idea desde la sanación personal hasta la supervivencia global cuando manifestó: «Creo firmemente que la compasión es la base de la supervivencia humana».[11] El reconocimiento del papel que desempeña la compasión en nuestras vidas abre la puerta a las profundidades de nuestro mayor autodominio y a las extraordinarias experiencias que nos hacen humanos.

Como maestro experto, el abad sentía la responsabilidad de responder las preguntas de sus alumnos de forma a la vez respetuosa y significativa. Sin conocer nada de mí, de mi historia ni mis creencias, no tenía forma de saber si su sabiduría sería para mí respetuosa y significativa. Sencillamente, ignoraba si sus palabras se posarían en mi experiencia vital. Esta fue la causa de la discusión entre él y el traductor de la que fui testigo antes de que pronunciara la palabra *compasión*.

Afortunadamente para mí, el traductor era también un buen amigo. Me conocía. Sabía acerca de mi familia, mi vida, mi historia empresarial y académica, mis estudios y mi viaje espiritual. Armado con estos conocimientos, pudo asegurar al abad que cualquier sabiduría que decidiera transmitirme hallaría el camino para llegar a mi mente y mi corazón de forma respetuosa y saludable. Fue todo lo que el abad necesitó oír para estar seguro de que cumplía con su responsabilidad. Con ello, ensanchó lo que se me había inducido a pensar sobre la compasión y la función que esta cumple en nuestras vidas.

COMPASIÓN, SABIDURÍA Y EQUILIBRIO

Las enseñanzas de nuestro abad en particular, y del budismo tibetano en general, se basan en las tradiciones del budismo *mahayana*, una de las dos principales ramas del budismo (o tres, según algunas clasificaciones). Según las enseñanzas de esta rama, el *mahayana* es el camino que lleva rápidamente a la persona a alcanzar la iluminación para un único propósito: utilizarla para aliviar el sufrimiento de otros. Al que sigue este camino se le llama *bodhisattva*. Hablo aquí de estos detalles porque establecen el contexto que nos permitirá entender la compasión.

El carácter sensual y el lenguaje poético de las enseñanzas *mahayana* (conocidas como *sutras*) siempre me han emocionado por su belleza. También han sido, para mí, refugio y fuente de calma en algunos de los momentos más difíciles de mi vida. En lo que a la compasión se refiere, por ejemplo, los *sutras* presentan al *bodhisattva* con dos alas que lo llevan hacia la meta de la iluminación. Un ala es la de la sabiduría. La otra, la de la compasión. Los sutras definen estas dos cualidades como iguales, en una asociación necesaria para quien decide emprender el camino de la iluminación.

Con una fuerza especial, nos explican que el *bodhisattva* no tiene un lugar fijo en el mundo. La razón es que no hay nada que el *bodhisattva* pueda considerar propio. No tiene tierras, posesiones ni apegos en el mundo. Pero la idea es aún más profunda, y penetra en la esencia de cómo nos vemos en el mundo. La doctora Joanna Macy define a la perfección esta capa más profunda del *bodhisattva*: «No hay un yo sólido, ni una identidad inmutable, ni ninguna seguridad tal como entendemos la seguridad», señala.[12] El *bodhisattva*, por el contrario, se mueve confiado por todo el mundo, seguro de la sabiduría y la compasión que ha alcanzado para afrontar cualquier situación que la vida pueda presentarle.

En este sentido, la idea fundamental es que es posible equilibrar la compasión con la sabiduría, para que nos sirva de un modo saludable. Si queremos expresar las verdades más profundas de nuestra condición de humanos, compasión y sabiduría han de convertirse en nuestras aliadas.

Mi viaje destinado a desvelar el misterio de la intuición y la compasión en mi propia vida me ha llevado a algunos de los lugares más recónditos y misteriosos que quedan en la Tierra. En los antiguos monasterios, en las frágiles páginas de los manuscritos ajados por el tiempo y entre la gente de los pueblos indígenas es donde se ha conservado esta sabiduría para que hoy podamos disponer de ella. En estos lugares no he hallado respuestas claras y precisas, sino las llaves de un pensamiento que hace posibles nuevas preguntas y nuevas formas de pensar. Tal vez no quepa extrañarse de que las pistas sobre los más profundos misterios de nuestro cuerpo y nuestros mayores poderes estén ocultas a la vista en medio de nuestras experiencias cotidianas. Y el misterio no acaba cuando aprendemos el lenguaje del corazón.

La introducción de un libro es la guía que nos prepara para los capítulos que siguen. Del mismo modo, la intuición y la compasión nos guían por las particularidades de la vida y nos dan los medios para responder las preguntas que se nos plantean en la vida cotidiana.

6

ESTAMOS «CABLEADOS» PARA UNA LARGA VIDA

Despertar el poder de nuestras células inmortales

*Hay muchas cosas que te pueden alargar la vida,
pero solo la sabiduría te la puede salvar.*

NEEL BURTON (1978-),
psiquiatra y filósofo británico

«Desde el momento en que nacemos, empezamos a morir».

Escuchaba estas palabras a un querido amigo a quien había conocido en el norte de Misuri cuando era adolescente (para preservar su intimidad, voy a llamarlo Michael). Teníamos historias similares. Parecía que fuéramos hermanos. Nuestros padres habían abandonado nuestras familias cuando teníamos diez años. Los dos teníamos un hermano menor. Los dos vivíamos en una casa de protección social, íbamos a pie a la misma escuela y compartíamos las mismas clases todas las mañanas. Y los dos habíamos encontrado en la música un medio para afrontar el mundo turbulento en el que nos encontrábamos a causa de nuestras familias rotas. Yo tocaba la guitarra y Michael, la batería. En 1968, los dos vimos por televisión el asesinato de Martin Luther King y, dos meses después, de Robert Kennedy, además de las muertes de manifestantes en el campus de la Universidad del Estado de Carolina del Sur y la brutalidad de la policía hacia las protestas contra la guerra de Vietnam durante la Convención Nacional Demócrata de Chicago. Los dos tocábamos en el mismo grupo de *rock*, y después de los ensayos de ya bien entrada la madrugada, seguíamos despiertos casi hasta el amanecer hablando de Estados Unidos, de su política y del futuro del mundo.

Con el telón de fondo de esta amistad, Michael me dijo que *empezamos a morir en el momento en que nacemos*. Yo conocía el dicho, pero antes, cuando lo oía, simplemente lo borraba de mi mente por su radicalidad, como una idea con la que no tenía que estar necesariamente de acuerdo, pero que aceptaba como uno de los muchos puntos de vista que surgían en aquella época. Sin embargo, cuando se lo oí decir a mi amigo, sentí algo distinto. Esta vez las palabras provenían de alguien a quien quería, y las utilizó para justificar un modo de pensar y de vivir que allanaba el camino a una vida de excesos, una indulgencia exagerada y, en definitiva, un final desastroso.

Michael y yo estábamos hablando intensamente sobre la vida y cómo vivirla plenamente. Era una conversación en la que cabían muchas perspectivas. Michael creía en la idea de que morimos desde el momento en que nacemos, una idea que había convertido en el eje de su filosofía vital. Creía vehementemente que la vida es como un tarro de potencial cerrado. Al nacer, abrimos el tarro y comenzamos a usar nuestro potencial desde el instante en que arrancamos a respirar.

—Tenemos lo que tenemos, y cuando se acaba, se acaba —decía—. Y no hay más.

¿VIVIMOS EN EL MOMENTO O VIVIMOS PARA EL MOMENTO?

Según el modo de pensar de Michael, hay dos incógnitas que nos acompañan desde el nacimiento. La primera es que, cuando llegamos al mundo, no sabemos la cantidad que contiene nuestro «tarro de la vida». La segunda es que desconocemos a qué velocidad vamos a emplear lo que la vida nos ha dado. Podemos tener la suerte de nacer con un tarro rebosante de excelente salud. En este caso, puede ser que estemos en este mundo cien años o más. O podemos iniciar la vida con un tarro lleno solo hasta la mitad, lo que Michael llamaba «empezar la vida con medio depósito». La idea de mi amigo era que si comenzamos con menos, lo usamos más deprisa, la vida es más corta y morimos jóvenes. Pensaba que, precisamente *porque no sabemos* si el tarro de nuestra vida está más o menos lleno, hay que vivirla en toda su plenitud, porque el único momento que tenemos asegurado es el presente.

Entendía lo que mi amigo quería decir, y comprendía la filosofía que subyacía en sus palabras. También sé que esta forma de pensar tiene significados distintos para las diferentes personas. Para él, la idea de vivir *para* el momento significaba decir lo que se le ocurriera y comportarse como más le apeteciera en cualquier momento dado. (Esto es muy distinto de vivir *en* el momento, que consiste en implicarse totalmente con los sentidos, ser conscientes de lo que nos rodea y vivir, actuar y hablar con la razón y la responsabilidad que derivan de nuestra mayor conciencia). Desde el punto de vista de Michael, para vivir realmente con naturalidad, no podía hablar o actuar atendiendo a ningún filtro. Cada momento *era* lo que era, sin más. Y de esta idea partió nuestra conversación.

Aquel día, Michael se encontraba en una avanzada crisis vital, algo que no me extrañó. Su interpretación del vivir *para* el momento lo había llevado a evitar cualquier compromiso al precio que fuera: compromiso consigo mismo, con su familia, con su cuerpo y su salud, con otras personas, con sus amigos y con la intimidad. Las consecuencias de este modo de entender la vida lo tenían atrapado, y lo habían conducido al desengaño, a sueños incumplidos y al sentimiento de que, si bien era posible para algunas personas disfrutar de una vida de éxito, salud y amor, esta era una posibilidad que a él le estaba vetada.

En el momento de nuestra conversación, Michael padecía graves problemas de salud. Tenía poco más de veinte años, pero el abuso de drogas y alcohol le había provocado dolencias en el hígado que había que atender de inmediato. Además, estaba solo en la vida. No tenía dinero, dónde vivir ni a quién recurrir. No le conocía ningún otro amigo. He aprendido a refrenarme cuando voy a dar consejos a amigos (a menos que me los pidan), pero Michael parecía estar tan sumido en el dolor que nunca se le había ocurrido que pudiera haber otra forma de pensar que no fuera la suya, y no se me pasó por la mente reprimirme. Aproveché la oportunidad y le di un consejo:

—¿Y si la filosofía de la que has oído hablar, esa de que morimos desde que nacemos, no fuera cierta del todo?

El modo en que me miró al oír mi pregunta significaba que me prestaba atención.

—¿Qué quieres decir con «no cierta del todo»?

—Intentaba ser amable —contesté con una sonrisa—. No quería desmontarte toda tu idea del mundo en una sola frase.

—Vale, de acuerdo —se relajó—. ¿Qué me estás diciendo? Explícate.

Oír que me estaba pidiendo que fuera claro era lo que estaba esperando. Era la manera de entrar, la ocasión de ofrecerle otro punto de vista, una oportunidad que aproveché enseguida.

—¿Y si la vida funcionase de manera completamente opuesta a lo que te han inducido a pensar? —pregunté—. ¿Y si descubrieras que desde el momento en que nacemos empezamos a sanar?

Michael parecía aturdido. Nunca se le había ocurrido esa sencilla idea. El solo hecho de escucharla abrió la puerta a una posibilidad que nunca había considerado.

—¡Vaya! Si esto fuera así, eso lo cambiaría todo —admitió—. Significaría que podemos ir llenando el depósito toda la vida, o, al menos, durante mucho tiempo.

—Lo sé —dije—. Esta es la cuestión. Y no necesitamos preguntar qué pasaría *si* descubriéramos esta posibilidad, porque ya lo hemos hecho. Las tradiciones antiguas, como el yoga, el *qi gong* y la medicina ayurvédica, ya han descubierto que nuestros cuerpos están cableados para la sanación desde el instante en que llegamos al mundo. También han descubierto que nosotros somos quienes iniciamos y detenemos el proceso. La clave está en crear las condiciones que hagan posible la sanación. Hay muchas maneras de hacerlo, y por esto podemos concebir la vida como un depósito que no dejamos de llenar, en lugar de verla como un depósito que se va vaciando con el paso de los días.

Poco después de nuestra conversación, Michael se mudó a otra ciudad. Su padre, separado de su madre, se enteró de lo que le ocurría, se puso en contacto con él y le ofreció una casa mientras resolvía sus problemas de salud. Pasaron muchos años, y perdí la pista de mi amigo. Nunca lo volví a ver. Pero cuando recuerdo aquellos años en el norte de Misuri, siempre agradezco las profundas conversaciones que nos dieron a ambos nuevas formas de ver el mundo y de entender la vida.

Cuanto más he aprendido sobre la sabiduría del cuerpo humano, y más tiempo he compartido con indígenas que reconocen esa sabiduría, más he llegado a comprender el potencial del que hablaba con Michael. La capacidad de sanar es algo que ya poseemos, que ya habita en nuestro interior. En las tradiciones de yoguis, monjes, monjas y chamanes, y de místicos y curanderos, tradiciones que son muy distintas entre sí, hay un tema fundamental que teje los hilos de cada una de ellas en un único tapiz de una fuerza extraordinaria. Estas tradiciones antiguas e indígenas enseñan que la calidad de nuestras vidas y la cantidad de años que vayamos a vivir hunden sus raíces en la idea que tenemos de nosotros mismos como habitantes de este mundo.

Sustituir las ideas restrictivas que nos han transmitido la familia, los amigos y las instituciones sociales por otras nuevas que nos empoderen realmente «lo cambia todo», como decía Michael. Así lo descubrí por mí mismo y de la forma más directa posible cuando conocí a una monja tibetana que me hizo cuestionar la sabiduría tradicional que me habían enseñado sobre qué significa la edad y el papel que la longevidad desempeña en nuestras vidas.

EL SECRETO DE LA MONJA

Después de casi dos semanas de aclimatación a altitudes de casi cinco mil metros sobre el nivel del mar, y con el cuerpo maltratado por los asientos de muelles de un viejo autobús escolar chino que nos llevó por carreteras que eran poco más que caminos desdibujados, llegamos al remoto monasterio. Estaba a varias horas del pueblo más cercano, y en él solo vivían unas cien monjas tibetanas que tenían escaso contacto con el mundo exterior y acogían a muy pocos visitantes. El polvo que levantaba el autobús llenaba el aire de las montañas de alrededor, y avisó a las monjas de que estábamos al llegar. Cuando lo hicimos, nos estaban esperando, de pie y en silencio en medio de una multitud de niños curiosos pero tímidos, agricultores y pastores de yaks de la zona y nómadas endurecidos por los rigores del clima.

Cualquier oportunidad de tomar una foto en el Tíbet parecía lo que los miembros del grupo llamaban un «momento de *National Geographic*», lo cual quería decir que la imagen podría ser perfectamente apta para la portada de la popular revista. El momento de nuestra llegada no fue distinto. Tres monjas se adelantaron inmediatamente y, después de un amable saludo, nos informaron de que iban a ser nuestras guías oficiales. Vestían el tradicional hábito de monja: un mantón de color marrón oscuro (*zhen*) sobre una falda marrón en la parte inferior del cuerpo (*shemdop*) y una camisa amarilla y marrón (*dhonka*) que les envolvía la parte superior. La amplia sonrisa de sus caras y su animada conversación me decían que estaban ilusionadas por la oportunidad de conocernos.

A través del traductor, las monjas confesaron que vivir en un lugar tan aislado tenía sus ventajas e inconvenientes. Por un lado, el monasterio se encontraba tan alejado de todo que ni los inspectores del Gobierno ni los especuladores de tierras se molestaban en distraer a su comunidad religiosa. Por otro lado, las monjas estaban tan lejos del pueblo más cercano y tan aisladas, y la carretera que llegaba al monasterio estaba en tan malas condiciones, que el turismo que en circunstancias normales contribuiría a una mejor economía del lugar era casi inexistente.

Nuestro autobús tenía cuarenta asientos, todos ocupados, más un guía, el traductor y yo. No hace falta decir que la visión de cuarenta y tres personas que se dirigían al monasterio fue muy bienvenida e inmediatamente animó el patio, de modo que, por arte de magia, aparecieron innumerables tenderetes de muy diversos productos. Durante aproximadamente una hora, nuestro grupo hizo cuanto pudo por ayudar a la economía local. Nos comportamos como auténticos consumidores, y compramos hermosas alfombras tibetanas, *thangkas* de vivos colores y objetos religiosos, desde largos hilos con banderitas para la oración y grandes «cuencos cantores» de cobre que se tocaban con un mazo hasta collares de cuentas de oración utilizados para contar las veces que se repetía un mismo cántico.

De repente, el paisaje cambió por completo. Súbitamente, como siguiendo alguna señal interna, las alfombras de lana de yak, la joyería de turquesas, los cuencos cantores y las imágenes se metieron en grandes bolsas de lana, los tenderetes se desmontaron y las monjas se pusieron a caminar en silencio hacia los edificios.

—Ahora vamos a la sala de cánticos —me susurró nuestro guía cuando le pedí con la mirada que nos explicara lo que estaba sucediendo—. Es la hora de la oración de las monjas.

Íbamos por un estrecho sendero excavado en la ladera de la montaña cuando se me acercó una monja. Su presencia atrajo mi atención de inmediato. La tenía a mi lado y pude calcular fácilmente su altura. Mi madre mide exactamente un metro cuarenta y dos y la cara de la monja llegaba a la misma altura de mi pecho que la de mi madre cuando salíamos a pasear juntos. Pero lo que me fascinó de la monja fue algo más que su estatura.

CIENTO VEINTE AÑOS EN LA TIERRA, PERO ¿QUIÉN LLEVA LA CUENTA?

La mujer tenía los ojos claros y brillantes, y mientras fuimos andando juntos estuvo siempre con la sonrisa en la boca. La piel de su cara tenía buen aspecto, pero yo sabía que las profundas arrugas que tenía alrededor de los ojos y en la frente solo podían aparecer después de toda una vida de exposición al sol de alta montaña, los elementos de la naturaleza y las dificultades de ser mujer en un entorno tan duro. Llevaba la cabeza completamente rapada, pero después supe que se debía a la falta de agua corriente en el monasterio, que imposibilitaba el aseo de todo el cuerpo, y no a la pérdida del cabello debida a la edad. Mientras íbamos andando, se puso de manifiesto que mi dominio de la lengua del Tíbet era peor aún que el poco inglés que ella hablaba, y enseguida nos dimos cuenta de que no podríamos conversar mucho. Al menos verbalmente. Anduvimos juntos hasta la sala de oración, y ella, alternativamente, bajaba la vista al camino para después levantarla y mirarme a los ojos.

Al llegar a la puerta del oratorio, la monja inclinó la cabeza y apartó el pesado tapiz bordado que impedía que el viento, el polvo y la luz del sol penetraran en el recinto destinado a la plegaria. Mi nueva amiga entró primero y, antes de que pudiera seguirla, el guía me detuvo un momento.

—¿Disfrutó usted de la conversación con la *geshe*? —me preguntó.

Geshe significa «gran maestro» en tibetano. La mujer que me había acompañado me pareció una anciana respetable, pero desconocía por qué se la tenía en tan gran estima. Además, aunque el guía de vez en cuando se refería a esa monja como *geshe*, en el budismo tibetano este título ha estado reservado tradicionalmente solo a *varones* con muy elevados estudios. No fue hasta 2011, tres años después de nuestro viaje al Tíbet, cuando Kelsang Wangmo hizo historia al convertirse en la primera *geshe* reconocida como tal, un hecho que marcó una nueva era de posibilidades para las mujeres dentro del budismo tibetano.

No estaba preparado para lo que oí a continuación.

—La monja que le ha acompañado guarda la memoria de este lugar y la tradición de estas mujeres —me explicó el guía—. La he llamado *geshe* porque no solo *conoce* la historia, sino que realmente *recuerda* la historia.

—¿Qué quiere decir que «recuerda la historia»? —pregunté—. ¿Cómo puede ser? ¿Cómo puede recordar lo que ha pasado en este lugar durante más de cien años?

—Por esto es la *geshe* —contestó con una sonrisa. Luego me miró a los ojos y me reveló por qué quiso que conociera a la mujer a cuyo lado había recorrido aquel sendero—: La monja que acaba de acompañarle recuerda la historia porque la ha vivido. Nació aquí en 1888, y ha vivido toda su vida en este pueblo.

Al principio pensé que el guía me estaba tomando el pelo. Pronto me di cuenta de que no era así.

—Sí —dijo—. La madre superiora me enseñó sus papeles. La monja va a cumplir ciento veinte años. [Hicimos aquel viaje en 2008]. Y no es la mayor de toda esta gente. En estas montañas hay otras personas con bastantes más años.

—¿Cuántos años más? —pregunté.

—Este es el problema —respondió—. Los mayores son hombres que ahora son yoguis. Viven en las cuevas que hay entre Lhasa y la montaña sagrada, el monte Kailash. Según los aldeanos de la región, algunos de esos hombres tienen seiscientos años. El problema es que hace seiscientos años no había certificados de nacimiento ni pasaportes. No se puede demostrar con seguridad su edad.

Y esta es precisamente la razón de que valorara en tan gran medida el encuentro con la monja tibetana y con quienes la conocían. Se sabía con certeza su edad exacta, que se podía documentar gracias al registro que se conservaba en la biblioteca del monasterio. Aquella mujer seguía llena de vitalidad, muy vibrante, y estaba muy feliz de hablar de su larga vida y del secreto de haberla alcanzado. Por medio del traductor, aquella tarde le pregunté cuál creía que era el secreto de su longevidad.

Mi nueva amiga no tardó ni medio segundo en responder. Como si obedeciera a una indicación, su respuesta fue muy simple, breve y concisa. No me quedó ni el menor atisbo de duda sobre lo que me reveló:

—La compasión. La compasión es la vida. Es lo que aquí practicamos, lo que aprendemos de nuestros maestros y lo que ellos aprendieron de los suyos. Es lo que está escrito en estos libros. —Y señaló los antiguos y raídos manuscritos que se conservaban en la biblioteca del monasterio—. Es lo que guardamos con celo para compartirlo con quienes vienen aquí a aprender.

Ante el reciente descubrimiento de la existencia en el interior de todas las células de un reloj biológico que «cronometra» el tiempo que vivimos, la respuesta de aquella mujer cobra pleno sentido.

RECONSIDERAR EL PARADIGMA DE LA LONGEVIDAD

Tal vez no sea casualidad que las personas de mayor edad que están documentadas hoy en el mundo parecen rondar la de la monja que conocí en el Tíbet. Ostentan la marca de ciento veinte años, o casi. Una marca que tiene excepciones, sin duda, con personas que no la alcanzan y otras que la superan, pero parece que ciento veinte años constituye una especie de límite misterioso de la longevidad humana. Desde una perspectiva bíblica, no siempre ha sido así. Si hemos de creer las explicaciones de la Torá hebrea (y, en consecuencia, del Antiguo Testamento cristiano), por ejemplo, los patriarcas bíblicos vivieron varios siglos, y no solo unas pocas décadas.

Matusalén, por ejemplo, tenía ciento ochenta y siete años cuando nació su hijo Lamec. Por lo tanto, a esa edad, estaba en plena forma. Contrariamente a lo que se nos ha inducido a pensar respecto a la longevidad y cómo disminuye la vitalidad con la edad, Matusalén vivió otros setecientos ochenta y dos años, durante los cuales tuvo más hijos, hasta alcanzar nada menos que los novecientos sesenta y nueve años. Y Matusalén no fue el único en disfrutar de esa longevidad. Las mismas tradiciones bíblicas cuentan que a los quinientos años Noé «engendró a Sem, Cam y Jafet».[1] Una vez más, para engendrar a tres hijos, tenía que estar sano y con su virilidad intacta.

Ambas historias reflejan ideas sobre la longevidad distintas de las que hoy estamos condicionados a creer. La sociedad y la cultura nos tienen programados para esperar una relación inversa entre la edad y el potencial humano. Una expectativa que dice más o menos así: cuanto más prolongamos la vida, con menos capacidades de nuestra juventud podemos contar. La conclusión de esta idea es que la calidad de vida que tenemos a nuestro alcance disminuye con el paso de los años.

Por estas razones, cuando pensamos en alguien de cien años o más, estamos condicionados a considerarlo una sombra de sí mismo. La imagen es la de un ser humano marchito con unos músculos sin tono pegados a unos huesos quebradizos en un cuerpo de ojos tristes y apagados que se aferra al último aliento de vida. Es posible envejecer así, una posibilidad de la que todos hemos sido testigos en familiares, amigos o vecinos. Evidentemente, nada hay de malo en aceptar esta posibilidad. Pero yo hablo de otra, la de una longevidad vital, una posibilidad que es más que un deseo o un sueño irrealizable. También hemos visto casos, antiguos y actuales, de personas que han optado por una forma de pensar y de vivir que propicia una longevidad extrema y en buena salud.

● ● ●

Una de las historias más curiosas y fascinantes de patriarcas longevos de las que antes hablaba es la del profeta Enoc y cómo dejó este mundo al final de su vida. Digo «dejó este mundo» y no «murió» porque esto es lo que cuenta la historia. Según el texto bíblico, Enoc no murió.

Antes de que fuera borrado de la Biblia en el siglo IV de la era cristiana, el Libro de Enoc ocupaba un puesto prominente y venerado en la historia de la humanidad. El libro que lleva el nombre de Enoc explica que este vivió en la Tierra un total de trescientos sesenta y cinco años, los cuales dedicó a dictar los secretos de la creación a un escriba. Al final de ese tiempo, sin embargo, los textos hablan de un tránsito que no es la común muerte humana.

En las escrituras no se dice que Enoc exhaló su último suspiro ni que su cuerpo regresó a los elementos, sino que al final de sus días «Enoc caminó con Dios, y dejó de estar, porque Dios se lo llevó».[2] El significado de estas palabras y lo que indican respecto a lo que ocurrió con Enoc siguen siendo objeto de polémica entre eruditos hoy en día. Cuento aquí su historia porque es otro caso de un tiempo de vida que excede en mucho las expectativas actuales.

Cuando los acontecimientos planetarios de los que se habla en las escrituras cambiaron el modo de vivir de los humanos en la Tierra, terminaron esas historias de vidas de siglos. Desde entonces, y hasta hoy, se impuso un techo a la edad y un límite a la duración de la vida humana. Tal vez no sea casualidad que la explicación bíblica del límite de la vida humana tenga su paralelo en el descubrimiento científico de este límite precisamente. El parámetro bíblico es muy preciso. Se dice: «Mi espíritu no estará siempre con el hombre, porque el hombre es también carne: pero vivirá ciento veinte años».[3]

El límite de ciento veinte años del que se habla en ese pasaje coincide exactamente con el descubrimiento científico de una calculadora, presente en el interior de nuestro ADN, que determina las veces que una célula se puede dividir antes de envejecer y morir. Todos tenemos acceso directo a la calculadora de nuestras células, y un descubrimiento que mereció el Premio Nobel de Medicina es la clave para resetear el reloj que determina el tiempo de vida de nuestras células.

EL TAMAÑO DE LOS TELÓMEROS ES IMPORTANTE

Hay una palabra que hoy es la comidilla en todas las conferencias sobre sanación y longevidad. Desde los anuncios de la televisión que prometen detener el envejecimiento y ofrecen un renovado vigor sexual hasta los de la prensa en que se apunta a que el fármaco del mañana es una píldora que hoy se puede comprar por Internet, el tema que de repente ha hecho que todos parezcamos expertos en ADN es el de los *telómeros*. Lo que son los telómeros y lo que hacen por nosotros es muy sencillo. Pero lo que posibilitan en nuestras vidas raya en lo milagroso.

Como los herretes que impiden que con el tiempo se deshilachen los extremos de los cordones de los zapatos, los telómeros son secuencias especiales de ADN que protegen los extremos de los cromosomas en las sucesivas divisiones de las células. En el caso de los humanos, esta secuencia —TTAGGG— se repite una y otra vez, cientos e incluso miles de veces. Las letras representan las cuatro bases posibles que forman nuestro ADN: citosina (C), guanina (G), adenina (A) y timina (T). Esta secuencia es la «materia» que forma el cabo protector que se observa en la figura 6.1.

Cuando una célula se divide y se copian los cromosomas para que se puedan crear dos células a partir de la original (la duplicación), el mecanismo de copia solo lee hasta un punto a lo largo del ADN y luego se para —*antes* de llegar al final de la tira—. Y aquí es donde interviene el telómero. El telómero es como un parachoques de código adicional que aparece *después* de la información vital del cromosoma. De modo que cuando el

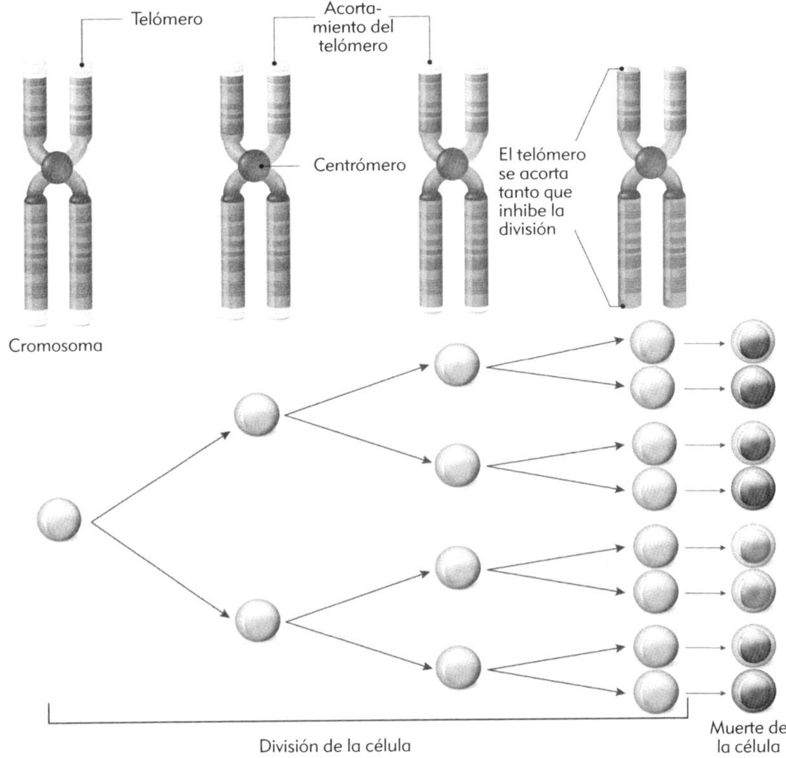

Figura 6.1. La imagen muestra cómo los telómeros se acortan con cada división celular, hasta que ya no pueden resistir el proceso. Los científicos creen que el acortamiento de los telómeros es el reloj biológico que determina el proceso de envejecimiento y, al final, la muerte.

mecanismo de copia se detiene, lo hace en los telómeros, donde una copia incompleta resulta inocua, y no en la información del ADN. Este es el programa que tiene la naturaleza para garantizar que nuestros genes se copian totalmente y que la valiosa información que contiene la célula siga completa e intacta en sus descendientes.

Si, por una razón u otra, este mecanismo no existiera, la copia se detendría en algún punto intermedio de una importante instrucción del ADN —como la información necesaria para crear un sistema inmunitario fuerte– y la nueva célula tendría una base incompleta de la que partir. La copia incompleta se manifestaría como un defecto genético que podría provocar alguna enfermedad o trastorno, o la senectud. Pero gracias a los telómeros esto no ocurre.

Vista esta función se explica la suma importancia que tiene la longitud de los telómeros. Mientras son lo suficientemente largos como para mantener intacto el código del ADN, obtenemos una división celular saludable y células vitales que pueden hacer lo que tienen que hacer.

> **Clave 32:** Los telómeros son secuencias especializadas de ADN situadas en los extremos del cromosoma que actúan de parachoques para proteger la información genética del cromosoma cuando la célula se divide. Con cada división celular, los telómeros se acortan, hasta que ya no pueden proteger la información vital de la célula. Llegado este punto, la célula empieza a envejecer para, al final, morir.

Si me detengo en tanto detalle es por una razón. Lo habitual es que los telómeros se acorten en el transcurso de la vida. Por ejemplo, cuando nacemos su longitud media se sitúa entre las ocho mil y las trece mil unidades (pares de bases). Con la edad, normalmente se acortan, y lo hacen de forma previsible. A los treinta y cinco años, los telómeros de la persona adulta media que lleva un estilo de vida occidental típico se han reducido hasta las tres mil unidades aproximadamente. Cuando el adulto típico llega a los sesenta y cinco años, la cifra ha bajado un 50%, hasta situarse en las mil quinientas unidades aproximadamente. Hablo del adulto «típico» porque la longitud de los telómeros no es fija. No está predeterminada ni, como se suele decir, «marcada a fuego».

Las cifras indicadas representan lo que ocurre si no hacemos nada para favorecer la salud de los telómeros. La buena noticia es que *podemos* hacer algo. Podemos hacer muchas cosas, de hecho. Por esta razón, hoy los científicos reconocen que la velocidad y el grado en que nuestros telómeros se acortan dependen de nosotros y de una serie de factores en los que podemos influir con nuestra forma de vivir. Entre estos factores los hay tan familiares como la dieta, el ejercicio físico y el sueño; también están los factores negativos, como el consumo de drogas y alcohol. Pero además influye un factor del que se habla menos: el estrés emocional que puede derivar de problemas de autoestima y de consideración de la propia valía.

DESCUBRIR EL CRONÓMETRO DE NUESTRO RELOJ BIOLÓGICO

En 1961, un científico estadounidense llamado Leonard Hayflick descubrió que el número de veces que los telómeros ayudan a la célula cuando se divide se sitúa entre cuarenta y setenta replicaciones. Si este descubrimiento se representa con un gráfico de años de edad basado en la frecuencia con que se dividen las células, se observa lo que se conoce como *límite de la división celular de Hayflick*. El límite de Hayflick predice el tiempo de vida de la célula, un límite que parece estar en los ciento veinte años que hemos visto en los ejemplos anteriores. De modo que tanto si consideramos la longevidad humana desde el punto de vista bíblico como si lo hacemos con los ojos de un biólogo, las preguntas son las mismas:

- ¿Conocemos la causa del límite de ciento veinte años?
- ¿Podemos superar este límite de ciento veinte años?

A la luz de los nuevos descubrimientos expuestos en este libro, la respuesta a ambas preguntas es la misma: ¡sí!

En 2009, el Premio Nobel de Medicina fue concedido conjuntamente a tres científicos: Elizabeth H. Blackburn, Carol W. Greider (ambas de la Universidad de California en Berkeley) y Jack W. Szostak (de la Facultad de Medicina de Harvard). El Nobel premiaba el descubrimiento en 1984 de una enzima relacionada directamente con los telómeros del cuerpo humano, destinada *específicamente a reparar, rejuvenecer y alargar los telómeros.* El propio nombre de la enzima (*telomerasa*) define su función. La telomerasa está asociada a los extremos de los cromosomas, exactamente donde se encuentran los telómeros. El descubrimiento de la finalidad de la telomerasa se explica perfectamente en el anuncio que de ella hizo la prensa:

Elizabeth Blackburn y Jack Szostak descubrieron que una sola secuencia de ADN de los telómeros protege a los cromosomas de su degradación. Carol Greider y Elizabeth Blackburn identificaron la telomerasa, la enzima que replica el ADN del telómero. Estos descubrimientos explicaban que los extremos de los cromosomas estén protegidos por los telómeros y construidos por la telomerasa. Si los telómeros se acortan, la célula envejece; y, al revés, si la actividad de la telomerasa es alta, la longitud de los telómeros se mantiene, y el envejecimiento celular se detiene.[4]

> **Clave 33:** La función de la telomerasa en nuestras células es reparar, rejuvenecer y alargar los telómeros, los cuales determinan el tiempo de vida de las células.

El descubrimiento de la telomerasa de repente abrió la puerta a inmensas posibilidades en cuanto a la sanación y la longevidad. Y, como se suele hacer, antes de que se ensayara en humanos el potencial de esta enzima, los primeros estudios se realizaron con ratones de laboratorio. El ratón es biológicamente distinto del ser humano, claro está, pero el modo en que se dividen las células y la forma en que se regulan estas divisiones son idénticos en el ratón y en el ser humano. Era lógico verificar las teorías sobre la telomerasa y su papel en la longevidad en ratones antes de aplicarlas a voluntarios humanos. Los resultados fueron asombrosos.

Un artículo publicado en la prestigiosa revista *Nature* en 2010 no dejaba ninguna duda sobre las conclusiones del estudio. El título era breve y directo: «La telomerasa revierte el proceso de envejecimiento». Las primeras palabras del artículo resumen las posibilidades que a continuación se explican: «Un estudio realizado con ratones apunta a que el envejecimiento prematuro se puede revertir reactivando una enzima [la telomerasa] que protege los extremos de los cromosomas».[5]

El artículo de *Nature* explicaba que un grupo de ratones habían sido sometidos a un tratamiento que, en su fase de desarrollo, los privaba de la telomerasa. El resultado fue que, sin la enzima que podía reparar los telómeros, estos parachoques del cromosoma se acortaban muy deprisa, y el ratón envejecía mucho antes de lo normal. Como era de esperar, a medida que envejecían, los ratones desarrollaban las mismas afecciones que normalmente se asocian al envejecimiento humano, entre ellas la diabetes, la osteoporosis e incluso problemas neurológicos.

La razón de que aquellos ratones ocuparan los titulares fue lo que ocurrió a continuación. Se los había sometido también a un tratamiento para que la telomerasa se reactivara cuando alcanzaran la madurez (para ello se utilizó una sustancia química llamada 4-OHT). Al cabo de un mes de dicho tratamiento, se evaluó su estado. El resultado de esas evaluaciones es el que se explica en el artículo.

El director del estudio se refirió a los resultados como «casi un efecto Ponce de León», aludiendo al explorador español y su legendaria búsqueda de la fuente de la juventud. *Las afecciones asociadas a la vejez de los ratones adultos no solo se detuvieron, sino que revirtieron*: «Los testículos arrugados recuperaron su forma normal y los ratones recobraron la fertilidad —decía el artículo—. Otros órganos, como el bazo, el hígado y los intestinos, se recuperaron de su estado de degeneración. La actuación de la telomerasa durante un mes también revirtió los efectos del envejecimiento en el cerebro».[6]

Los resultados de ese estudio se han replicado y repetido muchas veces, y han sido publicados en revistas científicas académicas de reconocido prestigio. En cada estudio se abordaba el envejecimiento de las células desde un punto ligeramente distinto, y se comprobaba la función de la telomerasa y los telómeros y el envejecimiento de forma un tanto diferente. Y, pese a estas diferencias, todos ellos llegan a la misma conclusión: la presencia de telomerasa activa en el cuerpo es un factor clave para la detención y reversión del envejecimiento y el deterioro que este conlleva.

Con estos estudios, por primera vez se confirmó la relación existente entre la telomerasa y la longevidad en los ratones. Desde entonces, los resultados se han aplicado también a los humanos. Aunque, más allá de la longitud de los telómeros, otros factores como el estilo de vida, incluida la alimentación o el entorno físico afectan claramente a la longevidad, la correlación entre el envejecimiento y la longitud de los telómeros parece innegable y revela tres datos:

1. Los telómeros más largos se encuentran en las personas que viven más años.
2. La telomerasa es la enzima que construye, rejuvenece y alarga los telómeros existentes.
3. La activación de la telomerasa del cuerpo evita que prosiga la destrucción de los telómeros y repara los que ya están dañados.

Hoy se acepta que la longitud de los telómeros es un marcador biológico —*una señal medible*— del tiempo que cabe esperar que viva una persona. Y, lo que es más, hoy sabemos que es posible influir en este marcador, y cambiarlo intencionadamente, de formas nuevas y positivas.

Pero quiero dejar claro que el solo hecho de alargar los telómeros no garantiza más años de vida. No tendría sentido, por ejemplo, alargar los telómeros con expectativas de longevidad y al mismo tiempo permitirse una vida de excesos que incluyera el consumo crónico de alcohol o drogas y una dieta alta en hidratos de carbono refinados, grasas *trans* y alimentos fritos y con mucho azúcar. Así pues, los telómeros por sí solos no garantizan una larga vida, aunque los investigadores han descubierto que únicamente las personas que tienen telómeros largos disfrutan de una vida más larga, con buena salud y energía.

Como podrás imaginar, el descubrimiento de los tres factores antes señalados sobre los telómeros y la esperanza de vida ha dado paso a un sinfín de nuevos estudios y a todo un nuevo ámbito de negocio centrado en la información y el asesoramiento sobre el estilo de vida, así como la venta de nutrientes y suplementos alimenticios diseñados para alargar los telómeros, en el contexto de la promesa de una vida más larga y saludable. Algunos productos y algunas técnicas cuentan con una sólida base científica y realmente cumplen lo que prometen, pero otros ni cuentan con dicha base científica ni ofrecen el resultado que anuncian.

Lo que sigue es lo que sabemos hasta el día de hoy.

FACTORES RELATIVOS AL ESTILO DE VIDA PARA TENER UNOS TELÓMEROS MÁS LARGOS

Para quienes intentamos estar informados de los últimos estudios sobre lo que hay que entender por vida sana, la consideración de lo que hay que hacer y lo que no hay que hacer puede provocarnos un auténtico mareo. Parte del problema es que la idea de qué es bueno para la persona es un blanco móvil; los consejos no dejan de variar. Hemos visto a científicos y profesionales de la medicina que, en un mismo año, han cambiado de opinión sobre lo que nos conviene y lo que no. Ejemplos claros de ello son la consideración en que se han tenido y se tienen los huevos de gallina y el aceite de coco.

Los huevos de gallina: la idea antigua. En los pasados años ochenta se creía que los huevos hacían subir el nivel de colesterol en la sangre y, en consecuencia, provocaban problemas cardiovasculares. Recuerdo que todo el mundo los evitaba como si de una plaga se tratara, y en las cartas de los restaurantes y en los anuncios se informaba insistentemente al consumidor de que sus respectivos productos no contenían huevo.

Los huevos de gallina: la nueva idea. El péndulo ha oscilado y hoy se encuentra en el lado opuesto: los científicos reconocen que el colesterol alimentario que contienen los huevos no es el colesterol que favorece las cardiopatías o aumenta el riesgo cardiovascular en personas sanas.[7] Al contrario, los estudios demuestran que los huevos en realidad hacen subir los niveles del colesterol «bueno» (HDL) y hacen bajar los del colesterol «malo» (LDL). De repente, los huevos son el alimento que hay que incluir; son reconocidos como la fuente perfecta de proteínas, hierro, grasas saludables y diversos minerales y vitaminas, y como elemento importante de una dieta sana. Pero no son el único ejemplo de giro de ciento ochenta grados en cuanto a la consideración que merecían y merecen determinados alimentos.

El aceite de coco: la idea antigua. Defectuosos estudios sobre el aceite de coco realizados a mediados del siglo xx alertaron al público general de que era un aceite que había que evitar por todos los medios. Recuerdo que, durante décadas, en los anuncios se urgía al consumidor a sustituir el aceite natural de coco por aceites vegetales supuestamente «saludables». Sin embargo, estudios posteriores revelaron el error de dicha idea. Los estudios originales sobre el aceite de coco se realizaron con aceite parcialmente hidrogenado en lugar de con el aceite natural de cocos crudos, y resulta que lo que provoca problemas de salud es el proceso de hidrogenación, no el aceite de coco en sí.

Y lo mismo ocurre, dicho sea de paso, con cualquier aceite sometido a un proceso de hidrogenación, incluidos los de alazor, el de semilla de algodón, el de maíz y el de soja. Hoy sabemos que el aceite de colza también se descompone en radicales libres dañinos si alcanza una temperatura superior a los ciento setenta y seis grados centígrados al cocinarlo.

El aceite de coco: la nueva idea. Actualmente sabemos que la incidencia de enfermedades cardiovasculares entre quienes viven en zonas del mundo donde el coco forma parte habitual de la dieta es menor que en otros países, como Estados Unidos, donde, al menos en las dos últimas generaciones, se han evitado tanto el coco como su aceite. De repente, se ha reconocido que el coco crudo no solo es un alimento sano sino que es un superalimento. El aceite de coco virgen y el virgen extra, como los de oliva virgen extra y de aguacate virgen, son hoy los más recomendados.

Nota: El aceite de coco es especialmente saludable porque aguanta bien las altas temperaturas de la cocción.

Vistos los beneficios que estos dos productos hoy reconocidos tienen para la salud, tal vez no sea extraño que figuren también entre los alimentos que prometen longevidad y unos telómeros más largos.

Como decía antes, en los últimos años ha emergido todo un sector de la alimentación y los suplementos alimenticios que pregona la capacidad de ciertos productos y alimentos de curar y alargar los telómeros. Me es imposible describir en este libro todos y cada uno de estos productos y suplementos, así como los tipos de ejercicio físico recomendados. Pero sí puedo exponer algunos factores importantes relativos al estilo de vida cuya necesidad para la buena salud de los telómeros está demostrada. Divididos en tres amplias categorías, estos factores incluyen:

- Reducir el estrés.
- Hacer ejercicio físico de forma regular.
- Tomar unos suplementos específicos.

Clave 34: Nuestras elecciones en cuanto al estilo de vida, incluidas las relativas a tipos específicos de ejercicio físico, suplementos alimenticios concretos y la disminución del estrés, constituyen estrategias fundamentales documentadas con el fin de retrasar e incluso revertir el daño de los telómeros y el envejecimiento celular.

En lo que resta de este capítulo, señalaré los factores, las técnicas y los suplementos que mis estudios y mi experiencia personal me han demostrado que producen el mayor efecto sobre los telómeros y el envejecimiento. Es una lista orientativa y, como siempre, lo importante es que consultes con el médico cuál o cuáles de estos suplementos y técnicas te pueden convenir.

LA CONEXIÓN VITAMINAS-MINERALES: SUPLEMENTOS FUNDAMENTALES PARA LA BUENA SALUD DE LOS TELÓMEROS

Hay diversas vitaminas y minerales sinérgicos que pueden favorecer el buen estado del ADN y evitar un acortamiento prematuro de los telómeros. Un estudio publicado en *Journal of Nutrition* demuestra que los varones con telómeros más largos también tienen concentraciones altas de vitaminas y minerales muy específicos en la sangre.[8]

Algunos de los suplementos que se mencionan en este estudio son los que siguen. Por favor, observa que la cantidad de algunos se indica en microgramos (mcg) y la de otros en miligramos (mg); el microgramo es una unidad de medida muy inferior al miligramo (1 microgramo = millonésima parte de un gramo).

SUPLEMENTO	CANTIDAD RECOMENDADA
Vitamina B_{12}	500-1.000 mcg/día
Folato	800 mcg/día
Vitamina C	1.000-3.000 mg/día
Vitamina E	tocotrienoles 40 mg/día
Zinc	25-50 mg/día
Magnesio	400-800 mg/día

Toda la familia de vitaminas B va asociada positivamente a unos telómeros más largos. Estudios adicionales también señalan que el beta-caroteno, la vitamina A, la vitamina D y el hierro son factores necesarios para el desarrollo y mantenimiento del ADN y la prevención de un acortamiento prematuro de los telómeros. Está demostrado que una dieta de base vegetal rica en antioxidantes y fitonutrientes obtenidos de verduras de hoja verde está relacionada directamente con una mayor longitud de los telómeros y un ADN más sano.

LA CONEXIÓN ESTRÉS-TELÓMEROS

Ya antes de que la bióloga molecular Carol Greider y su equipo descubrieran la enzima telomerasa y determinaran su capacidad para revertir el acortamiento de los telómeros, los científicos iban tras la pista del papel que desempeñan estos en el proceso de envejecimiento. El título de un artículo publicado por la Academia Nacional de Ciencias estadounidense en 2004 resume la relación existente entre el estrés y los telómeros: «Acelerado acortamiento de los telómeros como respuesta al estrés». Aunque el título pueda parecer un tanto confuso, el mensaje del artículo es muy preciso. En términos claros y concisos, no deja ninguna duda sobre el papel que el estrés desempeña en el proceso de envejecimiento. En él se dice: «El estrés crónico erosiona los telómeros, dificulta la replicación del ADN y, por ello, acelera el envejecimiento».[9]

La clave en esta consideración relativa al estrés es la palabra *crónico*. El artículo hace referencia al tipo de estrés que permanece presente sin llegar a resolverse, una distinción importante.

Todos experimentamos algún tipo de estrés debido a algo que necesitamos para sobrevivir (como alimentos, agua o atención médica), que debemos producir en el trabajo o que sentimos como un problema en nuestras relaciones personales o laborales que necesitamos resolver. Las distintas personas interpretamos lo que nos ocurre en la vida como tipos de estrés diferentes, un hecho que no deja de ser interesante.

Todos hemos oído hablar del *estrés constructivo*, por ejemplo. Es el tipo de estrés que las personas creativas suelen sentir ante unos plazos que deben cumplir o algo que han de hacer para alcanzar un objetivo o satisfacer una necesidad. El pintor que se encuentra en la situación estresante de tener que pintar cuadros para la inauguración de una galería, el empleado de la oficina que ha de elaborar un informe económico que debe presentar al término del trimestre, el escritor que ha de ajustarse a los plazos del editor y el científico que intenta resolver el problema de cómo ahorrar la preciosa energía en una cápsula espacial en órbita que sufre una desesperante escasez de energía (como en la película *Apolo 13*) son ejemplos de situaciones que generan estrés constructivo.

Todos estos contextos de estrés tienen un inicio que se puede identificar y un final que se puede reconocer y alcanzar. En estas situaciones, la adrenalina, la noradrenalina y el cortisol (hormonas primarias del estrés) se convierten en el carburante que estimula la creatividad y la resolución de problemas. Aparecen soluciones nuevas, el objetivo parece estar al alcance, disminuye la sensación de estrés y las hormonas del estrés se diluyen.

Esta es la clave del estrés constructivo: es pasajero y el efecto de la química del estrés suele ser muy corto. Al acercarnos a la meta, decimos que vemos «la luz al final del túnel». El hecho de que haya una luz, de que percibamos que nos aproximamos a ella y de que los intensos efectos del estrés en el cuerpo sean cortos es lo que convierte el estrés creativo en una experiencia positiva.

Esto es muy distinto de lo que sentimos cuando nos encontramos ante dificultades o exigencias en las que no parece que haya luz al final del túnel, en las que no parece que el estrés vaya a acabar. Y cuando la situación parece especialmente irresoluble, a veces ni siquiera vemos el túnel que posibilitaría avanzar hacia la luz de su final. El trabajo en una gran empresa donde tenemos la sensación de que no somos más que un número en una hoja de cálculo del despacho de algún ejecutivo, por ejemplo, puede provocar esta clase de estrés. En este tipo de situaciones, es evidente que por más duro que trabajemos y por muy innovadores que seamos al realizar nuestro trabajo, las condiciones insanas, frustrantes y hasta dañinas seguramente no van a cambiar. Hagamos lo que hagamos, por mucho y bien que trabajemos, la frustración no desaparece. En situaciones así es en las que el estrés se puede volver crónico y perjudicial.

El sentimiento de impotencia que deriva de este tipo de experiencia desencadena en el cuerpo una reacción química llamada *respuesta de lucha o huida*. En este estado, el instinto biológico de supervivencia se activa y suben los niveles de las hormonas del estrés antes señaladas para disponernos a hacer lo uno o lo otro: luchar para preservar nuestra seguridad o huir para escapar del peligro. Es una reacción que nos fue muy útil cuando huíamos de las afiladas fauces de un tigre al final de la edad de hielo, pero que hoy, en la oficina o el entorno familiar, nos genera un tipo de experiencia completamente distinto.

EL VIEJO ESTRÉS EN EL MUNDO ACTUAL

Cuando nuestros ancestros conseguían escapar de aquel tigre de afilados colmillos y recuperaban el aliento descansando ocultos detrás de una roca, el desencadenante del estrés estaba resuelto, al menos temporalmente. Los niveles de las hormonas del estrés empezaban a bajar al tiempo que el ritmo cardíaco disminuía y recuperaba la normalidad. Y al cabo de unas horas de relativa seguridad, aquellos humanos habían metabolizado los niveles elevados de esas hormonas.

En una situación de peligro como esta, la utilidad de las hormonas del estrés está en que podemos disponer de ellas cuando las necesitamos en grandes cantidades durante breves momentos. Pero no es habitual que hoy nos encontremos en situaciones de este tipo. No es normal que nos persiga un animal que amenace nuestra vida. Al contrario; el estrés normalmente se debe a que nos encontramos en situaciones en que nos sentimos atrapados, vulnerables e impotentes. Y en estos casos la solución no es tan clara como la de conseguir eludir a un animal hambriento.

Y aquí es donde surge el problema. Por un lado, los elementos químicos primarios del cuerpo lo aceleran para que corra a esconderse o luche, mientras que, por otro lado, normalmente no hacemos lo uno ni lo otro. Es como si estuviésemos en un coche con un pie pisando el acelerador, dispuestos a arrancar, y con el otro pie pisando el freno. El motor se acelera al máximo, pero no nos movemos.

Cuando la causa del estrés es la seguridad del trabajo con el que pagamos las facturas pero que aborrecemos, o la relación de quince años en la que nos sentimos atrapados, pero que nos da seguridad a nosotros y a nuestros hijos, no podemos correr ni escondernos; por lo menos, no del modo en que lo hacían nuestros antepasados cuando se refugiaban detrás de una roca.

En el mundo actual, ¿dónde está la roca tras la que podamos ocultarnos? Si no hemos encontrado la forma de sentirnos a salvo y aliviar el estrés de la vida diaria, los estudios indican que el estrés no resuelto comenzará a mostrarse de formas que afectarán negativamente a los telómeros. La ciencia dice que esta relación es clara, pero los efectos del estrés son manifiestos sin necesidad de que la ciencia lo confirme.

Cuando alguno de nuestros conocidos está sufriendo la angustia de una agitación emocional no resuelta –por ejemplo, durante el proceso de un divorcio tormentoso, o en la permanente indecisión sobre si seguir o no con un empleo o sobre si continuar con una relación o dejarla–, el peaje que ha de pagar por ello es evidente. Lo vemos en el envejecimiento de su cuerpo y de su rostro. La persona parece tener más años de los que tiene en realidad y normalmente comienza a sufrir problemas de salud que por lo general no aparecen sino muchos años después. Cuando la persona padece estrés crónico, su sistema inmunitario no suele estar preparado para afrontar los resfriados y la gripe que invariablemente invaden las oficinas y las aulas todos los años.

Estas personas han de utilizar todos los días de permiso por baja médica de los que disponen, y aún necesitan más. Y, en última instancia, son las que sucumben al estrés que les va quitando lo que más quieren: la propia vida. En una situación de estrés prolongado, crónico y no resuelto, el cuerpo no puede sino aguantar hasta el límite.

Para gozar de buena salud lo fundamental es facilitar al cuerpo el entorno que necesita para hacer aquello para lo que está diseñado, que es sanar. Y deberá sanar en el nivel más fundamental, el del ADN.

> **Clave 35:** El estrés no resuelto es lo que erosiona los telómeros y nos quita lo que más apreciamos: la vida misma.

LAS DISTRACCIONES SALUDABLES Y LAS QUE NO LO SON

El instinto nos lleva a hacer todo lo que podemos para evitar situaciones que no sabemos resolver. Es así como nos distraemos para apartar la atención del problema, o los problemas. Podemos acudir a distracciones saludables, como el yoga, la meditación, el deporte individual o en grupo, la pintura o la música, para canalizar el estrés. Sin embargo, ocurre con excesiva frecuencia que las distracciones que escogemos son las que menos nos convienen; por ejemplo, comer cuando no tenemos hambre, consumir drogas o alcohol para sofocar sentimientos desagradables o recurrir a juegos *online* y hasta a relaciones virtuales en lugar de interactuar frente a frente con otras personas. Cuando nos empleamos en estas actividades, solemos hacerlo como una forma de acallar los sentimientos asociados al estrés.

Cuando pasamos a depender de las sustancias químicas cuya liberación en el cuerpo es provocada por esas distracciones —sustancias, por ejemplo, como la serotonina y la oxitocina, que mejoran nuestro estado de ánimo—, las correspondientes actividades se convierten en escapatorias crónicas. Acabamos por sentirnos adictos. Y si no encontramos la manera de resolver el propio estrés oculto, con el tiempo esas distracciones pueden reemplazar las amistades, el trabajo, la familia y otras relaciones primarias como fuente de sentimientos de bienestar.

Esto es lo que revela el artículo de la Academia Nacional de Ciencias. Y también habla del daño concreto que el estrés crónico nos causa: acorta los telómeros que protegen el código de la vida que habita en cada célula del cuerpo. La buena noticia es que la misma ciencia que dice que el estrés crónico nos perjudica nos muestra también cómo podemos acabar con dicho estrés.

EJERCICIO
Descubrir y solucionar el estrés no resuelto

La ciencia es clara: el estrés no resuelto puede acortar los telómeros, que son fundamentales para la buena salud, la sanación y la longevidad. He elaborado un pequeño esquema para ayudarte a identificar este tipo de estrés en tu vida. He observado que el esquema es especialmente útil cuando uno está preocupado pero no sabe cuál es exactamente el motivo. Te invito a que aproveches la oportunidad para determinar cualquier cosa que te pueda estresar en este preciso momento. Para el ejercicio necesitarás papel y bolígrafo.

La técnica: Con palabras sueltas o frases cortas, escribe las respuestas a las tres preguntas siguientes con la mayor sinceridad posible.

Pregunta 1: ¿Cuáles son algunas de las causas de tu estrés no resuelto? Por favor, con toda la sinceridad de que seas capaz, señala cualquier relación, problema de salud o situación de tu vida que te provoquen un sentimiento continuado de ansiedad y frustración o una profunda reacción emocional «visceral» de incertidumbre cuando piensas en ello. Haz una lista, dejando espacio debajo de cada causa que identifiques.

Pregunta 2: ¿Cuál es tu reacción habitual frente al estrés? En ese espacio que has dejado, señala las distracciones de las que te suelas servir para aliviar el estrés. Completa la frase siguiente: «Cuando esta situación me provoca sentimientos de ansiedad, frustración o cualquier otro tipo de emoción profunda incómoda, lo que suelo hacer para sentirme mejor es ______________».

Pregunta 3: ¿Cuál te gustaría que fuese tu forma nueva y más reflexiva de reaccionar ante lo que te estresa? Si deseas sustituir las actuales distracciones para olvidarte de lo que te provoca estrés por respuestas nuevas y más sensatas, sigue, por favor, la siguiente estrategia. Empezarás con un pequeño cambio que ya te es familiar: pedir consejo a la sabiduría del corazón. Como verás, para centrarte en el corazón seguirás unos pasos similares a los de la Técnica de Coherencia Rápida® que veíamos en el capítulo 5.

- **Paso 1**: Concéntrate en el corazón. Deja que tu conciencia pase de la mente a la zona del corazón.
- **Paso 2**: Respira más despacio. Empieza a respirar un poco más despacio de lo normal. Tómate cinco o seis segundos para inspirar y otros tantos para espirar.
- **Paso 3**: Accede a la intuición profunda. Sigue respirando despacio y con la atención puesta en el corazón, y en silencio, desde lo más profundo de ti, haz la pregunta.
- **Paso 4**: Escucha o siente la respuesta. Cuando la obtengas, escribe debajo lo que el corazón te diga. Completa la frase: «Algunos ejemplos de respuestas más sensatas al estrés no resuelto de mi vida son ___________».

El objetivo de este ejercicio es doble. Utilízalo para:

- Advertir las distracciones a las que recurres, consciente e inconscientemente, cuando te encuentras en situaciones estresantes que no parecen tener solución.
- Sustituir cualquier distracción que pueda no servirte por respuestas nuevas y más saludables a lo que te estrese. La clave de la eficacia de este ejercicio es que, aunque no siempre

> podemos cambiar la situación de forma inmediata, sí podemos cambiar enseguida la respuesta que le demos.

Una vez terminado el ejercicio anterior, te invito a que consideres que no hay una forma buena ni mala de recibir la sabiduría de tu corazón. Cada uno de nosotros nacemos con nuestro código exclusivo que nos permite acceder al saber del corazón y aplicarlo a la vida. El secreto del código es saber qué es lo que funciona mejor en nuestro caso.

> **Clave 36**: Mediante la sabiduría del corazón podemos pedir y recibir ideas sobre alternativas saludables a las distracciones insanas.

TODOS LOS DÍAS, CADA MINUTO, AFIRMAMOS O NEGAMOS NUESTRA VIDA

Si aceptamos una forma de vivir que llene permanentemente el «depósito de la vida», como Michael lo definía, reponemos permanentemente la vitalidad de nuestras células. De este modo, los telómeros siguen sanando, creciendo y dividiéndose de una forma que refleja esta vitalidad. Las instrucciones para este modo de pensar y vivir son sencillas, pero en su puesta en práctica es donde empieza el verdadero taller de la vida. Exige valentía. Y requiere una decisión que debemos tomar en cada momento de todos los días de nuestras vidas.

Las decisiones que tomamos en cada momento de todos los días —lo que comemos para alimentar nuestro cuerpo, los movimientos que hacemos para estimularlo, las palabras que escogemos para expresar nuestras ideas y experiencias y las creencias que albergamos sobre nosotros mismos y sobre otras personas— afirman o niegan la vida que bulle en nuestro organismo. Cuando aceptamos esta realidad, la decisión es muy sencilla. Se basa en optar reflexivamente por la vida con cada palabra, a través de cada alimento y en toda interacción que tengamos con nosotros mismos, con otras personas y con el mundo en general. Esta clave de la longevidad no es ningún secreto para los estudiantes de las tradiciones de misterio, como los antiguos esenios, una secta religiosa que floreció entre el siglo II antes de la era cristiana y el siglo I de esta era, en un territorio que hoy comprende parte de Palestina, de Jordania y de Israel.[10] Tal vez el esenio más conocido hoy sea Jesús de Nazaret, el maestro del Nuevo Testamento.

Jesús hablaba a sus discípulos de las decisiones de vida que tomamos todos los días de forma que pudieran entender, en el lenguaje de su tiempo. Cuando le preguntaron cómo podían sanar el cuerpo, él les respondió de manera directa, sencilla y convincente: «Si coméis alimentos vivos, ellos mismos os estimularán, pero si matáis los alimentos, el alimento muerto también os matará. Porque la vida solo procede de la vida, y de la muerte solo procede la muerte. Porque todo lo que mata vuestros alimentos mata también vuestro cuerpo».[11]

La mejor ciencia actual dice que estas palabras claras, potentes y elocuentes son tan verdad hoy como lo eran hace dos mil años. Cuando comemos alimentos excesivamente procesados, cocinados o saturados de conservantes, tomamos alimentos en los que se han matado las enzimas y la vida que nos nutre.

Una definición aceptada de alimento es: «Cualquier sustancia que las personas o los animales comen o beben, o que las plantas absorben, para mantener la vida y el crecimiento».[12] Esta definición revela que los llamados alimentos procesados en realidad no son alimentos en modo alguno. Es posible que ocupen espacio en el estómago y nos alivien el hambre, pero no pueden dar vida al cuerpo cuando los tomamos, porque los componentes de estas comidas rápidas ya están muertos cuando estas son empaquetadas.

Así pues, no es extraño que las dietas populares consistentes en comidas rápidas cargadas de aceites hidrogenados, ingredientes procesados, conservantes, colorantes y potenciadores del sabor artificiales contribuyan a las múltiples enfermedades que hoy asolan el mundo, como la diabetes, la demencia y diversos tipos de cáncer. Una realidad que se entiende perfectamente si consideramos que tal vez estemos confiando la nutrición de nuestro cuerpo a alimentos que no son tales.

Ser consciente de ello es de suma importancia para la dieta, sin duda, pero el mismo principio rige en las decisiones ajenas a lo que comemos. Rige en lo que pensamos sobre nosotros y sobre otras personas, en nuestras relaciones y en nuestra autoestima. Todos ellos son alimentos espirituales para la mente y el corazón y nos nutren del mismo modo. Si partimos de la sabiduría de las enseñanzas de los esenios con estas ideas en mente, podemos llevarlas un paso más adelante y decir: «Porque todo lo que mata tu sentimiento de valía y tu autoestima mata también tu cuerpo».

Es evidente que la calidad de la nutrición emocional, psicológica y espiritual es tan importante como la calidad nutritiva de los alimentos físicos que ingerimos.

En este sentido, lo fundamental es que la calidad de cada una de estas experiencias de sanación de los telómeros depende de las decisiones que tomamos. A veces son decisiones inconscientes, pero en todos los casos es lo que nosotros elegimos. *La clave de la longevidad es convertir las decisiones conscientes en hábitos inconscientes*. De este modo, ya no necesitamos detenernos a pensar qué vamos a tomar para comer ni cómo vamos a comportarnos en una discusión con nuestra pareja. La razón es que ya lo tenemos decidido.

Es una lección que aprendí muy pronto en la vida, y que se ha convertido en un punto de referencia para la mayoría de las decisiones que tomo a diario. Todos los días, ante lo que decido comer, cada amistad y cada relación, y cuando me veo criticando a otra persona o a mí mismo por algo que hayamos dicho o hecho, me hago la misma pregunta: «¿Es esto lo mejor que puedo ofrecer en este momento?». La respuesta me dice de inmediato cuáles son mis posibilidades, y en este punto es donde he de tomar una decisión que afirme o niegue la vida que anida en mi cuerpo.

Si pensamos en la relación existente entre la alimentación, las creencias, el estrés y los telómeros, es evidente que la longevidad en realidad no es tanto el fruto del intento de vivir cuanto podamos como el resultado de una decisión que tomamos a cada momento todos los días. Esta decisión era el tema de mi conversación con mi amigo Michael. Es la diferencia entre considerarnos vasijas finitas de limitado potencial y considerarnos vasijas infinitas de potencial ilimitado. Es la diferencia que haría posible ser padre con quinientos años.

> **Clave 37**: En cada momento de cada día tomamos decisiones que afirman, o niegan, la vida que anida en nuestro cuerpo.

EL TIEMPO, LA VIDA Y EL RELOJ DEL ENVEJECIMIENTO

En los años en los que llevé a grupos al Tíbet, observé un fenómeno del que raramente se habla en los libros de texto y en los documentales sobre viajes. Es el hecho de que los monjes y monjas tibetanos no suelen llevar el cómputo de su edad. La primera vez que le pregunté cuántos años tenía a un monje del Tíbet, su primera reacción fue echarse a reír. No lo hizo por mi deficiente forma de expresarme en su lengua, sino por la pregunta que acababa de hacerle. No creía que fuera una pregunta seria, porque, a su modo de ver, la edad no tiene el mismo sentido que le damos en nuestra cultura.

Cuando el monje se dio cuenta de que se lo preguntaba en serio, me respondió encantado. Si no lo hizo antes no fue porque su edad fuera algún secreto. Es que, sencillamente, no sabía cuál era. El recuento de los años de su vida no tenía para él ninguna importancia.

Los monjes celebran sus cumpleaños, pero no cuentan los años. Celebran el término con éxito de otra vuelta alrededor del Sol, no los años transcurridos desde que nacieron. Sabemos, por lo que hemos visto anteriormente, que las consecuencias de esta forma de pensar son claramente positivas. Si la expectativa es que la calidad de vida disminuye con cada año que pasa, y si contar los años que llevamos viviendo corrobora nuestro envejecimiento, se entiende que los monjes quieran evitar el recuento de sus años.

Mi amigo monje sabía en qué año había nacido. Y con esa fecha en mente, comenzó a responderme haciéndome antes esta pregunta:

—¿En qué año estamos hoy?

Le dije que estábamos en 2008, e indicó con la cabeza que lo había entendido. Fijó la mirada en la palma de una mano y, con el dedo índice de la otra, comenzó a garabatear en ella números invisibles. Estaba calculando la diferencia entre el año que le había dicho y el de su nacimiento. Levantó enseguida los ojos, me miró con una amplia sonrisa y me dijo orgullosamente que había nacido en 1915. Según sus cálculos, llevaba noventa y tres años en este mundo.

Su respuesta fue para mí algo más que una sorpresa. Si hubiera tenido que calcular la edad de aquel hombre, por el color y la tersura de su piel, el brillo de sus ojos y la firmeza con que daba cada paso, habría conjeturado que rondaría los sesenta y cinco años, quizá unos pocos más. ¡Pero de ningún modo habría dicho que tenía más de noventa! Exactamente como había demostrado la monja de aquel monasterio a la que previamente me referí, ese monje me enseñó que el número de años que estamos en este mundo y el estado de nuestro cuerpo no están necesariamente relacionados como me habían enseñado a pensar.

La lección que aprendí del monje trataba del tiempo.

SER LONGEVO NO ES LO MISMO QUE SER MUY VIEJO

Si programamos la alarma del móvil para que suene al cabo de sesenta minutos, al final de estos llevaremos en la Tierra una hora más del tiempo que llevábamos antes de programarla. Los sesenta minutos marcan el tiempo cronológico que ha transcurrido en ese lapso. Habremos vivido todos y cada uno de esos minutos, pero la pregunta será *cómo* los hemos vivido. Aunque durante esa hora las células han vivido y metabolizado, ¿también han sanado y rejuvenecido en ese tiempo? Y, tal vez lo más importante, ¿les hemos facilitado el entorno adecuado para que sanasen y rejuveneciesen? La respuesta que demos a esta pregunta marca la diferencia entre la longevidad y la vejez.

La propia naturaleza de esta pregunta remite a las ideas expuestas al principio de este capítulo. ¿Creemos que empezamos a morir desde el momento en que nacemos, o aceptamos que ese momento activa el proceso de sanación que es natural e inherente a la existencia de nuestro cuerpo? Dicho en términos más personales, ¿crees que desde el momento en que naciste has estado sanando y rejuveneciendo?

La clave de lo que el monje del Tíbet me enseñó con su respuesta es que no me dijo que «tenía noventa y tres años». No dijo que había utilizado noventa y tres años del depósito finito de la vida. Lo que me dijo fue que habían transcurrido noventa y tres años desde que él vino al mundo. En otras palabras, expresó el hecho de su longevidad sin afirmar las consecuencias de su edad. La forma sutil de reconocer sinceramente el tiempo que llevamos en la Tierra tiene importantes implicaciones para el reloj de la edad que hay en nuestras células. Es la clave de la longevidad y la calidad de vida que vi por primera vez en los monjes y las monjas del Tíbet.

Desde que aprendí a reconocer esta filosofía, la he visto en muchas tradiciones indígenas que están menos influenciadas que el mundo occidental por ideas sobre la vida, la muerte y la longevidad.

Una de las pasiones que llevo alimentando toda la vida es el estudio de las personas que llegan a una edad más que considerable y en buen estado de salud. En este estudio he encontrado los elementos que comparten los individuos de más edad del mundo. Cuando los monjes me dijeron que hay yoguis que tienen seiscientos años, por asombrosa que fuera tal afirmación, lo que sentí de verdad es que no había razón para ponerla en duda. Los nuevos descubrimientos de la ciencia apuntan a que tan avanzadas edades son realmente posibles, y las escrituras antiguas hablan de seres humanos que las alcanzaron y las superaron.

Creo que lo más importante de estas historias es que cuando estas personas llegan por fin al término de sus vidas centenarias, no encajan en la idea actual del aspecto que debe tener alguien de edad tan avanzada. Es decir, su aspecto no coincide con la imagen de un cuerpo marchito y de piel arrugada y pegada a unos huesos frágiles. Todo lo contrario. Estas personas, como la monja que conocí en el Tíbet en 2008, tienen los ojos brillantes y enfocados, una piel sana y flexible y una vida extremadamente activa. Es gente vital, perfectamente capaz y con todas sus habilidades intactas, que disfruta plenamente de la vida y ayuda a la familia y a la comunidad hasta el fin de sus días.

No tenemos documentación sobre los yoguis de los que hablaba mi guía, pero sí sobre un hombre que alcanzó una edad casi bíblica en tiempos relativamente recientes. Uno de los ejemplos más asombrosos, extremos y mejor documentados de edad bíblica lo ofrece un hombre que sirvió en el Ejército chino, que lo agasajó en su centésimo, centésimo quincuagésimo y ducentésimo aniversarios (es decir, cuando cumplió cien, ciento cincuenta y doscientos años): Li Ching-Yuen.

EL MISTERIO DE LI CHING-YUEN

Li Ching-Yuen fue un practicante de las artes marciales y maestro de *qi gong* que se alimentaba de hierbas de alta montaña, sirvió en el Ejército chino y murió a la avanzada edad de doscientos cincuenta y seis años. Los minuciosos archivos del Ejército chino indican que Li nació en la provincia de Sichuán (China) en 1677. Su ingreso en el Ejército como asesor táctico en 1749 está bien documentado, como lo está también su jubilación veinticinco años después, a los noventa y siete. Una vez retirado, volvió a la sencilla vida rural que había llevado antes del servicio en el Ejército. Creo que la elección de este modo de vida fue una de las claves de su longevidad. Regresó a las altas montañas de Sichuán para cultivar, cosechar y procurarse unas hierbas medicinales como base de su alimentación, como había hecho antes de ingresar en el Ejército.

Figura 6.2. Una de las pocas fotografías de Li Ching-Yuen, tomada en Sichuán en 1927, cuando su edad documentada era de doscientos cincuenta años. Los archivos sobre su servicio militar señalan que nació en 1677 y murió en 1933. Se cree que en el momento de su muerte tenía doscientos cincuenta y seis años. (Fuente: Dominio público. República Popular China/Wikipedia).

En reconocimiento a su distinguida carrera militar, Li recibió una carta de agradecimiento por sus servicios. La carta iba acompañada de un documento en que, con los mejores deseos, se le felicitaba por su centésimo aniversario. Era el año 1777. El Ejército le volvió a manifestar su reconocimiento en 1827, en su centésimo quincuagésimo aniversario, y de nuevo en 1877, en el ducentésimo. Se dice que este hombre tan extraordinariamente longevo murió en 1933. Digo «se dice» porque en su pueblo natal nadie vio su cuerpo, y su familia nunca lo enterró. Según su esposa, sencillamente murió mientras se encontraba en plena naturaleza.[13]

En 1933, la revista *Time* y *The New York Times* publicaron artículos sobre Li Ching-Yuen, acompañados de entrevistas con descendientes suyos del pueblo donde se había criado.[14] En los artículos se recogían recuerdos de personas que en su infancia habían conocido a Li, pero esas explicaciones las daban nietos de esas personas. En el momento de su muerte, Li tenía ciento ochenta hijos, fruto de catorce matrimonios. Cuando se le preguntó a qué atribuía su longevidad, respondió que pensaba que el secreto de su larga vida era que «tenía el corazón tranquilo».[15] A la luz de los nuevos descubrimientos sobre los efectos de una vida centrada en el corazón, se comprenden perfectamente las palabras de Li.

Si cuento esta historia y hablo de mi encuentro con la monja del Tíbet que, cuando la conocí, tenía ciento veinte años, no es concretamente por la edad de ella o de Li. La avanzada edad de ambos es, sin duda, asombrosa, pero lo que más me importa es el extraordinario estado de sus cuerpos a esas edades. Los dos son una excepción a la idea de que «desde el momento en que nacemos empezamos a morir». De hecho, parece que certifican la posibilidad de la que hablé con mi amigo Michael.

Solo a través de procesos de sanación continua —un rejuvenecimiento que se inicia en el propio ADN— es posible alcanzar esas edades tan asombrosas.

Me habría encantado hablar con Li Ching-Yuen antes de que abandonara este mundo. Le habría preguntado por lo mismo en que todos pensamos cuando oímos hablar de edades que desafían nuestro sistema de creencias: por la dieta, el ejercicio físico y otros aspectos del estilo de vida. Lamentablemente, Li falleció veinte años antes de que yo naciera, así que no tuve la oportunidad.

EL HILO COMÚN DE LA LONGEVIDAD

En 2008, la agencia Associated Press divulgó la historia de Mariam Amash, una mujer árabe-israelí del pueblo de Jisr az-Zarqa, en el norte de Israel. Fue retenida en un puesto de control, al parecer porque sus documentos de identidad habían caducado. Le dijeron que debía ir a las autoridades locales a actualizar y renovar los documentos. Fue entonces cuando pasó a ocupar los titulares de los medios de comunicación de todo el mundo. Se le dieron nuevos documentos en los que constaba su fecha de nacimiento. Mariam confirmó que había nacido en 1888, lo cual significaba que en el momento en que adquirió aquel protagonismo mediático tenía ciento veinte años.[16]

Cuando le preguntaron a qué atribuía su buena salud y larga vida, Mariam no necesitó pensarlo mucho: el amor. Pensaba que el amor por su familia —el amor que *sentía* por sus hijos, sus nietos, sus bisnietos y sus tataranietos— la había mantenido viva tantos años. Se sentía importante en la vida de todos ellos. Se preocupaba por ellos. Cocinaba para ellos. Les aconsejaba. Cada una de estas experiencias contribuía a un factor positivo general: Mariam se sentía necesaria. Sentía que contribuía a la vida de las personas a las que quería de la forma que necesitaban. Y este sentimiento era el que le daba una vida plena todos y cada uno de los días.

En 2012, uno de los nietos informó a la prensa de que Mariam se había sentido indispuesta. La llevaron al Centro Médico Hillel Yaffe de Israel, en la ciudad de Hadera, para someterla a observación y al debido tratamiento. Tres días después, sin haber pasado por ninguna larga enfermedad, Mariam falleció, a los ciento veinticuatro años de edad. Había tenido diez hijos y, en el momento de su muerte, tenía unos trescientos descendientes. Expongo este caso porque, como Li Ching-Yuen, Mariam tuvo una vida sana y activa hasta el final.

Si pensamos en los casos de estas tres personas de las que he hablado —Li Ching-Yuen, Mariam Amash y la monja del Tíbet—, inmediatamente aparece un claro denominador común: las tres atribuían su longevidad a experiencias positivas basadas en el corazón. Sabedores de ello, no debería sorprendernos el hecho de que las experiencias positivas de un corazón tranquilo y de ser querido por otras personas —de sentirse querido y necesario— afectarán de forma extraordinariamente positiva al organismo humano. Sin embargo, los nuevos descubrimientos de base científica son los que aportan los detalles. Y cuando comprendemos la relación exacta que hay entre nuestra percepción de las experiencias de la vida y la longevidad, descubrimos también cómo despertar esa capacidad de forma consciente en nuestras propias vidas.

Hoy está documentado que todos los órganos del cuerpo humano tienen la capacidad de regenerarse y sanar, incluidos órganos que se nos había dicho que eran incapaces de hacerlo. Se sabe fehacientemente que los tejidos del corazón, del cerebro, de la columna vertebral y del páncreas, e incluso las conexiones nerviosas, poseen la capacidad de autorrepararse y de curarse de los daños que hayan sufrido, y de hacerlo utilizando los propios mecanismos de sanación del cuerpo. El descubrimiento de la telomerasa revela que esta sanación universal es posible.

La clave está en que hemos de crear las condiciones adecuadas —el entorno apropiado dentro y fuera del cuerpo— para activar esa sanación. Algunas de estas condiciones pueden ser el entorno físico, el entorno químico de la sangre y las células y el entorno emocional que activa las funciones del corazón y del cerebro. Este descubrimiento ha abierto la puerta a una nueva realidad en la biología y a una nueva forma de entender la vida, que comienza con el descubrimiento de células que pueden vivir para siempre: las primeras células inmortales.

LAS PRIMERAS CÉLULAS INMORTALES

Cuando en 2009 se concedió el Premio Nobel por el descubrimiento de la telomerasa, fue como si encajara en su sitio la última pieza del rompecabezas de los estudios sobre la longevidad.

Tradicionalmente, en los manuales de biología había aparecido una ilustración parecida a la de la figura 6.1, que muestra cómo los telómeros se acortan cada vez que la célula se divide. Se pensaba que el número de divisiones de la célula era limitado (un hecho conocido como el límite de Hayflick), por lo que se decía que las células eran *mortales*. Se creía que se podía calcular su tiempo de vida y que se podía prever el número de veces que tenían la capacidad de dividirse.

Sin embargo, con el descubrimiento de la telomerasa y su capacidad de prolongar la extensión de los telómeros y la vida de la célula, hubo que concebir una nueva categoría, la de las *células inmortales*. La razón de esta denominación es que dichas células no están sometidas al límite de Hayflick. En teoría, mientras se siga curando y reemplazando a los telómeros, la célula puede vivir, crecer y cumplir perfectamente su cometido. En teoría este proceso podría continuar de forma indefinida, lo cual convertiría a la célula en inmortal. Aunque la idea de células inmortales pueda sonar a ciencia ficción, la realidad es que ya existen. Y el hecho de su existencia no es tampoco algo que se haya conseguido hace poco. Las primeras células inmortales se descubrieron en 1951. Y la asombrosa verdad es que aquellas células siguen vivas y reproduciéndose hoy en el laboratorio, unos sesenta y cinco años después de ser reconocidas por primera vez.

En 1951, un médico del hospital Johns Hopkins hizo un cultivo de células procedentes del tejido de una joven que padecía cáncer cervical. En su caso, como en el de muchos cánceres, la muerte celular programada que normalmente acaba con las células defectuosas antes de que sean un problema —la *apoptosis*— no funcionaba. En lugar de matar las células que no se habían dividido debidamente, el cuerpo de la joven enviaba una señal para que se hiciera exactamente lo contrario: producir telomerasa para mantener vivas y en reproducción todas las células, incluidas las defectuosas. Por esta razón el médico hizo un cultivo de laboratorio con una muestra de sus células. Quería saber por qué las células enfermas seguían viviendo y reproduciéndose de ese modo.

La chica se llamaba Henrietta Lacks, y hoy sus células se siguen reproduciendo como cultivos de tejido. El cultivo original que el médico preparó en 1951 sigue perpetuándose a sí mismo, y las células que produce se estudian en las aulas y los laboratorios de investigación médica de todo el mundo. Se conocen como *línea celular HeLa*, en honor al nombre de su donante. En teoría, las células HeLa podrían vivir eternamente.

En el caso de Henrietta, algo desconocido desencadenó una liberación generalizada de telomerasa en su cuerpo en 1951. Pudo ser alguna toxina medioambiental. Tal vez una reacción de su cuerpo a algún aditivo o conservante que se empleara en productos de mediados del siglo XX que ya no existen. Pudo ser una concentración de metales pesados en el entorno de la joven. Lo importante es que sus células siguen vivas y continuarán reproduciéndose mientras cuenten con una aportación constante de telomerasa.

¿ESTAMOS REALMENTE PREPARADOS PARA TENER CÉLULAS INMORTALES?

La existencia de las células en permanente división de Henrietta Lacks ha trasladado la idea de la inmortalidad de la célula del ámbito teórico de los manuales al de la realidad física. La cuestión ya no es si es posible o no producir células que vivan para siempre. Hoy la pregunta es si esta inmortalidad se puede inducir o no de forma segura en una persona sana a través de la dieta, el ejercicio físico, la nutrición y los suplementos. Y si la respuesta es afirmativa, la siguiente pregunta es de carácter más filosófico: ¿estamos realmente preparados para la inmortalidad y lo que significa para nuestras vidas? ¿Estamos dispuestos emocionalmente a sobrevivir a todo lo que nos es familiar y a todas las personas a las que queremos? La respuesta a esta pregunta es algo que hoy los científicos están considerando seriamente. Deben hacerlo, porque, más pronto que tarde, necesitaremos estas respuestas.

A lo largo de toda la historia de la humanidad registrada, y posiblemente incluso antes, nuestras vidas siguieron un patrón en lo que se refiere a las relaciones, el trabajo y la familia. Históricamente, dicho patrón ha sido más o menos este: en algún momento posterior al final de la infancia, un punto que algunas sociedades sitúan en la pubertad, nos organizamos la vida a través del trabajo para trazarnos un camino profesional. Buscamos pareja, y algunas personas empiezan a formar una familia. Tenemos hijos a quienes orientamos a través de sus años de formación. De modo que para nosotros el orden natural ha sido vivir una vida plena —lo cual incluye ser abuelos, si somos lo bastante afortunados— y después, por las complicaciones propias del envejecimiento, fenecer y dejar el fruto de nuestra vida a la siguiente generación.

Nuestra sociedad está orientada en este sentido, un avance que se suele denominar *el orden natural de la vida*. Nuestros esquemas en cuanto al trabajo, la jubilación, la seguridad social y el seguro médico se basan en estadísticas relativas al tiempo que cabe esperar que vivamos y la necesidad que tendremos de todos esos apoyos. Estas estadísticas reflejan la media de nuestros iguales y dentro de un orden natural. Actualmente, las expectativas están cambiando. Con la progresiva mejora de la tecnología, la higiene y la seguridad en el trabajo, la esperanza de vida ha aumentado en el transcurso de los años, un cambio que las propias estadísticas reflejan.

Por ejemplo, en 1930 la esperanza de vida media de los hombres era de cincuenta y ocho años y la de las mujeres, de sesenta y dos. La diferencia se atribuye por lo general a los riesgos de las fábricas y las minas y a la guerra, que no afectan del mismo modo a hombres y mujeres, y también a que los problemas cardíacos suelen aquejar a los hombres a una edad más temprana.

La edad de jubilación en 1935 eran los sesenta y cinco años, lo cual significaba que la mayoría de las personas tenían que trabajar toda la vida; no llegaban a disfrutar de la jubilación ni recibían pago alguno procedente de ningún programa social. Por suerte, las mejores condiciones laborales y de vida han cambiado esas cifras de forma considerable. Según la Administración de la Seguridad Social de Estados Unidos, en 1990 el hombre que superaba el estrés y los peligros de la vida y el trabajo y llegaba a los sesenta y cinco años y se jubilaba, podía esperar vivir otros 15,3 años. En el caso de las mujeres, las estadísticas eran aún mejores: podían esperar vivir una media de 19,6 años después de jubilarse, 4,3 años más que su pareja masculina.[17] Pero pese a estas nuevas estadísticas, en los países desarrollados el orden de la vida ha seguido en su mayor parte intacto.

Por lo que a la familia se refiere, la progresión se supone similar. La expectativa es que los padres atiendan a sus hijos mientras estos crecen y maduran, y cuando mueren dejan su riqueza material y lo que hayan cosechado en la vida a sus hijos para que los disfruten. Nuestras parejas y matrimonios se basan en este mismo modelo y esta misma progresión. Cuando nos casamos y comprometemos para toda la vida, por ejemplo, suponemos que lo hacemos por un tiempo comprendido en la franja histórica de la esperanza de vida. La posibilidad de la inmortalidad, o incluso de un tiempo de vida que se alargue cien años más de lo que hoy es habitual, lo cambia todo. Sinceramente, ¿cuántos nos comprometeríamos toda una vida con la misma pareja si supiéramos de antemano que esta iba a vivir doscientos años? ¿Y si fueran quinientos años? ¿Y si alcanzáramos la inmortalidad?

Los detalles de la vida material —las finanzas, los seguros y el trabajo, por ejemplo— se pueden ajustar y adaptar a una vida más larga, pero tal vez el mayor problema para alguien que contara su edad en siglos sería la factura emocional de las pérdidas que tendría que sufrir en el transcurso de su larga vida. En una vida de varios siglos, habría la posibilidad muy real de que la persona que viviera tantísimos años perdiera todo lo que hubiera conocido y a todas las personas a las que hubiera querido. Sufriría la pérdida de amigos, familiares, parejas o amantes, y tendría que reconocer cada pérdida y recuperarse de ella de un modo u otro. Sería una situación especialmente difícil para los padres y sus hijos. *Psychology Today* explica el impacto emocional que sufre el padre o la madre que sobrevive a sus hijos:

La muerte de un hijo provoca mayor estrés que la del padre, la madre o el cónyuge, y es especialmente traumática porque suele ser inesperada y va en contra del orden normal de las cosas por el que se espera que el hijo entierre a sus padres. El golpe emocional asociado a la pérdida del hijo puede provocar una amplia diversidad de problemas psicológicos y fisiológicos, incluidos depresión, ansiedad, síntomas cognitivos y físicos relacionados con el estrés, problemas conyugales, mayor riesgo de suicidio, dolor y sentimiento de culpa.[18]

Además de la pérdida de los seres queridos, la persona que viviese varios siglos también sufriría la de vecinos, comunidades y formas enteras de vida y de vivir, porque durante esa larga vida el mundo seguiría creciendo y evolucionando, y cambiando radicalmente. Es el escenario exacto que hace tiempo que preocupa a los científicos cuando piensan en los astronautas que hayan de viajar en misiones de varias décadas a otros mundos; en este caso, el fenómeno de la dilatación del tiempo de las ecuaciones de Einstein se convierte en un factor muy real. Las familias y los amigos de los viajeros del espacio seguirían envejeciendo al ritmo normal, mientras que quienes estuvieran a bordo de la nave espacial, a causa de la velocidad a la que viajarían, lo harían más despacio que sus iguales de la Tierra. (Esta es una de las implicaciones de la ecuación $E=mc^2$ Einstein). Suponiendo que sobrevivieran a esa misión de decenas de años, cuando regresaran a la Tierra serían mucho más jóvenes que las personas a las que dejaron atrás —dependiendo de la cantidad de tiempo que hubiesen estado fuera y de la velocidad a la que hubiesen viajado—.

Ninguno de los escenarios a los que me estoy refiriendo es necesariamente un gran problema derivado de una vida de muchísimos años, pero todos dan idea de lo que implica la experiencia de la longevidad más allá del simple mantenimiento con vida de las células. Todo se reduce a nuestras percepciones y lo que sentimos ante el cambio del mundo que nos rodea.

Yo mismo viví algo de esta experiencia con mi abuelo, antes de que falleciera.

ESTAR AL DÍA CON EL MUNDO

Como ya he dicho, mi padre se fue de casa cuando yo tenía diez años. Después de aquella partida, el padre de mi madre se convirtió para mí en algo más que mi padre, y la relación que tuve con él fue más estrecha que la que había tenido con mi progenitor. Mi abuelo y yo interpretábamos de modo muy distinto el mundo, pero él siempre estaba abierto a nuevas ideas, dispuesto a escuchar mis preocupaciones y feliz de ofrecerme su sabiduría cuando se la pedía, o cuando más la necesitaba. Estuve con mi abuelo la semana en que falleció, aunque yo no sabía que iba a ser la última. Acababa de cumplir noventa y seis años y organizamos una pequeña fiesta familiar para celebrar su larga vida cargada de experiencias.

Durante aquella fiesta, llevé a mi abuelo a una mesa tranquila y le pedí que me hablara de sus noventa y seis años de vida y de lo que significaban para él. Después de dejar el ruido de la fiesta en otra habitación, ante la magnitud de lo que acababa de pedirle, respiró profundamente, levantó las cejas y entornó los ojos.

«Hubo un tiempo en que el mundo tenía sentido para mí», dijo. Luego me explicó cómo había comprendido el mundo y cómo funcionaban las cosas, y se enorgulleció de su magistral capacidad de arreglar artilugios que lo necesitaban. Entre ellos, el motor de su coche y de los coches de sus amigos y parientes y la caldera de carbón del sótano de su familia durante los duros inviernos de Misuri. Y siempre fue capaz de trabajar para conseguir lo que tenía, incluso durante la Gran Depresión de 1929; pudo pagar al contado su casa y los muebles sin recibir ninguna ayuda económica. Ese tiempo del que hablaba, en que el mundo tenía sentido, se ubicaba en el siglo XX, justo después de la Primera Guerra Mundial.

«Luego algo cambió y el mundo dejó de tener sentido. No pude adaptarme a los cambios. —El abuelo nunca puso la mano en ninguno de los aparatos responsables de los cambios que le hacían sentirse como un extraño. E insistió—: Todo cambió. Absolutamente todo».

Después de la Segunda Guerra Mundial, los frutos de la tecnología de guerra comenzaron a introducirse en la vida cotidiana.

Desde los aviones de reacción y los sistemas de telecomunicación –por ejemplo, el fax– hasta sistemas médicos y sectores industriales completamente nuevos, los aparatos y los modos de vida que aparecieron después de la contienda bélica se basaban en principios que mi abuelo sencillamente no entendía.

Además de la invasión de las nuevas tecnologías, el mundo también estaba lleno de países nuevos. Muchos de ellos no existían antes de la guerra (por ejemplo, Israel, Jordania, Pakistán, Irak y Nepal). El abuelo nunca pudo entender que un día un país no existiera y al siguiente, con una simple firma, de repente pasara a existir. Todo aquello le provocaba la sensación de que ya no encajaba en el mundo, de pérdida del sentido de pertenencia. A los noventa y seis años, no podía conciliar los cambios del mundo con lo que era y había sido su propia vida.

Cuando al final de esa misma semana mi abuelo murió, no estaba con él. Me llamaron por teléfono al trabajo para decirme que, después de comer, se dispuso a echar una siesta en su sillón delante del televisor, se cubrió los ojos con la visera de su gorra de la Universidad de Misuri, y ya no se despertó. Fue una muerte dulce, algo por lo que siempre he dado gracias –como siempre las he dado por preguntarle por aspectos de su vida cuando lo hice–. Lamentablemente, mi abuelo murió sintiéndose un extraño en el mundo donde creció. Pienso en él a menudo y en lo que todo un siglo de cambios significó para él, y me pregunto qué supondría vivir aún más años de cambios, tal vez durante dos siglos o más, e intentar asimilarlos en esa larga vida. La buena noticia es que la misma ciencia que hace posibles la longevidad y la inmortalidad sabe también cómo conciliar lo que significa un cambio tan enorme para nuestras vidas.

LA ACEPTACIÓN SALUDABLE DE LOS GRANDES CAMBIOS

Tal vez no sea casualidad que los elementos que hoy impulsan el cambio en nuestro mundo —como la tecnología y los descubrimientos que condujeron al desarrollo de células inmortales y al reconocimiento del poder de la coherencia basada en el corazón— hayan avanzado todos al ritmo que lo han hecho. Cuando los descubrimientos se producen en el mismo período, es evidente que cada uno, para sernos útil, necesita lo que los demás ofrecen.

En el capítulo 3 explicaba el descubrimiento de la conversación que tiene lugar entre el corazón y el cerebro (la coherencia) y los muchos beneficios que reporta el hecho de optimizar esta conversación. Además de las extraordinarias capacidades de la intuición profunda, el superaprendizaje, la precognición, la activación del sistema inmunitario y la liberación de telomerasa —la enzima potenciadora de la vida de la que he hablado—, la comunicación entre el corazón y el cerebro ofrece también otro beneficio. Se llama *resiliencia*, y es la manera que tiene la naturaleza de ayudarnos a aceptar de forma saludable los grandes cambios.

En los últimos años, los científicos han descubierto que al aumentar la resiliencia ante las dificultades de la vida reducimos el estrés que estas dificultades nos pueden provocar. En otras palabras, al fortalecer las condiciones de nuestro sistema mente-cuerpo-sentimiento, cambiamos el modo de sentir ante los problemas de la vida —nuestras percepciones—, y lo hacemos de forma saludable. Es posible hacerlo incluso cuando las circunstancias que son la causa del problema puedan no haber cambiado. Este tipo de resiliencia es el que será fundamental para curar las heridas emocionales propias de una vida extensa antes mencionadas. La belleza de incrementar nuestra resiliencia es que lo podemos hacer a cualquier edad y en cualquier momento de la vida.

Clave 38: La resiliencia del corazón-cerebro es la clave para sanar de la pérdida de la familia y los seres queridos que una vida extensa conlleva.

UNA NUEVA RESILIENCIA

Hablemos de una sola persona o de todas las personas del planeta, la idea convencional de resiliencia es que es una cualidad interior por la que nos podemos recuperar de una situación difícil en la que nos hayamos encontrado; por ejemplo, la pérdida de un ser querido, del trabajo o de una relación. La Asociación Psicológica Estadounidense define este tipo de resiliencia como «el proceso de adaptarse bien a la adversidad» y «recuperarse de una experiencia difícil».[19] Esta es una definición tradicional que contempla superar situaciones que son habituales en los informativos, y se basa en ideas comprensibles, pero hay otro tipo de resiliencia. Es una nueva forma de *resiliencia ampliada* de la que raramente se habla, pero cuando descubrimos que existe, la entendemos perfectamente.

El Centro de Resiliencia de Estocolmo define *resiliencia* como la capacidad de «cambiar y adaptarse continuamente sin traspasar un determinado umbral».[20] El contenido de esta segunda definición es lo que mejor ilustra el tipo de resiliencia que necesitamos para aceptar los cambios que experimentamos a lo largo de una vida extensa. Estamos hablando de un modo de pensar y vivir que nos da flexibilidad para *cambiar y adaptarnos continuamente* a nuevos desafíos, nuevas condiciones y nuevas formas de pensar y vivir, en lugar de tener que recuperarnos de una pérdida tras otra. Este tipo de resiliencia es también la clave de la curación del estrés no resuelto. Si imaginamos nuestra resiliencia personal como la potencia conjunta de las «baterías» emocionales, físicas y psicológicas que nos dan energía para avanzar entre las dificultades de la vida, la resiliencia ampliada es el fluido que mantiene permanentemente cargadas esas pilas.

Todo parte de la resiliencia que creamos dentro del propio corazón. Una forma de determinar nuestro grado de resiliencia es medir los picos y valles de nuestro ritmo cardíaco.

UNA RESILIENCIA MÁS PROFUNDA DESDE EL INTERIOR

A muchos nos es familiar el gráfico de nuestro ritmo cardíaco que el médico mira atentamente en nuestra revisión médica anual, pero es posible que no seamos del todo conscientes de lo que realmente muestra ese gráfico. Además de informar sobre el estado general del corazón, esos ritmos también lo pueden hacer sobre la salud del sistema nervioso. El gráfico que el médico observa es seguramente un electrocardiograma (ECG). El ECG mide la producción eléctrica del corazón —los impulsos eléctricos que el corazón genera y envía a todo el cuerpo—.

El estudio y la interpretación de los ritmos cardíacos serían materia para todo un libro, pero quiero centrarme aquí en un aspecto. Hay algo del ritmo del corazón que es fundamental para generar resiliencia. Al observar los picos y valles del gráfico del ECG, incluso el ojo más profano puede ver claramente unos patrones que se repiten de grandes picos generados por cada latido (ver la figura 6.3).

Lo importante para esta exposición es que la distancia que hay entre la parte superior de un pico (la llamada *onda R*) y la siguiente no es siempre la misma; varía entre un latido y otro. Puede parecer que el espacio entre un pico y el siguiente es idéntico, pero si medimos los intervalos, vemos que la distancia entre ellos cambia. Y es bueno que así sea, porque aquí es donde empieza la resiliencia de la vida.

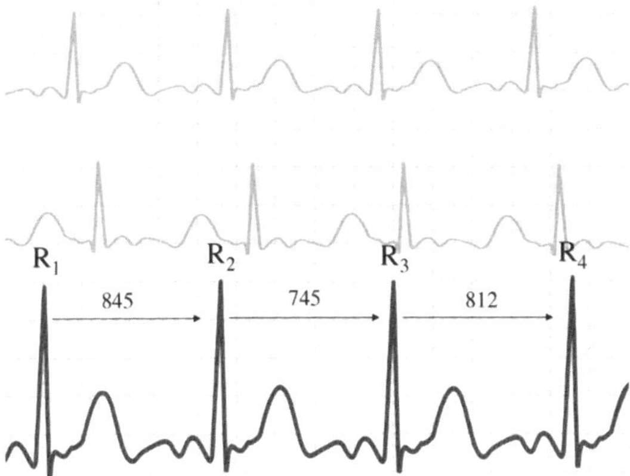

Figura 6.3. Fragmento de un ECG típico, que muestra los picos y valles cíclicos de un ritmo cardíaco típico. La distancia entre el pico de una onda R (R1) y los siguientes (R2, R3, etc.) cambia de un latido a otro. Esta diferencia es lo que determina la variabilidad de la frecuencia cardíaca que nos genera resiliencia. (Fuente: Dreamstime: © Z_i_b_i).

Cuanto más cambia el tiempo que media entre los distintos latidos, mayor resiliencia tenemos para afrontar el estrés al que nos enfrentamos y los cambios que se producen en nuestro mundo.[21] Lo que medimos es la distancia variable entre los latidos; de ahí que el resultado se llame, lógicamente, *variabilidad de la frecuencia cardíaca* (HRV, por sus siglas en inglés). La HRV se mide en unidades muy pequeñas de tiempo, *milisegundos*, de modo que la diferencia entre un latido y el siguiente puede ser de una fracción de milésima de segundo solamente.

En las primeras fases de la vida tenemos una HRV muy alta. Y es comprensible que así sea. Cuando somos pequeños y descubrimos nuestro entorno y nos adaptamos a él, nuestro cuerpo necesita algún modo de amoldarse a lo que encuentra. Y tiene que hacerlo con rapidez. La primera vez que nuestros dedos descubren qué ocurre si abrimos el grifo del agua caliente de la cocina y ponemos la mano debajo, por ejemplo, o cuando nos damos cuenta de que no todos los perros son tan cariñosos como el que tenemos en casa, hemos de reaccionar con celeridad. La capacidad del corazón de cambiar de ritmo –la HRV– para enviar sangre adonde más se necesita es el cableado biológico imprescindible para nuestra supervivencia.

La señal que el corazón envía al cerebro genera la coherencia de la que hablaba antes. Hay que señalar que el corazón y el cerebro siempre se encuentran en un determinado estado de coherencia. En medio del caos de la vida cotidiana y ante la presencia de sentimientos negativos, nuestro nivel de coherencia puede ser bajo. Con unos ejercicios muy sencillos, como el que veíamos antes en este mismo capítulo («Descubrir y solucionar el estrés no resuelto», página 234) y el que sigue, podemos cambiar los parámetros básicos de nuestro cuerpo para generar niveles más altos de coherencia. Hay una relación directa entre la HRV del cuerpo, el grado de coherencia y la resiliencia que tenemos cuando nos enfrentamos a cambios extremos de nuestro mundo hoy en día, o la que tendríamos ante las enormes pérdidas que conllevaría una vida de cientos de años. Esta es la relación: cuanto mayor sea el nivel de coherencia, mayores serán la HRV y la resiliencia.

> **Clave 39**: Una mayor armonía entre el cerebro y el corazón (coherencia) se traduce en un grado mayor de resiliencia ante la vida.

Muchos de los recientes descubrimientos sobre la coherencia del corazón, la inteligencia de este y cómo utilizar ambas en la vida han sido obra de los científicos del Instituto Heart-Math. Con estudios académicos debidamente avalados, el IHM ha demostrado, más allá de cualquier duda, que hay dos factores relacionados directamente con la resiliencia personal en la vida diaria:

- Podemos regular las emociones para crear coherencia en el cuerpo.
- Podemos seguir unos pasos sencillos para generar coherencia a voluntad en la vida cotidiana.

En un trabajo conjunto con los organismos más prestigiosos y los investigadores más innovadores del mundo, el IHM ha desarrollado un sistema sencillo conocido como Attitude Breathing® (respirar con actitud) con el que podemos aplicar fácilmente lo descubierto en el laboratorio a la vida cotidiana. Según los investigadores, el mejor beneficio de esta técnica es que «el corazón armoniza de forma automática la energía entre el corazón, la mente y el cuerpo, y así aumentan la coherencia y la claridad».[22] Estos mismos investigadores resumen el tipo de cambio emocional que genera los niveles más altos de coherencia en los tres pasos siguientes, sencillos, que están adaptados de *Transforming Stress* [Transformando el estrés], de Doc Childre y Deborah Rozman.[23]

EJERCICIO

Tres pasos para la resiliencia personal: Attitude Breathing®

Paso 1. Identifica una actitud que no desees –un sentimiento o una actitud que quieras cambiar–. Puede ser ansiedad, tristeza, desesperación, depresión, autocrítica, culpa, ira, agobio…, cualquier cosa que te produzca desazón.

Paso 2. Identifica e inhala una actitud que sustituya a la anterior: escoge una actitud y a continuación ve inhalando la sensación de esta nueva actitud, despacio y sin más preocupaciones, a través de la zona del corazón. Hazlo durante un rato para anclar el nuevo sentimiento.

Paso 3. Mientras respiras una actitud alternativa, manifiesta tu voluntad de restar gravedad y drama a la emoción o la actitud negativas. Di: «No tiene importancia». Ve repitiéndolo mientras respires la actitud, hasta que sientas un cambio. Recuerda que incluso cuando una actitud negativa parece justificada, la acumulación de energía emocional te bloqueará el sistema. «Hazlo en serio» y proponte firmemente pasar esas emociones a un estado más coherente.

A medida que vayas practicando, empezarás a crear nuevos senderos neuronales y comenzarán a remitir las viejas actitudes y resistencias que te generaban el problema en cuestión.

La mejor ciencia del mundo actual explica que, realmente, en el momento en que nacemos empezamos a sanar. Y esta sanación comienza en el nivel más fundamental del cuerpo: en el ADN. Ahora nos corresponde a nosotros aceptar nuestra sanación y la posibilidad muy real de una vida de cientos de años, incluso la inmortalidad, si así lo decidimos.

Pero vivamos el tiempo que vivamos en este mundo, la capacidad de autocurarnos también nos permite experimentar la calidad de vida que determina el éxito de nuestras relaciones, de nuestro trabajo y de nuestro avance profesional. La capacidad de tomar estas decisiones, como ninguna otra, es lo que puede marcar la diferencia entre que sucumbamos a lo que el sino nos depare o que nos levantemos para alcanzar nuestro mejor destino.

(*Copyright* © 2013 Institute of HeartMath)

7

ESTAMOS «CABLEADOS» PARA EL DESTINO

De la evolución fortuita a la transformación intencionada

El destino no es cosa del azar sino de la decisión. No es algo que haya que esperar, sino algo que hay que conseguir.

WILLIAM JENNINGS BRYAN (1860-1925),
político estadounidense

A veces, la mejor forma de entender una idea compleja es a través de los ojos de alguien que contemple el mundo con actitud sencilla. La sabiduría de Forrest Gump, el protagonista que da título a la película de 1994 y que interpreta Tom Hanks, es un ejemplo perfecto de este tipo de visión. Cuando le preguntan a Gump qué papel desempeña el destino en nuestras vidas, sus palabras intemporales suenan hoy tan ciertas como cuando las dijo en la gran pantalla por primera vez, hace más de veinte años: «No sé si todos tenemos un destino o si todos estamos flotando casualmente como en una nube. Pero creo que ambas cosas son posibles».[1]

La filosofía de Gump describe exactamente qué es la transformación personal. Como individuos, todos tenemos un destino como consumación de nuestro mayor potencial. Pero tal destino solo es nuestro si actuamos. Con las decisiones que tomamos en cada momento de la vida afirmamos este destino personal. La certeza de saber quiénes somos, y cuál es nuestro lugar en el mundo, es la brújula que nos puede orientar en lo que vayamos a decidir un día tras otro.

DOS CAMINOS A LA UTOPÍA

Diversas novelas interesantes escritas en los primeros años del siglo XX daban una idea de nuestro futuro colectivo si lo que por entonces sucedía seguía el mismo rumbo. En todas ellas se habla de un tiempo en que los humanos han superado los problemas naturales y tecnológicos propios del momento en que fueron escritas. Lo que las distingue es la forma en que se han resuelto los problemas.

La más conocida de esas novelas posiblemente sea *Un mundo feliz*, de Aldous Huxley, publicada en 1932.[2] El futuro que su autor imagina es el de Londres seis siglos después, en el año 2540. En ese futuro, la humanidad ha evolucionado más allá de las limitaciones y el sufrimiento del pasado. Huxley describe un mundo de coexistencia pacífica donde la población está limitada al número de personas que la Tierra puede albergar con comodidad, donde la guerra es algo del pasado, donde todos son felices y tienen cuanto necesitan, donde todos tienen acceso a una educación superior y donde no existe la enfermedad y todos gozan de excelente salud hasta el último día de sus vidas. Pero el futuro que Huxley describe tiene un precio muy alto. Para alcanzar la felicidad de tal utopía, las mismas cualidades de la vida humana que más valoramos y amamos han pasado a ser víctimas de la solución.

Esa población óptima, por ejemplo, ha sido posible gracias a la eliminación de la reproducción humana. En el mundo feliz, los embriones humanos se producen e incuban en instalaciones controladas. Son fruto de una ingeniería selectiva —de un diseño genético— que les permite alcanzar el debido coeficiente intelectual que los capacite para el trabajo concreto que se les ha asignado, en un rígido sistema de castas. Cada uno realiza el trabajo que se ajusta a la capacidad para la que fue diseñado, y todos son felices de realizarlo porque es todo lo que conocen. Solo reciben la formación necesaria para el nivel del trabajo que van a realizar. A todos se les paga exactamente lo mismo, de modo que no existen los celos. Las personas saben desde la infancia cuándo morirán, porque su vida está programada para tener una duración de sesenta años. Pero no existe el miedo a la muerte, ni la tristeza por la de un amigo o conocido, porque el vínculo emocional de las parejas o la familia también ha sido eliminado.

Se evitan los momentos de sosiego y contemplación, y se anima a la gente a que pase el tiempo de ocio en grupo, disfrutando de actividades y de alimentos que les hacen sentir bien. Se fomenta el sexo recreativo, pero se ha eliminado el que es fruto del amor. Y todo se desarrolla dentro de una forma global de gobierno dirigido por diez líderes emocionalmente neutros conocidos como los controladores mundiales.

El objetivo de Huxley con su novela es demostrar que si bien es posible resolver los problemas que han acosado a la humanidad desde sus inicios, se trata de llegar a hacerlo sin apagar la llama de la individualidad, la creatividad y la expresión personal que nos hace ser lo que somos y da sentido a nuestras vidas.

Huxley se inspiró en obras literarias anteriores en las que se explora nuestro futuro, como *Hombres como dioses*, de H. G. Wells, publicada en 1923.[3] Aunque fue escrita nueve años antes que *Un mundo feliz*, la historia que cuenta se desarrolla en un mundo futuro que dista tres mil años del actual. Por un accidente de la naturaleza, un periodista londinense llamado Mr. Barnstaple es transportado en su automóvil a una Tierra futura, en el año 4923. No existe un gobierno mundial, y la religión y la política solo son recuerdos muy lejanos, parte de un pasado misterioso conocido como «el tiempo de la confusión».

En el futuro de Wells, los seres humanos han aceptado un tipo de educación y de gobierno basado en cinco principios de la libertad: la privacidad, la libertad de movimientos, el conocimiento ilimitado, la veracidad y la libertad de expresión. A Mr. Barnstaple le parece un mundo muy atractivo, por lo que, lógicamente, desea permanecer en él toda la vida.

Sin embargo, la historia da un giro cuando el protagonista descubre que la mejor forma de asegurar que tenga lugar el futuro que ha visto es regresar al mundo del que salió y explicar lo que ha vivido. Así planta la semilla de las ideas que pondrán en marcha ese futuro posible.

SIMILITUDES CON EL MUNDO ACTUAL

Me detengo en los detalles de estas dos historias para comparar sus ideas sobre cuál puede ser el futuro de nuestra civilización. Los dos autores imaginaron mundos donde los grandes problemas de nuestros días han sido resueltos. En ambos, la guerra ha quedado obsoleta. En las dos novelas se habla de un tiempo en que las personas son felices, gozan de excelente salud y han superado los extremos y los peligros a los que hoy nos enfrentamos. Pero cada una describe un camino muy distinto para alcanzar esa meta:

- Uno es a expensas de los valores que dan sentido a nuestras vidas y que son la expresión de lo que significa ser humano.

- El otro es a través del cultivo de las mismas libertades que hacen posible nuestra expresión creativa.

Las semejanzas entre estos libros y el camino que el mundo actual ya ha emprendido son inconfundibles. Vivimos en un tiempo de extremos. Nos enfrentamos a decisiones que no se distinguen mucho de las que había que tomar en los inicios del siglo pasado, decisiones sobre la población; sobre la igualdad social, educativa y económica, y sobre formas de vida sostenibles. *La diferencia es que acabamos de llegar a la encrucijada que va a determinar qué tipo de vida queremos y el futuro por el que optamos.*

Clave 40: Tenemos aún la oportunidad de crear un futuro saludable por medio de definir los valores que deseamos antes de implementar soluciones que causen daños irreparables a la humanidad y al planeta.

Y aquí es donde adquiere relevancia la pregunta de quiénes somos. Una vez que tengamos la respuesta, creo que de ella derivarán de modo natural los valores que nos llevarán a alcanzar nuestro mejor destino. El dominio del extraordinario potencial de nuestros cuerpos nos puede empoderar de maneras que nos reporten muchos beneficios personales y colectivos como especie, y lo reporten también a todo tipo de vida que hay en la Tierra. La expresión de este potencial nos hace resilientes y nos da medios para afrontar y superar las mayores dificultades.

La ciencia ha desvelado los secretos de algunas de las verdades mejor guardadas de la naturaleza —como la realidad cuántica, el código genético y la división del átomo— y es ahora cuando los secretos de nuestras propias capacidades adquieren una importancia trascendental. Por primera vez en la historia de la humanidad registrada, el acceso a estos secretos nos da el poder para definir nuestro destino, o sellar nuestro sino colectivo y hacerlo en una sola generación. Esta es exactamente la situación que Aldous Huxley describía en *Un mundo feliz*.

Precisamente *porque* hemos desvelado tantos secretos de la naturaleza y conseguido tanto poder sobre la vida en la Tierra, hoy debemos averiguar cómo encajan esos secretos en nuestras vidas y decidir cuidadosamente el curso que vayamos a seguir. Y si bien podemos plantearnos informalmente esta cuestión desde un punto de vista filosófico, ha sido el tema crítico de debates éticos apasionados en círculos científicos durante décadas.

¿QUÉ DERECHO NOS AMPARA?

Desde mediados de los años setenta hasta principios de los noventa, tuve el privilegio de trabajar con equipos de brillantes científicos y de ingenieros aeroespaciales que estaban desarrollando algunas de las tecnologías más avanzadas que el mundo jamás haya visto. Fue una época de extraordinario empuje, tanto para las empresas como para las universidades; un momento en que Estados Unidos estaba redefiniendo su dependencia respecto del petróleo extranjero a la vez que desarrollaba tecnologías futuristas, en plena Guerra Fría y en el entorno del programa espacial. No es extraño que ese período de tan intensa investigación estuviera acompañado de una introspección igualmente intensa. Los científicos exploraban los límites de las posibilidades recién descubiertas de alterar la vida, el clima y el planeta en un grado que históricamente había estado reservado a Dios y la naturaleza. La responsabilidad que conlleva un poder tan asombroso provocaba a menudo acalorados debates sobre el derecho moral que podamos tener a utilizar tales tecnologías, unos debates en los que participé con entusiasmo siempre que tuve oportunidad de hacerlo.

Los debates que fueron surgiendo alrededor de las máquinas expendedoras de las oficinas y las garrafas de agua de los laboratorios, y que muchas veces continuaban en los aseos y las cafeterías, normalmente seguían una de dos escuelas de pensamiento. Según una de ellas, nuestra capacidad de «doblegar» las fuerzas de la naturaleza significaba, en sí y por sí misma, licencia para explorar esas tecnologías hasta sus últimas consecuencias. En otras palabras, dado que *podemos* modificar los patrones climáticos y crear nuevas formas de vida, *debemos* hacerlo, solamente para ver adónde pueda llevarnos la tecnología. Una justificación habitual de esta forma de pensar era: «Si no estuviéramos destinados a hacer estas cosas, nunca habríamos descubierto los secretos que las hacen posibles».

La segunda escuela de pensamiento era más conservadora, y señalaba que el hecho de que podamos construir vida no significa automáticamente que tengamos derecho a hacerlo. Para los defensores de esta teoría, las fuerzas de la naturaleza representaban leyes sagradas en las que no había que interferir. Personalizar el ADN de nuestros hijos antes de que nazcan, por ejemplo, o adaptar los patrones climáticos a nuestras necesidades está prohibido, decían. Para ellos, violentar la naturaleza significaría incumplir un deber antiguo y básico sobreentendido.

Aunque tal «deber» no se formule palabra por palabra, esta segunda escuela de pensamiento sostiene que si cruzamos la línea y pasamos de *usuarios* a *creadores*, nos colocamos en territorio prohibido, y que seguramente nos encontraremos con consecuencias no deseadas. Algunos científicos utilizaban el mundo feliz de Huxley para ilustrar la resbaladiza pendiente a la que este camino podría conducir. El símil que se empleaba a menudo era el del cuentakilómetros del automóvil. El dispositivo podía marcar hasta doscientos cincuenta kilómetros por hora, lo cual no implicaba que debiéramos conducir a esa velocidad.

Precisamente la imagen del cuentakilómetros es la que en mi opinión ilustra mejor una tercera posibilidad, hasta hoy no señalada. Si el dispositivo marca que el vehículo puede ir a doscientos kilómetros por hora, alguien, con toda probabilidad, intentará conducir a esa velocidad en algún momento. Al fin y al cabo, comprobar los límites, ampliar fronteras y llevar nuestras capacidades al máximo es propio de la naturaleza humana. En este sentido, la clave está en que cuando comprobemos los límites, debemos tener la sensatez de determinar el tiempo, el lugar y las condiciones de esa comprobación.

Podemos buscar un tramo de carretera desierto en que el firme esté en perfecto estado en un día de buen tiempo, de modo que la posibilidad de sufrir daños o provocárselos a otros se reduzca al mínimo, o nos podemos dejar llevar por el impulso y poner a prueba el coche en una autopista muy concurrida, y poner así en peligro nuestra vida y las de quienes están a nuestro alrededor. En ambos casos, se comprueban los límites. En uno de forma responsable; en el otro, irresponsablemente.

El mismo principio de responsabilidad se debe aplicar a la forma en que forzamos los límites para dominar las fuerzas de la creación. Vivimos en un mundo en que hemos puesto la confianza en la ciencia y los científicos para que nos dirijan en nuestro viaje de exploración, un viaje del que es muy poco probable que vayamos a regresar. Las decisiones que, con su ayuda, tomamos ahora mismo respecto a los carburantes fósiles, el clima, la salud, la sanación y la economía global nos afectan a todos a diario. Afectan a las retenciones fiscales, las cuentas de ahorro, los planes de jubilación y la posibilidad o imposibilidad de que nuestros hijos puedan cursar estudios. Influyen en el tipo de industrias que vayan a prosperar y al tipo de empleos que se vayan a crear en nuestras comunidades. Determinan el futuro de los sistemas de sanidad y si el médico se limitará a recetarnos algún medicamento cuando nuestro deficiente estilo de vida nos perjudique o si nos ayudará a crear una vida y un modo de vivirla en que necesitemos pocos fármacos.

Si respetamos unos principios básicos y nos regimos por ellos, es posible que nos aseguremos un futuro que nos lleve al mejor destino, y no a la destrucción mutua. Ante el cambio de la vieja historia humana del individualismo, la competencia y el conflicto por la nueva historia de la conexión, la colaboración y el intercambio, nos encontramos al borde de un precipicio donde debemos decidir los valores que más apreciemos en la vida cotidiana como especie y como individuos. Nos encontramos en un extraño «punto medio» entre formas de pensar antiguas y nuevas, donde aún podemos decidir el futuro que queremos y el camino que nos lleve a él. Y todo se reduce a lo que pensamos cuando respondemos la pregunta ¿quiénes somos?

LA BUENA NOTICIA ES QUE HAY MUCHAS BUENAS NOTICIAS

Hay muchas buenas noticias en el mundo. Aunque a veces queden apagadas por el ruido de la maquinaria mediática que dirige nuestra atención hacia los problemas inmediatos, pese a todo, las buenas noticias existen. Algunos ejemplos son las soluciones ya disponibles a problemas personales y globales que nos dificultan la vida. Así que vamos a empezar con el titular que debería encabezar la primera página de toda la prensa dominical: la verdad pura y simple es que nuestros mayores problemas ya están resueltos.

> **Clave 41**: Ya tenemos las soluciones –todas las soluciones tecnológicas– a los mayores problemas que se nos presentan a los individuos, las comunidades y los países.

Contrariamente a la idea de que hemos de reunir en una habitación a los científicos, los ingenieros, los maestros espirituales y los dirigentes políticos mundiales para que creen el mejor mundo y las vidas más sanas posibles, la buena noticia es que esta realidad ya existe. Ya hemos creado los laboratorios de ideas, los grupos de expertos y los centros de política necesarios para conseguir precisamente esos objetivos; comenzamos a hacerlo hace más de un siglo. Y todos estos organismos e instituciones han encontrado respuestas.

Desde el Fondo Carnegie para la Paz Internacional, creado en 1910 con el objetivo específico de «acelerar la eliminación de las guerras internacionales, la mayor lacra de nuestra civilización»,[4] hasta el Instituto Tellus, fundado en Boston (Massachusetts) en 1976 «para promover la transición a una civilización humana global sostenible e igualitaria», ya existe el marco para determinar las opciones para el desarrollo de un mundo globalizado. El objetivo actual del Instituto Tellus, por ejemplo, es utilizar avanzadas técnicas científicas para identificar posibles escenarios para el futuro de la humanidad. Un objetivo que incluye determinar un futuro que sea sostenible y equitativo, y las políticas, las actuaciones y las decisiones que permitan alcanzarlo.

Lo que quiero señalar es que ya hemos hecho el trabajo. Hemos identificado las grandes soluciones y ya sabemos cuáles son las posibilidades en temas como la salud alimentaria, la abundancia de energía, las economías sostenibles y una conciencia de la salud basada en la autosanación. Y es bueno que tengamos ya estas soluciones, porque de ningún modo se trata de empezar a buscarlas cuando las necesitemos.

Veamos algunas de las soluciones de las que estoy hablando, para que te hagas una idea de lo que quiero decir.

Ya tenemos los alimentos que necesitamos. Ya disponemos de todos los alimentos que necesitamos para alimentar a todos los niños, niñas, mujeres y hombres que hoy habitamos la Tierra. Según el Programa Mundial de Alimentos de las Naciones Unidas, si no se produce ninguna catástrofe extrema e imprevista como la colisión de un asteroide contra la Tierra o una guerra nuclear global, «existen hoy en el mundo suficientes alimentos para que todas las personas dispongan de la nutrición necesaria para llevar una vida sana y productiva».[5] La falta de alimentos no es la causa de que haya aproximadamente novecientos veinticinco millones de personas que pasan hambre en el mundo, «una cifra mayor que la suma de las poblaciones de Estados Unidos, Canadá y la Unión Europea».[6]

Lo que hace falta son ideas y liderazgo que hagan que sea una prioridad que los alimentos de los que ya disponemos lleguen adonde más se necesitan. No quiero decir que este liderazgo corresponda a Estados Unidos ni a otro país en solitario. Lo que digo es que la aceptación del *statu quo* es la causa de la tragedia del hambre en un mundo que dispone de alimentos en abundancia y de la tecnología para llevarlos adonde sea preciso.

Ya tenemos la energía que necesitamos. Ya disponemos de la tecnología para llevar electricidad a todos los hogares de la Tierra, una energía limpia, verde y sostenible que emite cero gases de efecto invernadero. Y la tenemos desde hace más de sesenta años.

Cuando se habla de energía, la tendencia es centrar el debate en la experiencia energética del pasado, la cual se basa en gran medida en la quema de combustibles fósiles: primero, el carbón, y después, el petróleo y el gas natural. Es razonable pensar que estas formas de energía seguramente continuarán presentes en la ecuación energética del mundo en el futuro previsible. Sin embargo, no tiene por qué ser así. Ya contamos con soluciones que dejan obsoletas las fuentes de energía del pasado. Y del mismo modo que el mundo cambia más deprisa de lo que incluso los «expertos» podrían imaginar, el abandono de la quema de algo como el petróleo o el carbón para mover una turbina está al llegar.

Las fuentes de energía se dividen en dos categorías principales:

- *La energía renovable convencional.* Al hablar de energías renovables, enseguida acuden a la mente las «tres grandes» —la solar, la eólica y la hidráulica— y, en menor medida, la geotérmica. En lugar de pensar en cualquiera de estas fuentes como *la* única solución a las necesidades energéticas del mundo, lo razonable es pensar en ellas desde un punto de vista local y considerar lo que cada entorno individual puede ofrecer y sostener. Si las fuentes de energía centralizadas, potentes y fiables pueden ser buenas para los hospitales, los centros educativos, los grandes edificios administrativos y los apartamentos de algunas grandes ciudades, hay sitios donde las fuentes locales pueden abastecer a grandes sistemas centralizados —y, a veces, sustituirlos—. Un ejemplo claro es el suroeste desértico de Estados Unidos.
La zona de las cuatro esquinas donde convergen los estados de Arizona, Colorado, Nuevo México y Utah es

conocida por los largos días de luz solar, y su calidad, que recibe casi todos los días del año. Albuquerque, la mayor ciudad de Nuevo México, por ejemplo, cuenta con una media de doscientos setenta y ocho días de sol al año, y algunas de las comunidades más pequeñas de los valles del norte del mismo estado gozan de una media de trescientos días de sol al año. En sitios como esos, tiene sentido utilizar la energía solar para abastecer las casas, las oficinas y las pequeñas empresas con la electricidad que necesitan durante las horas de luz solar en las que normalmente están operativas. Sin embargo, en la misma región hay otras formas complementarias de generación de energía que también se pueden aprovechar. En las cuatro esquinas, además de la luz del sol, los patrones climáticos crean condiciones que hacen de la energía eólica una alternativa viable a los combustibles fósiles, por ejemplo.

* *Energía no convencional pero demostrada.* Durante el supersecreto Proyecto Manhattan, de mediados del siglo XX, Estados Unidos estaba en plena búsqueda de un mineral que pudiera mover los reactores nucleares del país y producir subproductos del plutonio que se pudieran convertir en armas durante la Guerra Fría.[7] La gente por lo general conoce esa historia, pero le sorprende saber que en esas investigaciones se descubrió otro mineral que poseía muchas de las cualidades del uranio como fuente de combustible si bien no tenía sus perjudiciales efectos secundarios ni generaba sus peligrosos subproductos: se trataba del *torio*, un elemento químico de símbolo Th y cuyo número en la tabla periódica es el 90. El torio fue dejado de lado como fuente de energía debido en gran

parte a que no se pueden fabricar armas con él, como sí se puede hacer hoy con el uranio.

El funcionamiento del generador de torio se basa en un principio opuesto al del reactor nuclear convencional. *En el generador de torio, cuanto más se calienta el líquido, menor es el ritmo con el que se producen las reacciones nucleares.*[8] Esto significa que el mismo material que provoca la reacción evita una mayor reacción a altas temperaturas. Esta diferencia implica que con un generador de torio nunca podría haberse producido una fusión como la de Fukushima; es imposible, por los propios principios de la física.

Mucha gente se sorprende al saber que la energía del torio ha trascendido el ámbito de la teoría. Ya existe.

Ya se han construido varios generadores de torio, que se utilizan para la investigación y para aplicaciones comerciales en países como la India, Alemania, China y Estados Unidos. En este último ha habido dos generadores de torio: el de Indian Point, en el estado de Nueva York, que estuvo operativo entre 1962 y 1980, y el de Elk River, en Minnesota, que lo estuvo entre 1963 y 1968.[9] La tecnología del torio requerirá más estudios para poder satisfacer las grandes necesidades, pero promete ser una alternativa limpia, abundante y relativamente segura que nos puede sacar de apuros mientras buscamos la fuente de energía definitiva.

La siguiente generación de electricidad se basará en una energía infinita o «libre». Los principios de esta energía se descubrieron hace más de un siglo y son el centro de atención de quienes buscan la próxima generación de alternativas a los combustibles fósiles.

ECONOMÍAS BASADAS EN EL INTERCAMBIO Y NO EN LA ESCASEZ

Las nuevas tecnologías están cambiando las ideas tradicionales sobre el papel de las empresas y los servicios en el mundo actual. El modelo histórico ha sido que cualquier producto o recurso necesarios son propiedad de alguien, que los fabrica o los ofrece a un precio que cubra sus gastos y le reporte unos beneficios. En este modelo, es evidente la necesidad de unas normas y regulaciones. La cantidad de normas, y la posibilidad de sortearlas y «hacer trampas», provoca que este sistema de economía sea oneroso y despiadadamente competitivo.

Está emergiendo un modelo nuevo que aborda al menos algunos de estos problemas. Se basa en lo que se ha llamado una economía *de igual a igual* o *basada en el intercambio*. Una economía fundamentada en el intercambio o el reparto cuestiona las ideas tradicionales de propiedad y se apoya en la producción compartida por parte de las mismas personas que utilizan el servicio. De esta forma, la competencia dañina y el acaparamiento de lo que se valora dejan de tener sentido.

Ejemplos de esta nueva economía compartida son los servicios de taxi no corporativos de Uber y Lyft y de hospedaje de Airbnb. Aunque los detalles relativos a la forma de operar de estos nuevos modelos siguen siendo objeto de acalorado debate, la realidad es que han surgido de las propias personas que los utilizan y han generado una fuente de ingresos que es bienvenida en tiempos de dificultades económicas. Se calcula que los ingresos originados por negocios de economía compartida en 2013, por ejemplo, fueron de tres mil quinientos millones de dólares.[10]

LA CRISIS SILENCIOSA

Ante ejemplos de soluciones como los señalados anteriormente, y al percatarnos de que ya existen, enseguida nos viene a la mente una misma pregunta. La escucho entre públicos de todo el mundo. Es esta: ¿dónde están hoy estas soluciones? La respuesta sorprende a menudo a quienes me escuchan. Hace referencia a una crisis poco reconocida pero que supone el mayor obstáculo al que nos enfrentamos.

La nuestra es una crisis silenciosa. Raramente asoma en los medios de comunicación tradicionales. Los manuales universitarios no le dedican ningún capítulo a su poder ni al papel trascendental que desempeña en nuestras vidas. Pero se levanta como un muro invisible entre nosotros y cada una de las soluciones de las que nos podríamos beneficiar hoy.

Nuestra crisis silenciosa es una crisis de pensamiento. Debemos cambiar de forma de pensar para hacer sitio a las soluciones que existen en el mundo. Si lo pensamos bien, tiene perfecto sentido. ¿Cómo podemos aceptar las nuevas ideas y las nuevas soluciones de que disponemos si nos aferramos a las ideas y soluciones del pasado? Dicho de otro modo, ¿cómo podemos hacer sitio al nuevo mundo en la mente y el corazón si estamos repletos de imágenes, sentimientos y expectativas que nos remiten al mundo del pasado, aquel con el que estamos familiarizados?

> **Clave 42:** La crisis general a la que nos enfrentamos como individuos y como sociedad es una crisis de pensamiento. ¿Cómo podemos hacer sitio al nuevo mundo emergente si estamos aferrados al viejo mundo del pasado?

Precisamente por estas razones, lo que pensamos de nosotros mismos, *incluido nuestro origen*, es el punto de referencia actual para las decisiones que tomamos en relación con nuestra vida diaria y nuestro futuro. ¿Cómo podemos aplicar las soluciones que ya existen y cómo podemos hacerlo de una manera que respete los valores que más apreciamos como personas, familias, sociedades y naciones? Hasta hoy, la ciencia nos está llevando por el camino equivocado.

CONCLUSIONES PELIGROSAS

En octubre de 1988, el famoso astrofísico Stephen Hawking resumía la visión científica tradicional sobre el lugar que ocupamos en el gran cuadro que es el universo. El semanario alemán *Der Spiegel* recogía estas palabras suyas: «No somos más que una variedad avanzada de mono en un planeta menor de una estrella corriente. Pero podemos entender el universo. Esto nos convierte en algo muy especial».[11]

Recuerdo mi reacción cuando leí por primera vez estas palabras procedentes de una persona a la que siempre he respetado y he tenido en gran estima. Al fin y al cabo, fue Hawking quien escribió en 1988 *Historia del tiempo*, un libro que tuvo un enorme éxito, llevó ideas complejas de la cosmología y del viaje en el tiempo a la sala de estar de las familias corrientes e incorporó la idea de agujero negro a nuestro léxico. Creo que su intención era transmitir la idea de que somos «especiales», pero lo hizo desde una perspectiva de la ciencia que dice que no lo somos. Mi reacción a su afirmación de que solo somos «una variedad avanzada de mono» fue inmediata: «¡Habla por ti, Stephen Hawking! —pensé—. Tal vez esta sea tu historia, pero desde luego no es la mía».

CUANDO LA CIENCIA SE EQUIVOCA

En mi opinión, la afirmación de Hawking de que somos «una variedad avanzada de mono» es irresponsable. No está basada en los hechos. Y creo que es peligrosa. Es un ejemplo perfecto de cómo la ciencia moderna ha intentado apartar de nuestra historia lo que nos hace humanos. Con sus palabras, Hawking nos dice algo suyo personal y desvela su propia visión del mundo. Puede ocurrir que esté mal informado y desconozca los últimos descubrimientos fósiles y genéticos que contradicen sus palabras o que esté informado y conozca los hechos, pero haya decidido ignorarlos.

Si Hawking ha decidido ignorar los hechos, solo puedo especular sobre cuál puede ser la razón que le ha llevado a hacerlo. Tal vez sea la de preservar el *statu quo* en lo que se refiere a la historia de la evolución humana. O quizá se trate de algo más personal. Posiblemente sea más fácil explicar los extremos de nuestro mundo, y lo que ocurre en nuestras vidas, si nos consideramos «monos avanzados». Si no reconocemos los hechos relativos a nuestro origen, las extraordinarias capacidades que son inherentes a nuestra existencia y que estamos cableados biológicamente para regular esas fantásticas capacidades nuestras, nos quedamos como meras víctimas de nuestra biología. No tenemos más opción que aceptar que cualquier cosa que nos suceda es voluntad de la naturaleza y escapa a nuestro control, en lugar de aceptar nuestra responsabilidad hacia el mundo y nuestras vidas.

Sin embargo, por fuera de lugar que pueda parecer su afirmación, Hawking no es el único que piensa así. Otros reconocidos científicos tienen una visión parecida sobre la evolución humana, y algunos la defienden con tal ferocidad que no puedo sino preguntarme por qué siguen sosteniendo con tanto entusiasmo una idea que ha quedado tan claramente obsoleta.

CREENCIAS FALSAS Y CONCLUSIONES PELIGROSAS

El biólogo y evolucionista Richard Dawkins constituye un ejemplo público y bien conocido de lo que quiero decir. Dawkins va un paso más lejos que Hawking cuando afirma: «Se puede decir con absoluta seguridad que quien diga que no cree en la evolución es una persona ignorante, estúpida o demente».[12] No explica si se refiere a la teoría de la evolución en general o específicamente a la evolución humana, pero en ambos casos son palabras peligrosas que revelan un pensamiento dañino, en especial procediendo como proceden de un eminente científico y profesor universitario que tiene una presencia muy visible en la escena mundial.

La razón de que las palabras de Dawkins sean tan peligrosas es que reprenden a quienes manifiestan curiosidad y censuran la propia esencia del acto de exploración científica. En su afirmación, va más allá de criticar profesionalmente a cualquiera que no esté de acuerdo con él y con la teoría de la evolución y menosprecia y hasta cuestiona públicamente el buen estado mental de quien piense que el paradigma científico actual no le convence lo suficiente como para aceptarlo. Creo que lo que fomenta el pensamiento de Dawkins y el de otros como él es peligroso también por otra razón, que tiene que ver con lo que su razonamiento nos lleva a pensar de nosotros mismos y de los demás.

MATAR NUESTRA SINGULARIDAD

Entre los extremos a los que nos enfrentamos hoy en la vida están los entornos sumamente tensos del odio humano. Es un asunto del que es difícil hablar. Cuesta creer la profundidad que alcanza en nuestras vidas. Y, sin embargo, ahí está. El odio es real. Y forma parte de la vida cotidiana. Una gran cantidad del odio del mundo nace de los miedos mutuos que sentimos. El miedo a lo que no nos es familiar, tanto si tiene una base real como si es consecuencia de cómo percibimos la realidad, forma los cimientos del odio que vemos en nuestras escuelas, en nuestros lugares de trabajo y en las calles de las ciudades, incluidas las más hermosas del mundo.

En un entorno tan inestable, la propia diversidad que los biólogos dicen que siempre fue nuestra fuerza en el pasado —aspectos como la raza, la religión y la cultura— hoy ha sido secuestrada y comprimida inteligentemente en archivos de sonido y vídeo de YouTube que se venden al público como asuntos simplificados que nos separan y dividen. Son divisiones que se producen en distintos grados y niveles dentro de las diferentes sociedades.

El esfuerzo por polarizarnos a través de nuestras diferencias —testigo mudo del poder del *marketing* inteligente— goza de un grado de éxito sorprendente. Buena parte del público general está convencido de dichas diferencias. Por ejemplo, un estudio reciente dirigido por BBC News y *The Wall Street Journal* mostraba un considerable aumento del rechazo de las relaciones interraciales, tanto entre las personas de raza blanca como entre las de raza negra. El estudio concluía que «según la encuesta, en la actualidad el 45% de los blancos y el 58% de los afroamericanos creen que las relaciones interraciales son bastante malas o muy malas, en comparación con 2009, cuando solo el 20% de los blancos y el 30% de los negros tenían una idea desfavorable sobre estas relaciones».[13]

Es evidente que el sentido que damos a la religión y la raza nos divide en el entorno de nuestras familias, lugares de trabajo, centros educativos y comunidades. Y aunque esta división pueda serle nueva a la generación del milenio (la integrada por los jóvenes nacidos en los últimos años del siglo XX), la historia reciente demuestra que no es la primera vez que se produce.

UN NOMBRE NUEVO PARA EL ASESINATO DE LO QUE SE TEME

Los historiadores hablan del siglo XX como el más sangriento de todos los de la historia registrada.[14] Solo en la Segunda

Guerra Mundial, por ejemplo, aproximadamente *cincuenta millones* de personas murieron en combate o víctimas de las atrocidades de la guerra.[15] Y las muertes debidas a la brutalidad humana siguieron después de que finalizara, hasta el final del siglo XX. En 1999, *ochenta millones* de hombres, mujeres y niños de todas las edades habían muerto víctimas de la violencia por conflictos étnicos, religiosos e ideológicos. Esta cantidad era cinco veces superior a la de la suma de las víctimas de todos los desastres naturales y la epidemia de sida durante el mismo período.[16]

Expongo estas cifras horribles porque forman parte de una ideología que en el siglo pasado fomentó un nuevo tipo de atrocidad. Actos de brutalidad los había habido anteriormente, sin duda, pero en el siglo XX alcanzaron tal magnitud que hubo que ponerles nombre para poderlos definir y proscribir.

En 1948, las Naciones Unidas adoptaron el término *genocidio* para definir ese tipo de actos, y para que fuera posible delimitar claramente y proscribir el asesinato masivo en las políticas globales. La definición de acto de genocidio era «el intento de destruir» sociedades o poblaciones de zonas geográficas enteras por razones de raza, creencias religiosas o ascendencia.[17] El pensamiento que se utilizó para justificar el genocidio y hacerlo posible es un ejemplo patético de adónde puede conducir la falsa ciencia.

YA LO HEMOS VISTO ANTES

El pensamiento que subyace en los genocidios actuales, y declarado específicamente en algunos, está relacionado directamente con los falsos supuestos de Darwin y su acogida, aceptación y perpetuación por parte de la ciencia actual, aunque esté demostrado que son falsos. Richard Weikart, profesor de historia en la Universidad Estatal de California, lo resume con estas palabras:

El darwinismo socavó la ética tradicional y el valor de la vida humana. Después, el progreso evolutivo se convirtió en el nuevo imperativo moral. Esto contribuyó al avance de la eugenesia [la idea de que la cría selectiva y la eliminación de los «deficientes» pueden crear una raza ideal], basada manifiestamente en los principios darwinianos. [...] Algunos destacados darwinistas argumentaban que la competencia racial humana y la guerra forman parte de la lucha darwiniana por la existencia.[18]

Es un pensamiento que se refleja en las ideas de obras ideológicas como el tristemente famoso *Pequeño Libro Rojo*, cuyo título oficial es *Citas del presidente Mao Zedong*,[19] y *Mi lucha*, el libro que recoge la visión del mundo de Adolf Hitler.[20] Estas obras fueron utilizadas para justificar los brutales asesinatos que se cobraron la vida de al menos cuarenta millones de personas en los genocidios que tuvieron lugar a mediados del siglo XX.

Lamentablemente, las ideas que fomentan la división no han desaparecido con el paso del tiempo. Desde 1945, se han seguido produciendo genocidios en lugares como Camboya, Ruanda, Bosnia y Sudán. Son tragedias bien documentadas que demuestran que las ideas utilizadas para justificar los asesinatos masivos siguen vivas en la actualidad.[21] Y cualquier atisbo de haber superado el pensamiento que está en la base del genocidio se esfuma ante las tragedias del ISIS y los genocidios que en el siglo XXI se cometen en África y Oriente Medio.

En *El origen de las especies*, Darwin dice claramente que la «eliminación» de los miembros más débiles de las especies que observó en la naturaleza se produce también entre los humanos:

Puede no ser una deducción lógica, pero para mi imaginación es muchísimo más satisfactorio considerar instintos tales como el del cuclillo joven, que expulsa a sus hermanos de crianza, [o] el de las hormigas esclavistas [...] como pequeñas consecuencias de una ley general que conduce al progreso de todos los seres orgánicos, es decir, que multiplica, transforma y deja vivir a los más fuertes y deja morir a los más débiles.[22]

En *Mi lucha*, Hitler parafrasea claramente esta idea:

En la lucha por el pan de cada día, los débiles, enfermos o menos decididos sucumben, mientras que la lucha del macho por la hembra garantiza el derecho de supervivencia de los más sanos. Y la lucha siempre es un medio para mejorar la salud de una especie y su capacidad de resistencia, y, por consiguiente, es causa de un desarrollo superior.[23]

En años posteriores de su vida, Darwin revisó sus ideas sobre algunas de sus primeras afirmaciones relativas a «la supervivencia del más fuerte» de *El origen de las especies*. Contrariamente a sus primeras conclusiones sobre la superioridad de la fuerza individual, en obras posteriores habla de estrategias de supervivencia de la naturaleza que se basan en la unidad y la cooperación, más que en la selección natural y la supervivencia del más fuerte. En su siguiente obra importante, *El origen del hombre*, resume sus observaciones: «Esas comunidades que incluían el mayor número de miembros solidarios fueron las que más prosperaron y tuvieron el mayor número de descendientes».[24]

Es posible que Darwin viera la luz sobre sus falsos supuestos relativos a la competencia y la lucha, pero quizá fue demasiado tarde. *El origen de las especies* ya era un texto clásico y el fundamento de una mentalidad que hoy se emplea para alejarnos de la confianza en nuestros instintos naturales de la bondad y la cooperación.

LA NORMA DE LA NATURALEZA: LA COOPERACIÓN

A principios del siglo XX, el naturalista ruso Peter Kropotkin reforzó la obra posterior de Darwin con sus propias observaciones. Darwin había observado directamente los efectos de la evolución en especies de aves durante su expedición de principios de la década de 1830, y Kropotkin, también, hizo sus propias observaciones durante expediciones científicas a uno de los entornos más inhóspitos del mundo: la Siberia septentrional. *Explicó que había descubierto que la cooperación y la unión, y no la supervivencia del más fuerte, eran la clave del éxito de una especie.* En su obra clásica *El apoyo mutuo*, publicada en 1902, ilustra los beneficios que en el reino de los insectos conlleva la capacidad instintiva de las hormigas de vivir en sociedades cooperativas y no competitivas:

Sus maravillosos hormigueros, con sus construcciones, de tamaño relativo superior a las de los hombres; sus caminos pavimentados y las galerías de bóveda; sus amplias estancias y grandes graneros; sus campos de trigo, la cosecha y la «fermentación» del grano; sus sistemas racionales de alimentación de los huevos y las larvas y de construcción de celdas especiales para la cría de los pulgones que Linneo describió con la pintoresca expresión de «las vacas de las hormigas» y, por último, su valentía, su coraje y su inteligencia superior son, todos, resultado natural de la ayuda mutua que practican en todas las fases de su ajetreada y laboriosa vida.[25]

John Swomley, profesor emérito de ética social en la Escuela de Teología St. Paul de Kansas City (Misuri), deja pocas dudas sobre las ventajas de encontrar formas pacíficas y cooperativas de construir las sociedades globales del futuro. Aduciendo las pruebas aportadas por Kropotkin y otros, afirma que la defensa de la cooperación frente a la competencia se basa en algo más que sus beneficios para una sociedad de éxito. De forma sencilla y directa, explica que la cooperación es el «factor clave de la evolución y la supervivencia».[26] En un artículo publicado en febrero de 2000, Swomley cita a Kropotkin, quien asegura que la competencia dentro de una especie o entre las especies «siempre es nociva para la especie. Se crean mejores condiciones con la eliminación de la competencia mediante la ayuda y el apoyo mutuos».[27]

En el discurso de apertura del Simposio sobre los Aspectos Humanísticos del Desarrollo Regional celebrado en Birobidzhán (Rusia) en 1993, el copresidente Ronald Logan expuso un contexto para que los participantes vieran la naturaleza como modelo de las sociedades de éxito. Cita textualmente a Kropotkin, que dice:

> Si le preguntamos a la naturaleza: «¿Quiénes son los más aptos, los que están continuamente en guerra unos contra otros, o quienes se apoyan unos a otros?», vemos enseguida que los animales que adquieren hábitos de ayuda mutua son sin duda los más aptos. Tienen más probabilidades de sobrevivir, y adquieren, en sus respectivas categorías, el mayor desarrollo de la inteligencia y la mejor organización del cuerpo.[28]

Más adelante, en el mismo discurso, Logan cita la obra de Alfie Kohn, autor de *No Contest* [Sin competencia], cuando habla en términos muy claros de lo que sus estudios han revelado sobre un posible grado beneficioso de competencia en los grupos. Después de repasar más de cuatrocientos estudios que hablan de la cooperación y la competencia, Kohn saca su conclusión: «El grado ideal de competencia [...] en cualquier entorno —el aula, el trabajo, la familia, el deporte— es cero. [...] [La competencia] siempre es destructiva».[29]

Existen cada vez más pruebas antiguas, académicas y científicas que apuntan a que, en ausencia de condiciones que nos empujen a comportarnos como los animales (por ejemplo, un escenario como el de *Mad Max*, que muestra un colapso total de la sociedad, el comercio y la atención médica), si podemos escoger, preferimos una vida tranquila y solidaria que refleje los aspectos benevolentes de nuestra especie.

En otras palabras, si se cumplen las condiciones que valoramos en la vida —es decir, si nos sentimos seguros, si percibimos que también lo están nuestras familias y si advertimos que tenemos un camino seguro en la vida—, dejamos que brille lo mejor de nuestra naturaleza en todo lo que hacemos.

¿Cómo podemos saber con certeza que se cumplen estas condiciones? El poeta y premio Nobel Carl Sandburg respondió brevemente esta pregunta: «Cuando alguien llame a la guerra y nadie acuda».[30]

> **Clave 43:** Se acumulan las pruebas científicas que llevan a una conclusión ineludible: la competencia violenta y la guerra van directamente en contra de nuestros más profundos instintos de cooperación y crianza.

Mientras la diversidad de lenguas, religiones, orientaciones sexuales y colores de la piel se representen erróneamente como defectos que hay que temer, unas personas se volverán en contra de otras cuyas vidas y creencias sean distintas. Los individuos evitarán, criticarán, atacarán e incluso intentarán destruir a aquellos cuyos ideales y creencias no reconozcan en sí mismos. Este es el hilo conductor de todos los casos y ejemplos antes expuestos. Cada atrocidad ilustra la inexistencia de la valoración de la vida humana.

En una cultura donde la vida se valore y respete, jamás podría cometerse ninguna de las atrocidades aquí descritas —ni ninguna de las incontables que literalmente llenan los volúmenes de la Oficina del Alto Comisionado para los Derechos Humanos de las Naciones Unidas—.

ACABAR CON EL DIFERENTE

Las atrocidades cometidas en nombre de la raza, el sexo o la religión siguen enfrentando a unas personas con otras en estos primeros años del siglo XXI, una realidad que revela que, aunque hayamos condenado los actos inimaginables de genocidio que vimos en el siglo XX, aún nos queda por erradicar el pensamiento que los hace posibles. Tanto a escala nacional, como en el caso del genocidio, como a escala local, como en el caso de las conductas de acoso y violencia en los centros educativos o el resurgimiento de los delitos de odio en Estados Unidos en los últimos años, el hecho de que existan atrocidades como estas indica que este modo de pensar no es cosa del pasado, sino que está tomando impulso.

Los ejemplos siguientes ilustran brevemente a qué me refiero. Son solo una muestra de una tendencia inquietante que hoy está cobrando fuerza.

Por favor, ten en cuenta que la investigación y posterior redacción de este apartado me fueron, emocionalmente, muy difíciles. El esfuerzo por reducir la gran cantidad de víctimas de cada clase de delito de odio a un solo ejemplo representativo no alivia en modo alguno el sufrimiento de las víctimas que no se mencionan, ni el dolor que sus familias siguen sintiendo. Dada la naturaleza brutal de cada ejemplo, he decidido exponerlos solo en términos muy generales para, primero, ilustrar las ideas que subyacen en cada caso y, segundo, reforzar mi afirmación de que este tipo de pensamiento sigue existiendo hoy. El lector especialmente sensible tal vez quiera pasar directamente al apartado «El hilo conductor», en la página 294.

La violencia cibernética. Es posible que el acoso, la humillación y la violencia entre iguales existan desde que grupos de niños y jóvenes fueron confinados juntos en aulas de un tipo u otro, pero parece que la intensidad de este tipo de violencia va en aumento. Hay distintos tipos de acoso, desde el contacto físico directo, como pegar o escupir, hasta los ataques verbales en los que no se produce ningún tipo de contacto físico. Con el correo electrónico, Facebook, Twitter y otras redes sociales *online*, parece que va ganando intensidad un nuevo tipo de acoso y violencia: el *ciberacoso*. Está documentado que hoy, debido al creciente uso de las redes sociales entre los jóvenes, el ciberacoso está muy extendido.

Según el Centro Nacional de Estadísticas Educativas, de Estados Unidos, desde 2007 aproximadamente un tercio de todos los estudiantes de entre doce y dieciocho años han sufrido acoso escolar. Un estudio realizado en 2014 por el Departamento de Educación estadounidense decía: «En el curso 2009-2010, el 23% de los centros públicos informaron de que se daban casos de acoso y violencia entre sus alumnos a diario o todas las semanas».[31] Las estadísticas muestran que todos los tipos de acoso, incluido el ciberacoso, son peligrosos. Todos tienen consecuencias dolorosas, algunas de las cuales pueden seguir afectando a la víctima en la edad adulta, y otras son tan desgarradoras que empujan a los estudiantes a cometer actos irreversibles, como el suicidio o el asesinato.

El 14 de enero de 2013, un ofuscado estudiante de quince años llamado Jadin Bell entró en el patio de una escuela primaria y se colgó de un tubo del gimnasio exterior. Pertenecía al grupo de animación del equipo de la escuela, y era víctima de lo que en los medios sociales se llamó un acoso «intenso», debido en gran parte a su orientación sexual. Pero su intento de suicidio fracasó, y el chico no murió en el acto. Fue encontrado inconsciente pero con vida, y lo llevaron de inmediato al hospital más cercano, donde siguió en coma y permaneció con soporte vital hasta su muerte el 3 de febrero, veintiún días después.[32]

El suicidio de Jadin ocupó los titulares de todo el país y se convirtió en tema de conversación nacional. Su muerte ilustra con fuerza cómo el acoso no físico puede provocar efectos emocionales devastadores. Según su padre, se sentía «muy herido. Por el acoso de los compañeros. Sí, había otros problemas, pero en definitiva la culpa la tuvo el acoso, el rechazo por ser gay».[33]

Por desgracia, este no es un caso aislado. Cada vez son más los adolescentes que piensan que quitarse la vida es la única forma de librarse de la humillación del ciberacoso. El comportamiento de los acosadores va desde burlas por el aspecto, el peso o las características físicas de sus víctimas hasta el intercambio de fotografías de desnudos tomadas en secreto a niñas mientras son agredidas, para después ser humilladas de nuevo cuando los vídeos se comparten públicamente en las redes sociales.[34]

La violencia basada en la orientación sexual. Según las estadísticas del FBI, la Oficina del Censo de Estados Unidos, el Centro de Estudios Pew, el Instituto Williams y la web de mapeado demográfico SocialExplorer.com, se comparó el número de delitos de odio cometidos en Estados Unidos contra personas LGTB (lesbianas, gais, transexuales y bisexuales), judíos, musulmanes, negros, asiáticos y blancos entre 2005 y 2014. El estudio se prolongó nueve años, y el resultado fue claro. Como resumía

The New York Times, las personas LGTB «tienen el doble de probabilidades de ser objeto de violencia que las afroamericanas, y el índice de delitos de odio contra ellas ha superado el de los delitos contra los judíos».[35] El brutal asesinato de un joven en el Wyoming rural es un claro ejemplo de la crueldad que el pensamiento extremo sobre la orientación sexual puede generar, y fue objeto de un estudio posterior.

Matthew Shepard estudiaba ciencias políticas en la Universidad de Wyoming en 1998. Era gay, y la noche del 6 de octubre de aquel año se encontraba en un bar local con otros dos hombres que simulaban querer entablar amistad con él. Al salir del bar le ofrecieron llevarlo a casa en su coche, y Matthew aceptó. Pero no lo llevaron a casa, sino a una zona muy alejada, donde lo golpearon con brutalidad. Matthew perdió la conciencia y lo dieron por muerto. Pero cuando un policía lo descubrió dieciocho horas después en aquel remoto paraje, seguía vivo, si bien estaba en coma. Los médicos determinaron que la gravedad de las heridas que presentaba en el bulbo raquídeo no permitía que lo operaran. Siguió con soporte vital hasta que el 12 de octubre de 1998 se certificó su muerte.[36]

La gran difusión que tuvo la historia de Matthew y el juicio de los dos hombres, que fueron declarados culpables se debió, en gran parte, a las motivaciones homofóbicas de estos.

La violencia basada en la raza. Una noche de junio de 1998, un hombre estaba haciendo autostop cerca de su pueblo en Texas y subió a un coche en el que iban tres hombres, a uno de los cuales conocía. El autostopista, James Byrd júnior, era de raza negra, y los hombres que lo recogieron en el coche esa noche eran de raza blanca. Al menos dos de ellos se declararon supremacistas blancos. Los hechos que siguieron y culminaron con la muerte de James fueron de tanta brutalidad que los medios de comunicación, en aras del interés público, tuvieron que censurarlos. Pero ese caso, junto con el del asesinato por odio de Matthew Shepard ese mismo año, llevaron a la aprobación de una ley federal llamada Ley de Prevención de Delitos de Odio Matthew Shepard y James Byrd júnior que ampliaba la ley federal de Estados Unidos de 1969 sobre delitos de odio, para incluir los motivados por el sexo de la víctima o el sexo percibido por esta, la orientación sexual, la identidad de género o la discapacidad. La ley fue aprobada por el Congreso estadounidense el 22 de octubre de 2009 y firmada como ley federal por el presidente Obama el 28 de octubre del mismo año.[37]

La violencia basada en la religión. En una comparecencia ante la Cámara de los Comunes británica en 2016, una ministra del Gobierno leyó fragmentos literales de una entrevista a Ekhlas, una adolescente de quince años que vivía en el norte de Irak y que, como toda su familia, practicaba la antigua religión yazidí. El pueblo de Ekhlas había sido tomado por soldados del ISIS, que la secuestraron y la esclavizaron hasta que consiguió escapar.[38] La niña contaba que aquellos hombres habían ido a la casa de su familia, habían matado a su padre y a dos hermanos y después habían vejado brutalmente a todas las niñas de más de nueve años del pueblo. La razón de su sufrimiento, decía, era su religión: «Éramos su objetivo porque profesamos una religión y unas ideas distintas de las suyas, y nuestra humanidad es diferente de la suya, porque nosotros creemos en el ángel Taus».[39]

Los delitos de odio por motivos religiosos no se reducen a Oriente Medio. Resurgen también en otros lugares del mundo, incluidos Europa y Norteamérica. Desde 1996, el FBI dispone de estadísticas sobre actos violentos contra personas por sus creencias religiosas en Estados Unidos. El informe Estadísticas sobre Delitos de Odio de 2014 dice que ese año se produjeron cinco mil cuatrocientos setenta y nueve casos de delitos de odio en general. De esta cantidad, el 17,1% fueron crímenes contra individuos por motivos religiosos.[40]

Es, curiosamente, un porcentaje parecido al de los crímenes por orientación sexual (18,7%).

El estudio también muestra que, de los delitos denunciados, «aproximadamente el 58,2% fueron contra judíos, el 16,3% contra musulmanes y el 6,1% contra católicos».[41]

EL HILO CONDUCTOR

En todos los casos de delitos de odio que acabo de exponer hay un hilo conductor. Si lo seguimos, vemos el tipo de pensamiento que desgarra el tejido de nuestras familias, comunidades y sociedades. En todos los casos, la brutalidad del delito de odio solo fue posible por la idea de que la vida de la víctima carecía de valor.

> **Clave 44:** La brutalidad de los delitos de odio solo es posible en una sociedad en que la vida humana ha dejado de tener valor.

Los delitos de odio van más allá de arrebatarle la vida a otra persona. Son manifestaciones muy iracundas de ensañamiento, unos crímenes que se asientan en el miedo casi primigenio a lo desconocido, a lo cual se suma la idea de que la vida humana es algo vulgar y sacrificable. Aunque los anteriores son ejemplos extremos de adónde nos puede llevar este pensamiento cuando se expresa exteriormente hacia otras personas, el odio también se puede dirigir hacia el interior, en una actitud extrema de otra índole.

El maltrato interior se extiende por los centros educativos y afecta a la vida de nuestros hijos, hermanos, amigos y padres. Y también a los jóvenes en proporciones propias de una epidemia. Aunque se produce de forma más sutil que los crímenes violentos de odio de los que he hablado, el resultado es el mismo. El maltrato autoinfligido por el abuso de las drogas y el alcohol se traduce a menudo en la calamitosa pérdida de quienes más queremos.

Es muy difícil explicar el dolor que provoca la pérdida de un ser querido debido al odio que siente hacia sí mismo, un dolor que es especialmente agudo cuando quien sobrevive a esa pérdida se debate entre preguntas sin respuesta y el sentimiento de que si hubiera hecho algo que no hizo, ese ser querido seguiría con vida. Tara Lawley-Bergey, la hermana mayor de Derik Lawley, habla de este dolor en un artículo que escribió cuando Derik murió por una sobredosis de fentanilo destinada a satisfacer su adicción a la heroína.

LA HISTORIA DE TARA

En un artículo publicado en la edición de Filadelfia de la NBC en febrero de 2016, Tara explica que su hermano llevaba dos años y medio enganchado a la heroína.[42] Dice que ella nunca supo realmente por qué Derik empezó a probarla, pero especula sobre lo que pudo ocurrir. Asegura que a su hermano le encantaba la vida. Quería a quienes tenía a su alrededor, en especial a su hija de tres años. Pero no se quería a sí mismo. «La heroína ayudaba a mi hermano a huir de esa realidad; lo aturdía y ese estado le permitía olvidar», escribe Tara.[43] Derik intentó desengancharse de esa adicción al menos cinco veces, pero sus esfuerzos fueron inútiles.

Su cuerpo fue encontrado en un callejón arbolado un día después de que le engañasen suministrándole fentanilo, un narcótico vinculado con la anestesia, cuando él creía que le estaban dando una dosis habitual de heroína para calmar su adicción. Murió como consecuencia de los efectos de la droga, que le provocó un sueño tan profundo que dejó de respirar. Las propias palabras de Tara describen de la mejor manera posible su dolor al pensar en la experiencia de su hermano:

> Mi corazón murió con el último aliento de Derik. Su cuerpo descansa reducido a cenizas del mismo modo que el mío muere poco a poco desde dentro. La oscuridad se impone y las pesadillas se prolongan hasta el amanecer. El dolor por la pérdida de Derik es insufrible, y vivo en el noveno círculo del infierno, por el pecado de ser hermana de un adicto. Los hermanos se quieren cualesquiera que sean sus caminos; se guían mutuamente cuando caen y son los respectivos hombros en los que apoyarse. Pero yo me distancié de la adicción de Derik, una adicción que hizo de él un hombre perverso. Debería haber estado a su lado, y enjugarle el sudor con que la adicción le cubría la frente y los ojos cuando esa maldad le llegaba una y otra vez. O, al menos, debería haberlo llamado, haberle escrito o haberle enviado mi cariño de algún modo. Pero lo ignoré, le di la espalda y no vi la verdadera persona que había en su mirada. Fui durísima con él cuando lo único que debí haberle demostrado era comprensión. Esta es mi carga, mi culpa, el dolor que voy a arrastrar todos los días de mi vida.[44]

La trágica historia de Derik es el testimonio sobrecogedor de una muerte que se pudo haber evitado. También es una historia que por desgracia no es infrecuente. Padres de distintas comunidades, distintas etnias y distintas religiones se hacen la misma pregunta una y otra vez, con lágrimas en los ojos, mientras entierran a sus hijos: ¿por qué? «¿Por qué le ha pasado a mi hijo?». Y por diferentes que sean unas familias de otras, la respuesta a su pregunta es la misma. El hombre, la mujer o el adolescente que se valora y entiende el valor de su vida nunca va a meterse heroína en las venas, esnifar cocaína para que llegue a los delicados tejidos que dan vida a su cuerpo ni anegar su hígado y sus riñones con tanto alcohol que ello le haga perder la conciencia.

> **Clave 45**: La destrucción de uno mismo por el abuso de las drogas y el alcohol solo es posible cuando se ha perdido el sentido de la valía personal.

SOLO DESTRUIMOS LO QUE NO VALORAMOS

Rachel Carson, conservacionista y escritora, resumió el pensamiento que conduce a tan sobrecogedoras y devastadoras experiencias de las familias de todo el mundo cuando dijo que destruimos lo que no valoramos y que no podemos valorar lo que no conocemos.[45] Su observación describe bellamente el tema de este libro y el momento crucial en que hoy nos encontramos Y aunque los expertos atribuyan el repunte de la violencia de persona contra persona a razones que van desde la desigualdad entre quienes «tienen» y quienes «no tienen» hasta la intolerancia entre cristianos, judíos y musulmanes, la verdadera razón que está en la base de todas las razones de la creciente violencia entre individuos es la presencia de una verdad difícil.

Hemos creado una sociedad maravillosa y una cultura de avanzada tecnología, pero lo hemos hecho a muy alto precio. En algún punto del camino perdimos el valor que le damos a la vida humana. Y sin el sentimiento de ese valor, parece que la vida sea algo sacrificable. Un ejemplo claro es el trato que se daba a las trabajadoras de la industria textil en los primeros años del siglo XX. Muy pocos días después de que decenas de obreras de esa industria perdieran la vida en la Triangle Shirtwaist Factory de Nueva York en 1911, Rose Schneiderman, trabajadora y sindicalista, habló en un mitin del muy escaso valor que se daba a la vida humana:

No es la primera vez que unas muchachas arden vivas en esta ciudad. Todas las semanas he de enterarme de la prematura muerte de una de mis hermanas obreras. Todos los años miles de nosotras quedamos mutiladas. La vida humana tiene muy poco valor, y la propiedad es sagrada. Somos tantas para un solo puesto de trabajo que no importa que ciento cuarenta y seis de las nuestras hayan muerto quemadas.[46]

Schneiderman pronunció estas palabras hace más de cien años; sin embargo, las condiciones de las que hablaba y el pensamiento que las hace posibles no han cambiado mucho. No hace falta mirar más allá de lo que se recoge en los titulares de todo el mundo para comprender que la sensación de que la vida es «barata» se sigue materializando en nuestra existencia diaria:

- Entre 2001 y 2002, las mujeres asesinadas en Estados Unidos por su pareja anterior o actual fueron once mil setecientas sesenta y seis, más del doble del número total de militares muertos en las guerras de Afganistán e Irak juntas en ese mismo período.[47]
- En 2013, las nulas condiciones de seguridad de una fábrica de ropa de Dhaka, en Bangladés, provocaron que el

edificio se derrumbara y murieran mil personas, en la que fue la peor catástrofe de este tipo de la historia.[48]

Clave 46: Rachel Carson nos recuerda que solo destruimos lo que no valoramos y que no podemos valorar lo que no conocemos. Una solución duradera a los problemas que nos dividen y a la creciente intensidad del acoso escolar, los delitos de odio y las atrocidades de la guerra es inculcar a la generación siguiente, y aceptar nosotros mismos, la necesidad de respetar y valorar toda clase de vida.

EL PODER DEL SENTIMIENTO DE LA PROPIA VALÍA

En este abrumador entorno de extremos, lo que pensemos sobre quiénes somos y de dónde venimos tiene un poder sagrado especial. Son exactamente estas creencias las que tienen el poder de fragmentar nuestras comunidades y polarizar las naciones para que nos embarquemos en guerras interminables. Estas creencias tienen también el poder de unirnos. La verdad más profunda sobre nuestro origen nos puede dar un sentido reverente del valor de cada uno y de toda vida humana.

De ahí el peligro de creer en la falsa ciencia y de mentirnos sobre nuestra procedencia. Si fuera verdad que «no somos más que una variedad avanzada de mono» o unos «ignorantes, estúpidos o dementes» por creer algo que no sea la doctrina aceptada de la evolución humana, tendría todo el sentido que viviéramos la vida en consonancia con tal creencia. En ese mundo, la búsqueda de la riqueza material, las distracciones de la mente y el placer de los sentidos se convertirían en la máxima prioridad de la vida. En un mundo así, tendría sentido hacer todo lo necesario para satisfacernos a cualquier precio y del modo que fuera. ¿Por qué no? Después de todo, si somos el resultado de la lotería de la naturaleza, de unas mutaciones fortuitas, ¿por qué no íbamos a vivir así? ¿Por qué no íbamos a tomar cualquier sustancia química que tuviéramos al alcance y nos adormeciera las heridas de la vida? ¿Por qué no íbamos a meternos en el cuerpo cualquier droga o narcótico para escapar de la locura de la guerra, la injusticia de la pobreza y los horrores del maltrato físico y emocional? Y ¿por qué no íbamos a destruir todas las cosas o a todas las personas que se interpusieran en nuestro intento de conseguir lo necesario para una vida así?

Y aquí es donde quería llegar: mientras se nos induzca a pensar que somos poco más que un accidente de la naturaleza, será fácil que pensemos que ni nosotros ni nuestra vida tenemos nada de especial. Desde una perspectiva tan estéril, nuestra historia es muy simple y lineal, y carece de cualquier sentido profundo. Nacemos, vivimos y morimos. Somos puntos parpadeantes de vida en la pantalla del radar de la naturaleza, como lo han sido miles de millones de criaturas antes que nosotros.

Las palabras irresponsables de científicos y personajes públicos reconocidos y notorios empeoran aún más las cosas, porque echan leña al fuego de nuestras diferencias y de la sensación de que somos criaturas insignificantes.

DE LA TIRITA AL DESTINO

El potencial de pasar de la mera identificación y condena de las atrocidades que derivan de la falta de sentimiento de la propia valía y de la intolerancia ante nuestras diferencias a aceptar un destino en el que estas atrocidades solo sean un recuerdo del pasado se hace posible cuando consideramos el impacto positivo de nuestra respuesta a la pregunta ¿quiénes somos? Esta respuesta, basada en los hechos que hoy sabemos que son ciertos en lo que a nosotros se refiere, y de forma particular los relativos a la singularidad de nuestra existencia, es la clave de nuestra nueva historia, que dota de propósito a nuestras vidas.

En una cultura en la que aceptáramos la singularidad de la vida, las personas no criticaríamos, no nos haríamos daño ni nos mataríamos, a nosotros mismos o a otros, con la facilidad y la frecuencia que hoy observamos. No tendría sentido hacerlo ante lo que sabemos de nuestro origen y lo que este significa en nuestras vidas.

Con la aceptación de nuestra singularidad y del valor de la vida en los cimientos de nuestra individualidad y de la familia, y asentando la educación que damos a nuestros hijos en esos valores exclusivamente humanos, podríamos generar un cambio fundacional —un cambio radical para todas las personas de cualquier parte del mundo— que nos llevase al gran destino de la materialización de nuestro potencial como especie. Hacer menos que esto equivaldría a poner una tirita a la herida abierta que está destruyendo nuestras familias, comunidades y sociedades. En una cultura que aceptara estos valores, Derik Lawley nunca habría sucumbido a la tentación de la heroína que acabó con su vida, James Byrd júnior y Matthew Shepard seguirían vivos y los genocidios del siglo xx y principios del xxi nunca se habrían producido.

En el ámbito individual, en una cultura que valorase de verdad la vida, esto significaría que:

- El hombre que aceptase la singularidad de otra vida nunca descargaría su ira en una mujer que llevara a su hijo en su seno, en sus hijos ni en nadie a quien quisiera.
- Se respetaría el frágil equilibrio del que nace nuestra singularidad. Hombres, mujeres y niños nunca envenenarían sus cuerpos con el alcohol y las drogas que destruyen los delicados sistemas que hacen posibles sus vidas.

- Los adolescentes nunca apretarían el gatillo contra un amigo ni contra sí mismos porque la vida les hubiese puesto en una situación aparentemente insufrible.
- Nadie sacaría una pistola por la ventanilla del coche para apuntar a otro conductor porque le hubiese adelantado y hubiese cambiado de carril bruscamente para salir de la autopista.

En un ámbito mayor, esto significaría que:

- El soldado o el rebelde combatiente que valorase la singularidad de la vida nunca sería cruel con otro hombre, o con la esposa y los hijos de ese hombre, por el mero hecho de que no compartiesen su religión o sus creencias.
- La nación que aceptase y compartiese el respeto a la vida y su valor, y se las enseñase a sus hijos, nunca invadiría otra nación para destruir sus fuentes de agua, alimento y electricidad ni sus escuelas y hospitales.

Lo que pensemos de nosotros mismos y de los demás está en la base misma de los mayores miedos y el más duro sufrimiento que hoy experimentamos en la vida.

Podemos aprobar leyes disciplinarias, enviar ejércitos disuasorios y denunciar atrocidades humanas una vez ya cometidas, pero son apaños provisionales de situaciones que solo se pueden transformar con un cambio radical del modo de pensar, en particular de lo que pensamos de nosotros mismos, de nuestro origen y del valor que tiene la vida presente en la Tierra. Y este cambio de los cimientos es lo que falta en la educación que hoy ofrecemos a nuestros jóvenes.

Albert Schweitzer, premio Nobel de la Paz en 1952, enseñaba la importancia vital que tiene que aprendamos a reverenciar todo tipo de vida. «Solo reverenciando la vida podemos establecer una relación espiritual y humana con las personas y con todos los seres vivos de nuestro alrededor», escribió.[49] La reverencia de la que habla Schweitzer trasciende el mero respeto a la vida e incluye nuestra capacidad *—nuestro deber—* de proteger y defender todas las formas de vida que lo requieran: «Solo así [con reverencia] podemos evitar hacer daño a otros y, dentro de los límites de nuestra capacidad, ir en su ayuda dondequiera que nos necesiten».[50]

En este preciso momento de la historia —ese «punto medio» del que hablaba antes— tenemos la oportunidad de fijar el equilibrio entre lo que la ciencia y la tecnología han hecho posible y la aplicación de todo ello a nuestras vidas. Es la diferencia entre el futuro de Aldous Huxley, donde la creatividad humana, la expresión individual, la reproducción y la propia vida se sacrifican en aras de un mundo homogéneo y en paz, y el futuro que describe H. G. Wells, en el que la humanidad alcanza una forma de vivir armoniosa, fruto del respeto y el cultivo de los valores que más apreciamos. Tanto si estamos hablando de decisiones personales sobre la salud, el trabajo, las relaciones y la carrera profesional como si nos estamos refiriendo a temas más generales, como la necesidad de buscar nuevas fuentes de energía limpia y sostenible, y la forma de resolver los problemas de la pobreza, el cambio social y el creciente número de refugiados que huyen de la opresión y la guerra en todo el mundo, por complejos que todos estos asuntos puedan parecer a primera vista, todos convergen en la idea que tengamos de nosotros mismos. Para cada uno de estos problemas, y muchísimos más, hemos de determinar los valores que apreciamos como humanos y reivindicarlos como principio rector de nuestras decisiones. Cuando reconozcamos esto, es evidente que solo aceptando el valor de todos los seres humanos y de todas y cada una de las formas de vida, podremos elegir el destino coherente con nuestro mayor potencial.

El obispo anglicano Desmond Tutu resumía perfectamente esta idea cuando recordaba que solo descubrimos nuestro valor compartiendo lo que nos hace únicos —la capacidad de amar y tener compasión—. «Tus actos habituales de amor y esperanza apuntan a la extraordinaria promesa del inestimable valor de toda vida humana», escribió.[51]

¿Por dónde empezar, pues, a la hora de crear un mundo que estime la vida humana?

El primer paso es aceptar lo que hemos descubierto que es la nueva historia del ser humano.

8

¿Y DE AQUÍ, ADÓNDE?

Vivir la nueva historia del ser humano

El destino nunca es un lugar, sino una nueva manera de ver las cosas.

HENRY VALENTINE MILLER (1891-1980),
escritor estadounidense

La respuesta tradicional a la pregunta ¿quiénes somos? se está desmoronando. Es inevitable. La razón es que se basa en una información que hoy sabemos que no es cierta. Los decisivos descubrimientos que están dándole la vuelta a lo que hemos pensado sobre nosotros mismos durante más de ciento cincuenta años son solo el principio de la identificación de una nueva historia del ser humano. Una vez que has visto estos descubrimientos, no los puedes obviar. Sabes que existen. Forman ya parte de ti. Por eso has de preguntarte: «¿Y ahora qué? ¿Cómo encaja esta información en mi vida y en lo que quiero para mí, mi familia y mis amigos, y para la Tierra?». Para hallar respuestas a estas preguntas debes empezar por aceptar plenamente lo que has descubierto.

Lo que hagas a continuación depende, en última instancia, de ti. Es decisión tuya. ¿Qué es lo que aceptas y qué significa esto para tu vida? Ante una información nueva y que cambia por completo la vida, como ante las pruebas que avalan una explicación del origen del ser humano distinta de la teoría original de la evolución de Darwin, me hago tres preguntas para orientarme en mis elecciones.

PAUTAS QUE TE PUEDEN AYUDAR A DECIDIR

1. ¿Reconozco que puedo decidir?
2. ¿Tengo coraje para decidir?
3. ¿Tengo fuerza para ser coherente con lo que haya decidido?

En el caso de la pregunta muy personal ¿quién soy?, esta es la posible aplicación de estas orientaciones:

1. **¿Reconozco que puedo decidir** entre creer la vieja historia de la evolución humana y las nuevas pruebas que certifican que la evolución no es nuestra historia?
2. **¿Tengo coraje para decidir** lo que la nueva ciencia dice y aceptar los nuevos descubrimientos?
3. **¿Tengo fuerza para ser coherente con lo que haya decidido** y vivir de acuerdo con lo que esta decisión significa en cuanto a lo que les enseño a mis hijos y en cuanto a la forma en que trato a los demás?

En cualquier caso, la respuesta que des a estas tres sencillas preguntas puede cambiar radicalmente lo que pienses de ti y de tu vida y, quizá lo más importante, puede cambiar tu forma de proceder. La disciplina de hacerte estas preguntas antes de actuar te da más opciones de forma automática. Estas sencillas pautas te ayudarán a tomar tus decisiones a conciencia y con sensatez, desde las relativas a la dieta y la nutrición, la elección de los cuidados médicos y la sinceridad en tus relaciones hasta las relativas a estar más abierto a nuevas posibilidades laborales, profesionales y en cuanto a la creatividad personal. Tal vez te sorprenda descubrir el poder que tienes de determinar cómo haya de ser tu vida hoy y de crearte un futuro en el que experimentes plenitud.

La razón de que haya escrito este libro es exponer los recientes descubrimientos que dan un sentido nuevo a lo que pensemos de nosotros mismos, y los unos de los otros. Pero la razón de que exponga esta información va más allá del deseo de que conozcas estos hechos. Las pruebas científicas de nuestro origen intencionado mediante una fuerza exterior inteligente hasta hoy desconocida dan sentido a nuestra existencia. Nos llevan *más allá* de la supervivencia, la lucha y la competencia. Abren la puerta a la posibilidad de que estemos relacionados con algo mucho más grande de lo que nos han hecho creer en el pasado y de que tengamos una historia cósmica, una familia cósmica y un origen cósmico.

Como científico, en principio esta historia me suena como la trama de una magnífica novela de ciencia ficción. Pero lo que me apasiona es adónde nos puede llevar esta trama. Constituye la oportunidad de cambiar nuestras vidas y el mundo de la mejor manera posible, y hacerlo respetando los valores humanos más preciados. En algunos aspectos, es el escenario que H. G. Wells describe en *Hombres como dioses*, con la salvedad de que si lo conseguimos se habrá hecho realidad tres mil años antes.

RECONSIDERAR TUS IDEAS FUNDAMENTALES

Después de haber leído este libro y conocer los descubrimientos que en él se exponen, te invito a que cierres el círculo de esta experiencia lectora volviendo a las preguntas que te hacía al principio de la primera parte.

Antes del capítulo 1, te invitaba a que determinaras la base de lo que pensabas sobre la evolución y su importancia para tu vida y la idea que tenías de ti mismo. Ahora es un buen momento para examinar de nuevo esas ideas y creencias para determinar si han cambiado y cómo lo han hecho.

Para abrir la puerta a nuestro mayor potencial como seres humanos debemos empezar por la disposición a aceptar el hecho de que el potencial para cosas extraordinarias existe. Después de responder las preguntas siguientes, te invito a que compares las respuestas con las que registraste al principio de este libro. La pregunta general que te hago es esta: lo que has descubierto ¿ha cambiado lo que piensas de ti mismo, de tus límites y, lo más importante, de tu potencial?

EJERCICIO

Determina de nuevo tus creencias de base

La técnica: Con una sola palabra o una frase corta, responde por escrito las siguientes preguntas con la mayor sinceridad posible. En las preguntas de sí o no, rodea la respuesta que corresponda.

Preguntas sobre tus orígenes

1. ¿Crees que el origen de la vida, en general, es el resultado de un suceso casual que se produjo hace muchísimo tiempo, como indica la ciencia convencional?

    Sí   No

---

2. ¿Crees que la vida humana en particular es el resultado de un suceso casual que se produjo hace muchísimo tiempo, como indica la ciencia convencional?

Sí   No

Preguntas sobre tu potencial

3. ¿Crees que estás diseñado de forma consciente para influir en los sucesos de tu vida, la calidad de esta y el tiempo que vayas a vivir?

Sí   No

Si has respondido no, pasa a «Define tus creencias».

Si has respondido sí, responde las preguntas 4, 5 y 6.

4. ¿Crees en tu capacidad de activar la curación de tu cuerpo a voluntad, cuando la necesitas?

Sí   No

5. ¿Crees en tu capacidad de activar tus estados más profundos de intuición o voluntad, cuando los necesitas?

Sí   No

6. ¿Crees en tu capacidad de autorregular tu sistema inmunitario, las hormonas de la longevidad y tu salud en general?

Sí   No

Define tus creencias. Completa las frases siguientes:

7. Cuando observo que algo inusual le sucede a mi cuerpo (un dolor repentino, un sarpullido inexplicable, el corazón que se acelera sin motivo aparente, etc.), me siento___________________________.

8. Cuando observo que a mi cuerpo le sucede algo fuera de lo habitual, lo primero que hago es________________________.

Las respuestas que hayas dado a estas preguntas te servirán para entender lo que piensas hoy de tu potencial. También pueden servirte de brújula que te señale la dirección en que quieras explorar tu desarrollo personal. En este sentido, lo fundamental es que tu cuerpo solo puede responder al empuje de las ideas que abraces. Por ejemplo:

- Si crees que la vida en general, y tu vida en particular, es el resultado de un hecho fortuito que aconteció hace mucho tiempo, es posible que esta percepción se refleje en las decisiones que tomes sobre otros aspectos de tu vida. Por ejemplo, es más fácil subestimar el carácter sacrosanto de la vida y el valor de nuestras experiencias si consideramos que somos producto de un accidente afortunado de la biología que simplemente «se produjo» hace mucho tiempo. La aceptación de la cantidad cada vez mayor de pruebas de que somos el resultado de un acto intencionado —*es decir, cuando realmente entendemos que estamos aquí con un propósito*— nos despierta un sentimiento de asombro y de profundo respeto por todo tipo de vida, en todas partes. Este respeto se refleja en lo que pensamos de nosotros mismos y en cómo tratamos a los amigos, la familia y los seres queridos.
- Si no confías en la capacidad de tu cuerpo de mantenerse sano, curarse y fortalecer tu inmunidad, ni en tu capacidad para la intuición, es posible que dicha percepción se muestre en tu reacción ante tus cambios corporales. ¿Te

asustas ante la primera señal de que hay algo nuevo o diferente en tu cuerpo? ¿Cuándo decides ir al médico para que interprete las señales que tu cuerpo te muestra?

Dicho con toda claridad, no existen respuestas correctas ni incorrectas a ninguna de estas preguntas. Las que tú des pueden ser reflejos profundos y personales de lo que te indujeron a pensar sobre ti mismo. Si esta forma de pensar te ha servido en el pasado y te sigue siendo útil hoy, ahora eres muy consciente de cuáles son las ideas por las que te riges. Pero si ves que te gustaría ensanchar la relación que tienes con tu cuerpo, tu crecimiento debe partir de las ideas que sean la base de esta relación.

Tal vez no debe extrañarnos que cuanto mejor nos conocemos a nosotros mismos —y cuanto más conscientes somos del potencial de nuestro cuerpo—, más sentido le vemos a la vida. Y creo que, al final, esta es la meta que todos debemos alcanzar: descubrir y aceptar el propósito de nuestra vida y vivir todas las posibilidades que esta nos ofrece.

UNA VIDA CON PROPÓSITO

Las tradiciones indígenas de prácticamente todo el mundo nos recuerdan que somos fruto de un acto consciente e intencionado de creación y, de un modo u otro, parte de una familia cósmica, y a medida que nuestra comprensión avanza y madura, la herencia que realmente nos está reservada adquiere mayor sentido en nuestras vidas. En los textos de la antigüedad, desde los cuneiformes de los sumerios y los jeroglíficos de los egipcios hasta los grabados y pictogramas descubiertos en las selvas mayas de Centroamérica, y en la sabiduría oral de los norteamericanos y sudamericanos nativos, nuestros ancestros nos dicen que somos parte de algo inmenso y hermoso. Como manifiestan los escritos de las más antiguas tradiciones del mundo, se nos ha dotado de unas capacidades extraordinarias —rasgos propios de dioses— que nos diferencian de todas las demás formas de vida y nos empoderan para llevar una vida conectada, plena y significativa. Se nos recuerda, también, que somos los administradores de este mundo. Estamos aquí para proteger toda clase de vida; no somos los dueños de esta y nuestra función no es someterla.

Los extraordinarios poderes de la intuición, la empatía y la compasión son lo que nos otorga el privilegio de ser los cuidadores de la Tierra, una capacidad que no se ha dado a ninguna otra forma de vida. Uno de los grandes visionarios de la historia, el jefe Seattle, líder del pueblo amerindio suquamish en lo que ahora se conoce como el estado de Washington, nos recuerda de forma clara, elocuente y directa cuál es nuestro cometido. Aunque su origen sigue siendo desconocido, las palabras que siguen, atribuidas con frecuencia al jefe Seattle, transmiten un sentimiento intemporal:

> La humanidad no ha tejido la red de la vida. Solo somos un hilo de esta red. Lo que le hagamos a la red nos lo hacemos a nosotros mismos. Todas las cosas están unidas. Todas están conectadas.[1]

La mejor ciencia del mundo actual parece que aprueba la esencia de esta sabiduría. Nuestras extensas redes neuronales y nuestra capacidad de usar el corazón, el cerebro y el sistema nervioso para mejorar la vida a voluntad están documentadas científicamente. Habrá científicos que tal vez no compartan las interpretaciones que hacemos en este libro de los descubrimientos científicos —estas interpretaciones que tanto nos empoderan—, pero podemos asegurar con toda certeza que no hay nada en estos descubrimientos que pueda negar que estas capacidades existen en nosotros, ni descartar que sean fruto de un diseño intencionado del genoma humano.

Tal vez no comprendamos por completo de dónde proceden nuestras avanzadas capacidades, pero las pruebas demuestran que nuestra extraordinaria inteligencia y nuestra capacidad para la compasión, la empatía y la intuición profunda no son fruto del azar. Las llevamos con nosotros, como «equipamiento», desde nuestro origen. Son inherentes a nuestra naturaleza y es evidente que tienen una finalidad; son parte fundamental de un diseño intencionado.

EL VERDADERO TRABAJO

El mundo se mueve, y nuestras vidas se mueven con él. Ahora que ya sabes lo que hay en estas páginas, no puedes ignorar lo que has leído. No puedes limitarte a cerrar el libro y olvidarte de todos los descubrimientos sobre tu origen y el inmenso poder que hay en ti. Has llegado al final del libro, pero también al principio de lo que viene a continuación. Aquí es donde empieza el verdadero trabajo. Cuando cierres el libro, tendrás que decidir si olvidas todo lo que has descubierto sobre ti mismo o si lo aceptas.

Toda decisión requiere un esfuerzo. Toda decisión implica un auténtico trabajo.

En su obra intemporal *El profeta*, el filósofo Kahlil Gibran dice unas palabras sobre el significado de *trabajo* que recuerdo haber leído cuando tenía diez años. Mi padre ya no vivía con nosotros, y yo estaba solo con mi madre y un hermano más pequeño en una humilde casa de protección oficial. Las palabras de Gibran me iniciaron en una forma de pensar que me orientó en aquel momento y que desde entonces ha seguido conmigo como la piedra angular de mi filosofía de la vida. Gibran dice que el trabajo «es nuestro amor hecho visible».[2] Para mí, esto ha significado siempre que el esfuerzo que requiere toda labor tiene que ver con algo más que la propia labor.

Cuando acepto hacer cualquier cosa, lo que me importa es el sentido que le doy a eso. Mi «amor hecho visible» significa que estoy absolutamente presente y me entrego por completo a lo que sea que haya aceptado hacer. En otras palabras, no se trata de lo que hacemos, sino de cómo lo hacemos. Cuesta estar absolutamente presente y, desde el punto de vista de Gibran, el trabajo que tal presencia requiere es la manifestación de nuestro amor por el mundo, nosotros mismos y nuestras familias.

Soy realista sobre el esfuerzo de aceptar la nueva historia del ser humano. Habrá que trabajar en cambiar los libros de texto, los archivos informáticos, las notas de clase de los profesores y las presentaciones científicas de museos de todo el mundo. Habrá que trabajar para enseñar la nueva historia del ser humano a nuestros hijos y después a los suyos. Con nuestro trabajo, nuestro amor hecho visible, podemos encauzar nuestro mayor potencial humano: la decisión de pasar de la evolución fortuita a la transformación intencionada. La pregunta ahora es: ¿creemos que merece la pena?

¿Creemos que vale la pena el trabajo que se requiere para aceptar el extraordinario potencial que aguarda en el interior de todos los seres humanos? No tendremos que esperar mucho para saber cómo hemos respondido. Lo sabremos por el mundo que decidamos dejar a nuestros hijos.

LA NUEVA HISTORIA DEL SER HUMANO EN 46 CLAVES

A lo largo de estas páginas he expuesto los descubrimientos y los hechos que nos dan razones para pensar de otro modo respecto a nosotros mismos. Para insistir en los que creo que son los puntos de referencia del libro, he subrayado las ideas y los descubrimientos más importantes en diversas claves. Pero tal vez no haya quedado claro que, pese a que cada una resuma por sí misma un tema importante, estas claves juntas, leídas una después de otra, cuentan una historia. Esta historia es la esencia de la nueva historia del ser humano. Para facilitarte la lectura, las repito juntas a continuación.

Clave 1: Ante los mayores avances tecnológicos del mundo moderno, la ciencia no sabe responder la pregunta más importante de nuestra existencia: ¿quiénes somos?

Clave 2: Todo, desde nuestra autoestima hasta nuestro sentimiento de valía, el sentimiento de confianza, el bienestar y el sentimiento de seguridad, y nuestra forma de ver el mundo y a los demás, nace de la respuesta que damos a la pregunta ¿quiénes somos?

Clave 3: Si dejamos que los nuevos descubrimientos nos lleven a las nuevas historias que cuentan, en lugar de obligarlos a ajustarse a una determinada estructura ideológica, es posible que, al final, demos respuesta a las preguntas más importantes de nuestra existencia.

Clave 4: Las nuevas pruebas del ADN indican que somos el resultado de un acto intencionado de creación que nos ha dotado de las extraordinarias capacidades de la intuición, la compasión, la empatía, el amor y la autosanación.

Clave 5: Las historias que nos contamos —y que nos creemos— sobre nosotros mismos definen nuestras vidas.

Clave 6: Cuando cambiamos la historia, cambiamos nuestras vidas.

Clave 7: Por primera vez en la historia de la humanidad registrada, la teoría de la evolución de Darwin, publicada en 1859, permitió que la ciencia respondiera las grandes preguntas sobre la vida y nuestro origen sin necesidad de acudir a la religión.

Clave 8: Se cree que existen conexiones entre los antiguos homínidos y los humanos modernos en el árbol genealógico de la evolución, pero nunca se ha demostrado tal existencia: en estos momentos, solo son conexiones inferidas y especulativas.

Clave 9: El descubrimiento del cadáver de una niña neandertal de unos treinta mil años de antigüedad y en excelente estado de conservación y la comparación de su ADN mitocondrial con el nuestro demuestran definitivamente que los primeros humanos modernos no eran descendientes de los antiguos neandertales.

Clave 10: El cromosoma 2 humano, el segundo cromosoma de los de mayor tamaño del cuerpo humano, es el resultado de una antigua fusión de ADN que la teoría de la evolución, tal como hoy la entendemos, no puede explicar.

Clave 11: Las veinte proteínas que hacen posible que la sangre se coagule y los más de cuarenta componentes de los cilios (brazos filamentosos) que permiten que las células se muevan por un fluido son solo dos ejemplos de funciones que no se pudieron desarrollar gradualmente a lo largo de un extenso período, como indica la evolución. En ambos ejemplos, si falta una sola proteína o un solo componente, la célula no funciona.

Clave 12: Los humanos aparecieron en la Tierra con el mismo cerebro y el mismo sistema nervioso avanzados que hoy poseemos, y con la capacidad de autorregular funciones ya desarrolladas, lo cual contradice el corolario de la teoría de la evolución de que la naturaleza «no dota en exceso» de tales características hasta que son necesarias.

Clave 13: Cada vez son más las pruebas físicas y de ADN que apuntan a que nuestra especie pudo aparecer hace doscientos mil años sin ninguna vía evolutiva que desembocara en lo que somos.

Clave 14: El científico honesto, que no esté condicionado por el entorno académico, la política ni la religión, no puede seguir despreciando las nuevas pruebas sobre el origen del ser humano y pretender mantener su credibilidad.

Clave 15: Como parte de nuestro avanzado sistema nervioso, el corazón está asociado al cerebro como órgano maestro para informar a este de lo que el cuerpo necesita en cualquier momento dado.

Clave 16: Para las tradiciones antiguas, el corazón, y no el cerebro, ha sido siempre el centro de la sabiduría profunda, los sentimientos y la memoria y la puerta de acceso a otros reinos de la existencia.

Clave 17: El descubrimiento de cuarenta mil neuritas sensoriales en el corazón humano abre muchas posibilidades similares a las que se explican con detalle en las escrituras de algunas de nuestras tradiciones espirituales más antiguas y respetadas.

Clave 18: La documentación científica de recuerdos que pasan del donante al cuerpo del receptor a través del corazón —la transferencia de memoria— demuestra la realidad de la memoria del corazón.

Clave 19: El corazón es la clave para despertar la intuición profunda, recuerdos sutiles y capacidades extraordinarias que antes eran consideradas extrañas y aceptar estos atributos como parte normal de la vida cotidiana.

Clave 20: La disposición a aceptar como un hecho un supuesto científico sin que haya pruebas que lo avalen nos puede conducir, y así lo ha hecho en el pasado, a conclusiones erróneas sobre la idea que tenemos de nosotros mismos y nuestra relación con el mundo.

Clave 21: Reconocidos científicos aseguran que es matemáticamente imposible que el código genético de la vida haya surgido a través del proceso evolutivo solamente.

Clave 22: Casi de forma universal, las tradiciones antiguas e indígenas atribuyen nuestro origen al resultado de un acto consciente e intencionado.

Clave 23: Se acumulan progresivamente las pruebas de que existimos como parte de un universo vivo y dinámico, y no en uno compuesto solamente de polvo, gas y espacio vacío.

Clave 24: Si somos el resultado de algo más que la pura casualidad, es comprensible que el fin de nuestras vidas sea algo más que la mera supervivencia. Implica que nuestras vidas tienen una finalidad.

Clave 25: Nuestra capacidad para la intuición profunda, la condolencia, la empatía y la compasión y el poder de autosanación que nos permite vivir lo suficiente para compartir estas capacidades son la aguja de la brújula que nos señala directamente el rumbo de nuestras vidas.

Clave 26: La *intuición* es una evaluación en tiempo real basada en vivencias personales y pasadas, indicaciones sensoriales y la experiencia, mientras que el *instinto* es una reacción que tenemos «programada» en el subconsciente como mecanismo de supervivencia.

Clave 27: El vínculo emocional que existe entre la madre y sus hijos está hoy documentado científicamente por estudios que desvelan la conexión intuitiva que todos podemos desarrollar en nuestras relaciones.

Clave 28: La atención intencionada al corazón nos capacita para vivir de modo coherente estados profundos de intuición cuando queramos, a voluntad.

Clave 29: Podemos acceder a la sabiduría del corazón a través de un proceso que se puede resumir en cinco pasos sencillos: concentrarse, respirar, sentir, preguntar y escuchar.

Clave 30: La intuición, la condolencia y la empatía son los peldaños que llevan a la compasión.

Clave 31: La compasión es a la vez una fuerza de la naturaleza y una experiencia emocional que nos conecta con la naturaleza y todo tipo de vida.

Clave 32: Los telómeros son secuencias especializadas de ADN situadas en los extremos del cromosoma que actúan de parachoques para proteger la información genética del cromosoma cuando la célula se divide. Con cada división celular, los telómeros se acortan, hasta que ya no pueden proteger la información vital de la célula. Llegado este punto, la célula empieza a envejecer para, al final, morir.

Clave 33: La función de la telomerasa en nuestras células es reparar, rejuvenecer y alargar los telómeros, los cuales determinan el tiempo de vida de las células.

Clave 34: Nuestras elecciones en cuanto al estilo de vida, incluidas las relativas a tipos específicos de ejercicio físico, suplementos alimenticios concretos y la disminución del estrés, constituyen estrategias fundamentales documentadas con el fin de retrasar e incluso revertir el daño de los telómeros y el envejecimiento celular.

Clave 35: El estrés no resuelto es lo que erosiona los telómeros y nos quita lo que más apreciamos: la vida misma.

Clave 36: Mediante la sabiduría del corazón podemos pedir y recibir ideas sobre alternativas saludables a las distracciones insanas.

Clave 37: En cada momento de cada día tomamos decisiones que afirman, o niegan, la vida que anida en nuestro cuerpo.

Clave 38: La resiliencia del corazón-cerebro es la clave para sanar de la pérdida de la familia y los seres queridos que una vida extensa conlleva.

Clave 39: Una mayor armonía entre el cerebro y el corazón (coherencia) se traduce en un grado mayor de resiliencia ante la vida.

Clave 40: Tenemos aún la oportunidad de crear un futuro saludable por medio de definir los valores que deseamos antes de implementar soluciones que causen daños irreparables a la humanidad y al planeta.

Clave 41: Ya tenemos las soluciones —todas las soluciones tecnológicas— a los mayores problemas que se nos presentan a los individuos, las comunidades y los países.

Clave 42: La crisis general a la que nos enfrentamos como individuos y como sociedad es una crisis de pensamiento. ¿Cómo podemos hacer sitio al nuevo mundo emergente si estamos aferrados al viejo mundo del pasado?

Clave 43: Se acumulan las pruebas científicas que llevan a una conclusión ineludible: la competencia violenta y la guerra van directamente en contra de nuestros más profundos instintos de cooperación y crianza.

Clave 44: La brutalidad de los delitos de odio solo es posible en una sociedad en que la vida humana ha dejado de tener valor.

Clave 45: La destrucción de uno mismo por el abuso de las drogas y el alcohol solo es posible cuando se ha perdido el sentido de la valía personal.

Clave 46: Rachel Carson nos recuerda que solo destruimos lo que no valoramos y que no podemos valorar lo que no conocemos. Una solución duradera a los problemas que nos dividen y a la creciente intensidad del acoso escolar, los delitos de odio y las atrocidades de la guerra es inculcar a la generación siguiente, y aceptar nosotros mismos, la necesidad de respetar y valorar toda clase de vida.

RECURSOS

Inteligencia del corazón/Resiliencia

Instituto HeartMath, www.HeartMath.org

«El Instituto HeartMath es una organización sin ánimo de lucro y de reconocido prestigio internacional dedicada a la formación y la investigación para ayudar a las personas a aliviar el estrés, autorregular los sentimientos y acumular energía y resiliencia para tener una vida sana y feliz. Con sus recursos, su tecnología y sus sistemas de formación, HeartMath enseña a confiar en la inteligencia del corazón en consonancia con la mente, en casa, la escuela, el trabajo y los contextos de ocio».

Delitos de odio

National Organization for Victim Assistance (NOVA), www.trynova.org

Los delitos de odio dan lugar a un conjunto complejo de circunstancias y necesidades que varían de una persona a otra. En

Estados Unidos, varios estados ofrecen asistencia a las víctimas y formación a los profesionales para que sepan cómo abordar los problemas de odio. La web es un portal a muchas de estas organizaciones de todo el país.

Lecturas recomendadas

Darwin, Charles (2010). *On the Origin of Species by Means of Natural Selection*. Washington, EUA: Pacific Publishing Studio. [En español: (2010). *El origen de las especies*. Madrid, España: Edaf].

Childre, D. L, Martin, H. y Beech, D. (2000). *The HeartMath Solution: The Institute of HeartMath's Revolutionary Program for Engaging the Power of the Heart's Intelligence*. Nueva York, EUA: HarperOne.

Crick, Francis. (1981). *Life Itself: Its Origin and Nature*. Nueva York, EUA: Touchstone. [En español: (1989). *La vida misma. Su origen y naturaleza*. Buenos Aires, Argentina: Cultura Económica Ediciones - Nuevo País].

Recinos, Adrián (1950). *Popol Vuh: The Sacred Book of the Ancient Quiché Maya*, 1.ª parte, «Creation Myth», caps. 1-3. Delia Goetz y Sylvanus G. Morley, eds. Norman (Oklahoma), EUA: University of Oklahoma Press. Disponible en https://en.wikipedia.org/wiki/Popol_Vuh#Creation_myth. [En español: (2012). *Popol Vuh. Las antiguas historias del quiché*. Ciudad de México (México): Fondo de Cultura Económica].

NOTAS

Epígrafe: Sagan, Carl (1997). *Contact*. Nueva York, EUA: Simon and Schuster, p. 430.

Introducción

1. Se ha producido una eclosión de nuevos estudios sobre el poder de las creencias humanas, el efecto placebo y la fuerza de nuestras expectativas en la sanación del cuerpo. Este ejemplo en particular expone un estudio aleatorio doble ciego realizado con un grupo de personas con alzhéimer. Mercola, Joseph (5 de marzo de 2015). «How the Power of Your Mind Can Influence Your Healing and Recovery». Mercola.com. Disponible en http://articles.mercola.com/sites/articles/archive/2015/03/05/placebo-effect-healing-recovery.aspx.

2. Palermo, Elisabeth (editora adjunta) (14 de mayo de 2013). «Niels Bohr: Biography & Atomic Theory». Disponible en http://www.livescience.com/32016-niels-bohr-atomic-theory.html.

Capítulo 1: Romper el hechizo de Darwin

Epígrafe: Turow, Scott (2011). *Ordinary Heroes*. Nueva York, EUA: Grand Central Publishing, p. 66.

1. Newport, Frank (2 de junio de 2014). «In U.S., 42% Believe Creationist View of Human Origins». Gallup.com. Disponible en http://www.gallup.com /poll/170822/believe-creationist-view-human-origins.aspx.

2. Crick, Francis. (1981). *Life Itself: Its Origin and Nature*. Nueva York, EUA: Touchstone, p. 88. [En español: (1989). *La vida misma. Su origen y naturaleza*. Buenos Aires, Argentina: Cultura Económica Ediciones - Nuevo País].

3. Recinos, Adrián (1950). *Popol Vuh: The Sacred Book of the Ancient Quiché Maya*, 1.ª parte, «Creation Myth», caps. 1-3. Delia Goetz y Sylvanus G. Morley, eds. Norman (Oklahoma), EUA: University of Oklahoma Press, pp. 167-168. Disponible en https://en.wikipedia.org/wiki/Popol_Vuh#Creation_myth . [En español: (2012). *Popol Vuh. Las antiguas historias del quiché*. Ciudad de México (México): Fondo de Cultura Económica]. El Popol Vuh, tal como hoy lo conocemos, procede de las crónicas del sacerdote dominico Francisco Ximénez, escritas en los inicios del siglo XVIII. El manuscrito quedó en el olvido hasta que en 1941 lo «redescubrió» Adrián Recinos, a quien en general se reconoce su publicación en tiempos recientes. Dice Recinos: «El manuscrito original no está dividido en partes ni capítulos; el texto discurre sin interrupciones de principio a fin. En esta traducción he seguido la división en cuatro partes de Brasseur de Bourbourg y la de cada una de ellas en capítulos, porque es una disposición que parece lógica y se ajusta al sentido y la materia de la obra. La versión del abad francés es la más conocida, por lo que esta disposición les será más útil a los lectores que quieran hacer un trabajo comparativo de las diversas traducciones del Popol Vuh» (Goetz, xiv; Recinos, 11-12; Brasseur, xv).

4. *The Holy Bible, Authorized King James Version* (1961). «Genesis», cap. 1, ver. 26. Cleveland (Ohio), EUA: World Publishing Company, p. 9.

5. *The Torah: A Modern Commentary* (1981). Bereshit, cap. 1, ver. 26. W. Gunther Plaut, eds. Nueva York, EUA: Union of American Hebrew Congregations, p. 19.

6. Egyptian Myths. «Ancient Egypt: The Mythology». EgyptianMyths.net. Disponible en http://www.egyptianmyths.net/section-deities.htm.

7. Estos eslóganes (de los cigarrillos Lucky Strike con la imagen del actor Edmund Lowe y de Viceroy) aparecieron en anuncios populares desde principios hasta mediados del siglo XX. Ver Hadgirl, «10 Evil Vintage Cigarette Ads Promising Better Health», blog de Healthcare Administration Degree Programs. Disponible en http://www.healthcare-administration-degree.net/10-evil-vintage-cigarette-ads-promising-better-health.

8. Ibíd.

9. Reportaje del periodista Frank McGee emitido por la NBC el 11 de enero de 1964. Disponible en https://highered.nbclearn.com/portal/site/HigherEd/flatview?cuecard=68341.

10. Pratchett, Terry (2004). *A Hat Full of Sky*. York, EUA: H. Fragmentos del libro disponibles en https://theillustratedpage.wordpress.com/2015/07/ 16/review-of-a-hat-full-of-sky-by-terry-pratchett. [En español: (2013). *Un sombrero de cielo*. España: Debolsillo].

11. Sagan, Carl (9 de noviembre de 1980). «The Backbone of Night» (capítulo 7 de la serie televisiva *Cosmos*). Título del capítulo en español: «El espinazo de la noche».

12. Albert Einstein, citado en Pollock, S., DeWolfe, O. y Goldhaber, S. del Departamento de Física de la Universidad de Colorado en Boulder (otoño de 2008). «Physics 3220: Quantum Mechanics». Disponible en http://www.colorado.edu/physics/phys3220/phys3220_fa08/quotes.html.

13. Darwin, Charles. *On the Origin of Species by Means of Natural Selection*. Disponible en http://www.gutenberg.org/files/2009/2009-h/2009-h.htm. [En español: (2010). *El origen de las especies*. Madrid, España: Edaf].

14. Para más información sobre el viaje de Darwin a bordo del HMS *Beagle*, véase https://www.aboutdarwin.com/voyage/voyage03.html.

15. Darwin, *On the Origin of Species*, pp. 126-127.

16. Ibíd., p. 219.

17. Ibíd., p. 155.

18. «*Evolution* Series Overview» (2001). PBS.org. Disponible en http://www.pbs.org/wgbh/evolution/about/overview.html.

19. Gilder, Joshua (24 de septiembre de 2001). «PBS' "Evolution" Series Is Propaganda, Not Science». Disponible en http://www.wnd.com/2001/09/11004.

20. En http://www.oklegislature.gov/BillInfo.aspx?Bill=sb1322&Session =1600. Se puede consultar el texto de la Ley 1332 del Senado propuesta por el senador estatal Josh Brecheen en la segunda sesión de la 55.ª Legislatura del Estado de Oklahoma (2016).

21. Discovery Institute. «Definition of Intelligent Design». Web del Center for Science and Culture (consultado el 30 de enero de 2017). Disponible en http://www.intelligentdesign.org/whatisid.php.

22. Sentencia de 20 de diciembre de 2005, en el caso Dover, dictada por el Tribunal de Estados Unidos para el distrito medio de Pensilvania. «Tammy Kitzmiller, *et al.*, v. Dover Area School District, *et al.*». Web del National Center for Science Education. Disponible en https://ncse.com/files/pub/legal/kitzmiller/highlights/2005-12-20_Kitzmiller_decision.pdf.

23. Agassiz, Louis (enero de 1874). «Evolution and Permanence of Type». *Atlantic Monthly*, p. 10. Disponible en http://www.unz.org/Pub/AtlanticMonthly-1874jan-00092.

24. Ibíd., pág 12. La cursiva es mía.

25. Sedgwick, Adam (marzo de 1869). *Spectator*, citado en Hull, D. L. (1973). *Darwin and His Critics: The Reception of Darwin's Theory of Evolution by the Scientific Community*. Cambridge (Massachusetts), EUA: Harvard University Press, pp. 155-170.

26. *Louis Agassiz: His Life and Correspondence* (1893). Elizabeth C. Agassiz, ed. Boston, EUA: Houghton Mifflin, p. 647. en https://ia902606.us.archive.org/28/items/louisagassizhisl02agas/louisagassizhisl02agas.pdf.

27. Fleischmann, Albert (1933). «The Doctrine of Organic Evolution in the Light of Modern Research». *Journal of the Transactions of the Victoria Institute or Philosophical Society of Great Britain*, vol. 65. , RU, pp. 194-195, 205-206, 208-209. Disponible en https://biblicalstudies.org.uk/pdf/jtvi/1933_194.pdf.

28. Lipson, H. S. (mayo de 1980). «A Physicist Looks at Evolution». *Physics Bulletin*, vol. 31, n.º 4, p. 138.

29. Matthews, Leonard Harrison (1971). «Introduction» a *The Origin of the Species* de Charles Darwin. Londres, RU: J. M. Dent and Sons, pp. x-xi.

30. Hoyle, Fred (12 de noviembre de 1981). «Hoyle on Evolution». *Nature*, vol. 294, n.º 5837, p. 105.

31. Denton, Michael (1986). *Evolution: A Theory in Crisis*. Chevy Chase (Maryland), EUA: Adler and Adler Books, p. 358.

32. Gould, Stephen Jay (octubre de 1985). «Not Necessarily a Wing». *Natural History*, vol. 94, n.º 14, pp. 12-13.

33. Smith, Wolfgang (1988). *Teilhardism and the New Religion: A Thorough Analysis of the Teachings of Pierre Teilhard de Chardin*. Carolina del Norte, EUA: TAN Books, p. 24.

34. «A Scientific Dissent from Darwin» es una web que incluye la lista, abierta por el Discovery Institute en 2001, de científicos de todo el mundo que no aceptan como hecho innegable la teoría de la evolución de Darwin. Disponible en http://www.dissentfromdarwin.org.

35. Charles Darwin a Asa Gray, 1860. Citado en Masci, David (4 de febrero de 2009). «Darwin and His Theory of Evolution». Pew Research Center, Religion and Public Life. en http://www.pewforum.org/2009/02/04/darwin-and-his-theory-of-evolution.

36. Henry Edward Manning, citado en Masci, «Darwin and His Theory of Evolution».

37. Morgan, Thomas H. (1903). *Evolution and Adaptation*. York, EUA: Macmillan Company, p. 43.

38. Darwin (2010, Pacific Publishing Studio), p. 151.

Capítulo 2: Humanos por diseño

Epígrafe: Urey, Harold, citado» en *Christian Science Monitor* (4 de enero de 1962), p. 4.

1. «This Day in History: February 28: Lead Story: Watson and Crick Discover Chemical Structure of DNA». History.com. Consultado el 30 de enero de 2017. Disponible en http://www.history.com/this-day-in-history/watson-and-crick-discover-chemical-structure-of-dna.

2. Goodwin, William (4 de abril de 2000). «Rare Tests on Neanderthal Infant Sheds Light on Early Human Development». *Science News*. Disponible en https://www.sciencedaily.com/releases/2000/03/000331091126.htm.

3. Smithsonian Institution. «What Does It Mean to Be Human? Neanderthal Mitochondrial DNA». Web del National Museum of Natural History (consultado el 30 de enero de 2017). Disponible en http://humanorigins.si.edu/evidence/genetics/ancient-dna-and-neanderthals/neanderthal-mitochondrial-dna.

4. Ovchinnikov, I. V., Götherström, A., Romanova, G. P., Kharitonov, V. M., Lidén, K. y Goodwin, W. (2000). «Molecular Analysis of Neanderthal DNA from the Northern Caucasus». *Nature,* vol. 404, pp. 490-493. Disponible en http://cogweb.ucla.edu/Abstracts/Goodwin_00.html .

5. Smithsonian Institution. «What Does It Mean to Be Human?». *Homo sapiens*». Web del National Museum of Natural History (consultado el 30 de enero de 2017). Disponible en http://humanorigins.si.edu/evidence/human-fossils/species/homo-sapiens.

6. Wade, Lizzie (22 de octubre de 2014). «Oldest Human Genome Reveals When Our Ancestors Had Sex with Neandertals». *Science*. Disponible enhttp://www.sciencemag.org/news/2014/10/oldest-human-genome-reveals-when-our-ancestors-had-sex-neandertals.

7. Maywell, Hillary (14 de mayo de 2003). «Neandertals Not Our Ancestors, DNA Study Suggests». *National Geographic News*. Disponible en http://news.nationalgeographic.com/news/2003/05/0514_030514_neandertalDNA.html.

8. Public Library of Science (16 de julio de 2008). «Europe's Ancestors: Cro-Magnon 28,000 Years Old Had DNA Like Modern Humans». *ScienceDaily*. Disponible en www.sciencedaily.com/releases/2008/07/080715204741.htm.

9. Tripp, S. y Grueber, M. (mayo de 2011). «Economic Impact of the Human Genome Project», del Battelle Memorial Institute. Disponible en http://www.battelle.org/docs/default-document-library/economic_impact_of_the_human_genome_project.pdf.

10. Para una explicación fácil de entender de las diferencias que hay entre el ADN de los humanos y el de nuestros parientes primates más cercanos, los chimpancés, consulta «DNA: Comparing Humans and Chimps», en la web del American Museum of Natural History. Disponible en http://www.amnh.org/exhibitions/permanent-exhibitions/human-origins-and-cultural-halls/anne-and-bernard-spitzer-hall-of-human-origins/understanding-our-past/dna-comparing-humans-and-chimps (consultado el 30 de enero de 2017).

11. Los científicos emplean la notación *7q31* para describir la ubicación de un gen dentro de un cromosoma. Es un código sencillo y consta de tres partes. Parte 1: el primer número indica el cuadro general del cromosoma en cuyo interior se encuentra el gen. Parte 2: la letra indica en cuál de los dos brazos que forman el cromosoma se encuentra el gen: el corto (p) o el largo (q). Parte 3: el último número indica la posición real del gen en el cromosoma, según el número de bandas luminosas u oscuras que se pueden ver con el microscopio en muestras especialmente tintadas. En este caso está en el cromosoma 7, en el brazo largo (q) y la posición 31, contando desde el punto central (centrómero) del cromosoma.

12. Comunicado de prensa del Yerkes National Primate Research Center, de la Universidad Emory (11 de noviembre de 2009). «Study Links Evolution of Single Gene to Human Capacity for Language». Disponible en http://www.yerkes.emory.edu/about/news/neuropharmacology_neurologic_diseases/gene_language_capacity.html.

13. Ibíd.

14. Wolfgang Enard, entrevistado por Helen Briggs (14 de agosto de 2002). «First Language Gene Discovered». *BBC News World Edition*. Disponible en http://news.bbc.co.uk/2/hi/science/nature/2192969.stm.

15. Ibíd.

16. Purdy, Michael (6 de abril de 2005). «Human Chromosomes 2, 4 Include Gene Deserts, Signs of Chimp Chromosome Merger». *Washington University in St. Louis Source*. Disponible en https://source.wustl.edu/2005/04/human-chromosomes-2-4-include-gene-deserts-signs-of-chimp-chromosome-merger. Ver también Ijdo, J. W., Baldini, A., Ward, D. C., Reeders, S. T. y Wells, R. A. (15 de octubre de 1991). «Origin of Human Chromosome 2: An Ancestral Telomere-Telomere Fusion». *Proceedings of the National Academy of Sciences USA*, vol. 88, n.º 20, pp. 9051-9055. en https://www.ncbi.nlm.nih.gov/pmc/articles/PMC52649.

17. Ijdo, J. W. *et al.* La cursiva es mía. Algunos científicos siguen oponiéndose a la conclusión de que el cromosoma 2 humano es el resultado

de una antigua fusión de genes, pero las pruebas apuntan claramente en este sentido. En resumen, estas son las pruebas: en primer lugar, el hecho de que las secuencias de ADN de los genes independientes del chimpancé sean casi idénticas a las que se encuentran combinadas en el cromosoma 2 humano; en segundo lugar, la presencia de un segundo centrómero «residual» no utilizado (el punto que separa los brazos largo y corto del gen), algo que cabría esperar si los dos genes, cada uno con un centrómero, se hubieran fusionado en una sola unidad; y en tercer lugar, la presencia de telómeros residuales –la secuencia protectora de ADN que normalmente está en los extremos de los cromosomas– en medio del gen, en la banda q13, y no en el extremo del cromosoma.

18. Para una explicación detallada de las funciones asociadas al cromosoma 2 humano, consulta «Chromosome 2 (Human)», en Wikipedia (consultado el 30 de enero de 2017). Disponible en https://en.wikipedia. org/wiki/Chromosome_2_(human).

19. Ibíd.

20. Ijdo, J. W. *et al.*

21. *The Expanded Quotable Einstein* (2000). Alice Calaprice, ed. Princeton (Nueva Jersey), EUA: Princeton University Press, p. 204.

22. Wallace, Alfred Russel. (1870). *Contributions to the Theory of Natural Selection.* York, EUA: Macmillan, p. 356. Disponible en https://ia601406. us.archive.org/32/items/contributionstot00wall/contributionstot-00wall.pdf.

Capítulo 3: El cerebro del corazón

Epígrafe: Gary E. R. Schwartz y Linda G. S. Russek, prefacio a Pearsall, P. P. (1998). *The Heart's Code: Tapping the Wisdom and Power of Our Heart Energy.* Nueva York, EUA: Broadway Books, p. xiii.

1. «Cro-Magnon», en Wikipedia (consultado el 30 de enero de 2017). Disponible en https://en.wikipedia.org/wiki/Cro-Magnon.

2. Ibíd.

3. «Neanderthal Anatomy», en Wikipedia (consultado el 30 de enero de 2017). Disponible en https://en.wikipedia.org/wiki/Neanderthal_ anatomy.

4. Batson, Joshua (28 de julio de 2014). «Watch 80,000 Neurons Fire in the Brain of a Fish». *Wired.* Disponible en https://www.wired. com/2014/07/neuron-zebrafish-movie.

5. Mayfield Clinic, Brain and Spine Institute. «Anatomy of the Brain» (consultado el 30 de enero de 2017). Disponible en http://www.mayfieldclinic.com/PE-AnatBrain.htm#.VYTaBFVViko.

6. «Amazing Heart Facts». Arkansas Heart Hospital (consultado el 30 de enero de 2017). Disponible en http://www.arheart.com/cardiovascular-health/amazing-heart-facts.

7. El hebreo, el arameo y el griego antiguo han contribuido a la Biblia que hoy conocemos. Al traducir sus pasajes a otra lengua, el número exacto de veces que una determinada palabra aparece en la Biblia varía dependiendo de la traducción (por ejemplo, en el caso del inglés, la Versión Autorizada del Rey Jacobo, o la Nueva Versión Estándar Americana). Para averiguar cuántas veces aparece la palabra *heart,* 'corazón', en las distintas versiones inglesas, consulta «Word Counts: How Many Times Does a Word Appear in the Bible?». *Christian Bible Reference*. Disponible en http://www.christianbiblereference.org/faq_WordCount.htm.

8. *The Holy Bible, Authorized King James Version* (1961). «Proverbs», cap. 20, ver. 5. Cleveland (Ohio), EUA: World Publishing Company, p. 534.

9. Ohebsion, Rodney. «Native American Proverbs, Quotes and Chants». RodneyOhebsion.com (consultado el 30 de enero de 2017). Disponible en http://www.rodneyohebsion.com/native-american-proverbs-quotes.htm.

10. Ikeda, Daisaku. «The Wisdom of the Lotus Sutra». *Soka Gakki International* (consultado el 30 de enero de 2017). Disponible en http://www.sgi.org/about-us/president-ikedas-writings/the-wisdom-of-the-lotus-sutra.html.

11. Ibíd.

12. Consulta Marinelli, R., Fuerst, B., van der Zee, H., McGinn, A. y Marinelli, W. (otoño-invierno de 1995). «The Heart Is Not a Pump». *Frontier Perspectives*. Disponible en http://www.rsarchive.org/RelArtic/Marinelli.

13. Armour, J. Andrew (2003). *Neurocardiology: Anatomical and Functional Principles*. HeartMath Research Center del Institute of HeartMath, *eBook*.

14. Ibíd.

15. Ibíd.

16. Ibíd.

17. The Quick Coherence® Technique for Adults. Disponible en https://www.heartmath.org/resources/heartmath-tools/quick-coherence-technique-for-adults.

18. «Armour». *Neurocardiology*.

19. «Fifty Spiritual Homilies of Saint Macarius the Egyptian: Homily 43:7», e-Catholic 2000 (consultado el 22 de marzo de 2017). Dis-

ponible en http://www.ecatholic2000.com/macarius/untitled-46.shtml#_Toc385610658.

20. Long, Tony (3 de diciembre de 2007). «Dec. 3, 1967: Patient Dies, but First Heart Transplant a Success». *Wired*. Disponible en https://www.wired.com/2007/12/dayintech-1203.

21. Nota de prensa del American College of Cardiology (27 de marzo de 2014). «Artificial Hearts May Help Patients Survive until Transplant». Disponible en http://www.acc.org/about-acc/press-releases/2014/03/27/12/53/gurudevan-artificial-heart-pr.

22. Ibíd.

23. Sylvia, Claire (1997). *A Change of Heart: A Memoir*. Nueva York, EUA: Warner Books. [En español: (1999). *Baile de corazones*. España: Ediciones B].

24. Ibíd., p. 226.

25. Pearsall, Paul (1999). *The Heart's Code*. Nueva York, EUA: Broadway Books. «Introduction». [En español: (1998). *El código del corazón*. Madrid, España: Edaf).

26. Gross, Charles E. (1 de septiembre de 1997). «Leonardo da Vinci on the Brain and the Eye». *Neuroscientist*, vol. 3, n.º 5, pp. 347-354. Disponible en http://journals.sagepub.com/doi/pdf/10.1177/107385849700300516.

27. Brokaw, Clare Boothe (Luce, Clare Boothe) (1931). *Stuffed Shirts*. Nueva York, EUA: Horace Liveright, p. 239.

28. Boutin, Chad (22 de agosto de 2006). «Snap judgments decide a face's character, psychologist finds». *University*. Disponible en https://www.princeton.edu/main/news/archive/S15/62/69K40/index.xml?section=topstories.

29. Mi relación con el Instituto HeartMath empezó en 1995. Desde entonces he colaborado con presentaciones básicas y seminarios de fin de semana junto con Howard Martin, vicepresidente ejecutivo, y la doctora Debbie Rozman, presidenta y consejera delegada adjunta; y he participado en el comité directivo del Global Coherence Initiative Project desde su inicio en 2008. Para una relación del personal y los asesores del instituto, consulta https://www.heartmath.com/heartmath-team.

30. McCraty, R., Atkinson, M. y Bradley, R. T. (junio de 2004). «Electrophysiological Evidence of Intuition: Part 1. The Surprising Role of the Heart». *Journal of Alternative and Complementary Medicine*, vol. 10, n.º 1, pp. 133-143.

Capítulo 4: La nueva historia del ser humano
Epígrafe: Brown, Brené. (18 de junio de 2015). *Own Our History. Change the Story*. Disponible en: www.brenebrown.com/2015/06/18/own-our-history-change-the-story.

1. Philipkoski, Kristen (12 de febrero de 2001). «Researchers Cut Gene Estimate». *Wired*. Disponible en http://archive.wired.com/science/discoveries/news/2001/02/41749.
2. The Tech Museum of Innovation (2013). «The Human Genome Is More and Less Than We Expected to Find». Disponible en http://genetics.thetech.org/original_news/news14.
3. Neves, G., Zucker, J., Daly, M. y Chess, A. (1 de febrero de 2004). «Stochastic Yet Biased Expression of Multiple *Dscam* Splice Variants by Individual Cells». *Nature Genetics*, vol. 36, n.º 3, pp. 240-246.
4. Victor A. McKusick, citado en «2001: Publication of the Human Genome Sequence». *Genome News Network*. Disponible en http://www.genomenewsnetwork.org/resources/timeline/2001_human_pub.php.
5. Craig Venter, citado en Abate, Tom (11 de febrero de 2001). «Genome Discovery Shocks Scientists». *San Francisco Chronicle*. Disponible en http://www.sfgate.com/news/article/Genome-Discovery-Shocks-Scientists-Genetic-2953173.php.
6. Michelson, A. A. y Morley, E. W. (noviembre de 1887). «On the Relative Motion of the Earth and the Luminiferous Ether». *American Journal of Science*, vol. 34, n.º 203, pp. 333-345.
7. Silvertooth, E. W. (agosto de 1986). «Special Relativity». *Nature*, vol. 322, n.º 6080, p. 590.
8. Prigogine, I., Nicolis, G. y Babloyantz, A. (noviembre de 1972). «Thermodynamics of Evolution». *Physics Today*, vol. 25, n.º 11, pp. 23-28.
9. Marcel Golay y Frank Salisbury, citados en Morris, Henry M. (1979). «Probability and Order versus Evolution». *Acts and Facts*, vol. 8, n.º 7, en http://www.icr.org/article/probability-order-versus-evolution.
10. Hoyle, F. y Wickramasinghe, N. C. (1981). *Evolution from Space*. Londres: J. M. Dent & Sons.
11. Hoyle, Fred (12 de noviembre de 1981). «Hoyle on Evolution». *Nature*, vol. 294, n.º 5837, p. 105.
12. Black, John (30 de enero de 2013). «The Origins of Human Beings according to Ancient Sumerian Texts». *Ancient Origins*. Disponible en http://www.ancient-origins.net/human-origins-folklore/origins-human-beings-according-ancient-sumerian-texts-0065.
13. Ginzberg, Louis (1938). *The Legends of the Jews*, vol. 1, *From Creation to Jaco*, p. 54. Disponible en http://www.gutenberg.org/ebooks/1493.

14. *The Holy Qur'an, with English Translation and Commentary* (1917). «Pilgrimage», cap. 22, ver. 5. Maulana Muhammad Ali, ed. Columbus (Ohio), EUA: Ahmadiyah Anjuman Isha'at Islam, p. 648.

15. Ibíd., cap. 25, ver. 54, p. 705.

16. Ibíd., p. 648.

17. *The Holy Bible, Authorized King James Version*. (1961). «Genesis», cap. 2, ver. 7. Cleveland (Ohio), EUA: World Publishing Company, p. 10.

18. Mann, Charles C. (2005). *1491: New Revelations of the Americas before Columbus*. York, EUA: Alfred A. Knopf, pp. 199-212. [En español: (2006). *1491: Una nueva historia de las Américas antes de Colón*. Madrid, España: Taurus].

19. *Popol Vuh*. Norine Polio, ed. Yale-New Haven Teachers Institute. Disponible en http://teachersinstitute.yale.edu/curriculum/units/1999/2/99.02.09.x.html.

20. Elgin, Duane (15 de mayo de 2011). «Why We Need to Believe in a Living Universe», blog de *Huffington Post*. en http://www.huffingtonpost.com/duaneelgin/living-universe_b_862220.html.

21. Ibíd.

22. Ibíd.

23. Ibíd.

24. Bradbury, Ray (2001). «G. B. S. Mark V», en *I Sing the Body Electric! And Other Stories*. Nueva York, EUA: p. 275.

25. Albert Einstein (12 de febrero de 1950). Carta dirigida a Robert S. Marcus, director político del Congreso Mundial Judío, remitida al fallecer el hijo de este a causa de la poliomielitis. La cursiva es mía.

26. Jaspers, Karl (1965). *The Idea of the University*. Londres, RU: Peter Owen, p. 30, citado en Cowan, James (junio de 2015). «Climate Change: A Humanist Response», epígrafe. Disponible en http://www.academia.edu/12372530/Climate_Change_a_humanist_response.

Capítulo 5: Estamos «cableados» para la conexión

Epígrafe: Albom, Mitch. (2003). *The Five People You Meet in Heaven*. York, EUA: Hachette, p. 50. [En español: (2006). *Las cinco personas que encontrarás en el cielo*. Madrid, España: Embolsillo].

1. Dean Koontz, citado en Goodreads. Disponible en http://www.goodreads.com/quotes/95562-intuition-is-seeing-with-the-soul.

2. HeartMath Institute (20 de abril de 2008). «Mother-Baby Study Supports Heart-Brain Interactions». Disponible en https://www.heartmath.org/articles-of-the-heart/science-of-the-heart/mother-baby-study-supports-heart-brain-interactions.

3. Ibíd.

4. Ibíd.

5. Ibíd.

6. CNN (24 de marzo de 2003). «Captured Pilot's Mother Felt Something Was Wrong». Disponible en http://www.cnn.com/2003/US/South/03/24/sprj.irq.pilot.family.

7. Ibíd.

8. Ibíd.

9. Cowell, A. y Jehl, D. (24 de noviembre de 1997). «Luxor Survivors Say Killers Fired Methodically». *The New York Times*. Disponible en http://www.nytimes.com/1997/11/24/world/luxor-survivors-say-killers-fired-methodically.html.

10. Albert Einstein (12 de febrero de 1950). Carta a Robert S. Marcus.

11. Dallai Lama (2009). *The Art of Happiness: A Handbook for Living*, edición del 10.º aniversario. York, EUA: Riverhead Books, p. 119. [En español: (2010). *El arte de la felicidad*. España: Debolsillo].

12. Macy, Joanna (primavera-verano de 2001). «The Bodhisattva», fragmento de una conferencia pronunciada en el Barre Center for Buddhist Studies, «The Wings of the Bodhisattva». *Insight Magazine*. Disponible en http://www.joannamacy.net/the-bodhisattva.html.

Capítulo 6: Estamos «cableados» para una larga vida

Epígrafe: Burton, Neel. Disponible en http://www.goodreads.com/quotes/7280473-many-things-can-prolong-your-life-but-only-wisdom-can.

1. *The Holy Bible, Authorized King James Version* (1961). «Genesis», cap. 6, ver. 10. Cleveland (Ohio), EUA: World Publishing Company, p. 13.

2. Ibíd. cap. 5, ver. 24, p. 12.

3. Ibíd. cap. 6, ver. 3, p. 13.

4. Comunicado de prensa de Nobelprize.org (5 de octubre de 2009). «The Nobel Prize in Physiology or Medicine 2009». Disponible en https://www.nobelprize.org/nobel_prizes/medicine/laureates/2009/press.html.

5. Callaway, Ewen (28 de noviembre de 2010). «Telomerase Reverses Aging Process». *Nature News*. Disponible en http://www.nature.com/news/2010/101128/full/news.2010.635.html.

6. Ibíd.

7. Kirkpatrick, Kristin (16 de agosto de 2012). «Should I Stop Eating Eggs to Control Cholesterol? (Diet Myth 4)». *ClevelandClinic.org*. Disponible en https://health.clevelandclinic.org/2012/08/should-i-stop-eating-eggs-to-control-cholesterol-diet-myth-4.

8. Phillip, John (29 de diciembre de 2011). «Targeted Nutrients Naturally Extend Telomere Length and Provide Anti-aging Effect». *Natural News*. Disponible en http://www.naturalnews.com/034513_telomeres_longevity_nutrition.html. Estudio original disponible en http://jn.nutrition.org/content/139/7/1273.full.pdf.

9. Epel, E. S., Blackburn, E. H., Lin, J., Dhabhar, F. S., Adler, N. E., Morrow, J. D. y Cawthon, R. M. (28 de septiembre de 2004). «Accelerated Telomere Shortening in Response to Life Stress». *Proceedings of the National Academy of Sciences of the United States of America*, vol. 101, n.º 49, pp. 17312-17315. en http://www.pnas.org/content/101/49/17312.long.

10. «Essenes», en Wikipedia (consultado el 30 de enero de 2017). Disponible en https://en.wikipedia.org/wiki/Essenes.

11. International Biogenic Society (1937). *The Essene Gospel of Peace*. Bordeaux Szekely, ed. y trad. Matsqui (Columbia Británica), Canadá, p. 39.

12. Hay definiciones legales y culturales de *alimento*. Utilizo una de Google porque contempla los aspectos comunes y prácticos de la alimentación tal como hoy se entiende en nuestra sociedad. Consulta https://www.google.com/webhp?sourceid=chrome-instant&ion=1&espv=2&ie=UTF-8#q=definition+of+food.

13. «Li Ching-Yuen», en Wikipedia (consultado el 30 de enero de 2017). Disponible en https://en.wikipedia.org/wiki/Li_Ching-Yuen.

14. «Li Ching-Yun Dead; Gave His Age as 197» (6 de mayo de 1933). *The New York Times*. Disponible en http://query.nytimes.com/gst/abstract.html?res=9503E4DF1538E333A25755C0A9639C946294D6CF; y «China: Tortoise-Pigeon-Dog» (15 de mayo de 1933). *Time*. Disponible en http://content.time.com/time/magazine/article/0,9171,745510,00.html.

15. «Tortoise-Pigeon-Dog», *Time*.

16. Patience, Martin (15 de febrero de 2008). «World's "Oldest" Person in Israel». *News. Den.* Disponible en http://news.bbc.co.uk/2/hi/middle_east/7247679.stm.

17. Social Security Administration. «Life Expectancy for Social Security» (consultado el 30 de enero de 2017). Disponible en https://www.ssa.gov/history/lifeexpect.html.

18. Vitelli, Romeo (4 de febrero de 2013). «When a Parent Loses a Child». *Psychology Today*. Disponible en https://www.psychologytoday.com/blog/media-spotlight/201302/when-parent-loses-child.

19. American Psychological Association. «What Is Resilience?». *Psych Central* (consultado el 20 de marzo de 2017). Disponible en http://psychcentral.com/lib/2007/what-is-resilience.

20. Stockholm Resilience Centre (4 de julio de 2008). «What Is Resilience?». Disponible en http://www.stockholmresilience.org/research/research-videos/2011-12-01-what-is-resilience.html.

21. HeartMath Institute (27 de octubre de 2014). «Heart Rate Variability». Disponible en https://www.heartmath.org/articles-of-the-heart/the-math-of-heartmath/heart-rate-variability.

22. McCraty, R., Bradley, R. T. y Tomasino, D. (diciembre 2004-febrero 2005). «The Resonant Heart». *Shift*, pp. 15-19. Disponible en https://www.heartmath.org/research/research-library/relevant-publications/the-resonant-heart.

23. Childre, D. y Rozman, D. (2005). *Transforming Stress: The HeartMath Solution for Transforming Worry, Fatigue, and Tension*. (California), EUA: New Harbinger Publications, p. 99.

Capítulo 7: Estamos «cableados» para el destino

Epígrafe: Bryan, William Jennings, de «America's Mission», discurso pronunciado en un banquete celebrado por la Virginia Democratic Association en Washington, DC el 22 de febrero de 1899. Disponible en https://archive.org/stream/speechesofwillia02bryauoft/speechesofwillia02bryauoft_djvu.txt.

1. *Forrest Gump* (1994), por Robert Zemeckis, con guion de Eric Roth, basada en la novela *Forrest Gump*. Winston Groom (1986. Nueva York, EUA: Vintage Books).

2. Huxley, Aldous (1931). *Brave New World*. Londres, RU: Chatto and Windus. [En español: (2014). *Un mundo feliz*. España: Debolsillo].

3. Wells, H. G. (1921). *Men Like Gods*. RU: Cassell & Company. [En español: (1955). *Hombres como dioses*. Buenos Aires, Argentina: Guillermo Kraft].

4. «Carnegie Endowment for International Peace Records, 1910-1954». Carnegie Collections Rare Book and Manuscript Library. Columbia University. Disponible en http://www.columbia.edu/cu/lweb/eresources/archives/rbml/CEIP/index.html?ceipFBio.html&1.

5. World Food Programme (21 de octubre de 2011). «11 Myths about Global Hunger». Disponible en https://www.wfp.org/stories/11-myths-about-global-hunger.

6. UFCW Canada (United Food and Commercial Workers Union 2017). «By the Numbers: Hunger in the World». Disponible en http://www.ufcw.ca/index.php?option=com_content&view=article&id=3061:by-the-numbers-hunger-in-the-world&catid=271&Itemid=6&lang=en.

7. Martin, Richard (4 de septiembre de 2015). «Meltdown-Proof Reactors Get a Safety Check in Europe». *MIT Technology Review*. Disponible

en https://www.technologyreview.com/s/540991/meltdown-proof-nu clear-reactors-get-a-safety-check-in-europe.

8. Ibíd.

9. «Indian Point Energy Center», en Wikipedia (consultado el 30 de enero de 2017). Disponible en https://en.wikipedia.org/wiki/Indian_ Point_Energy_Center.

10. Stephens, D. (26 de noviembre de 2013). «Shared Interests: The Rise of Collaborative Consumption». *Prophet*. Disponible en http://www. retailprophet.com/blog/shared-interests-the-rise-of-collaborative-consumption.

11. Stephen Hawking, en una entrevista publicada en una revista alemana: Franke, K. y Glass, H. (17 de octubre de 1988). «Wir alle wollen wissen, woher wir kommen». *Der Spiegel,* vol. 42. Disponible en http://www.spiegel.de/spiegel/print/d-13542088.html.

12. Dawkins, Richard (9 de abril de 1989). «Review of Blueprints: Solving the Mystery of Evolution». *The New York Times*, p. 34.

13. Munro, Neil (25 de julio de 2013). «Poll: Race Relations Have Plummeted Since Obama Took Office». *Daily Caller*. Disponible en http://dailycaller.com/2013/07/25/race-relations-have-plummeted-since-obama-took-office-according-to-poll.

14. Hobsbawm, Eric (21 de febrero de 2002). «War and Peace in the 20th Century». *London Review of Books,* 24, n.º 4. Las cifras de Hobsbawm documentan que al término del siglo xx más de ciento ochenta y siete millones de personas habían perdido la vida a causa de la guerra. Disponible en https://www.lrb.co.uk/v24/n04/eric-hobsbawm/war-and-peace-in-the-20th-century.

15. White, Matthew. «Worldwide Statistics of Casualties, Massacres, Disasters and Atrocities». *The Historical Atlas of the Twentieth Century*. Disponible en http://necrometrics.com/index.htm.

16. Steele, Jonathan (11 de diciembre de 1999). «The Century That Murdered Peace». *The Guardian*. Disponible en https://www.theguardian.com/world/1999/dec/12/theobserver4.

17. «Convention on the Prevention and Punishment of the Crime of Genocide» (9 de diciembre de 1948). Resolución de la Asamblea General de Naciones Unidas. Disponible en http://www.ohchr.org/EN/ProfessionalInterest/Pages/CrimeOfGenocide.aspx.

18. Weikart, Richard (2006). *From Darwin to Hitler: Evolutionary Ethics, Eugenics and Racism in Germany*. Nueva York, EUA: Macmillan.

19. Véase Courtois, S., Werth, N., Panné, J. L., Paczkowski, A., Bartošek, K. y Margolin, J. L. (1999). *The Black Book of Communism*. Jonathan

Murphy y Mark Kramer, trad. Cambridge (Massachusetts), EUA: Harvard University Press, p. 491.

20. Ver Hitler, Adolf (1925). «Nation and Race», *Mein Kampf,* vol. 1: *A Reckoning*. Disponible en http://www.hitler.org/writings/Mein_Kampf/mkv1ch11.html.

21. United to End Genocide. «Past Genocides and Mass Atrocities». Disponible en http://endgenocide.org/learn/past-genocides.

22. Darwin, Charles (2010). *On the Origin of Species by Means of Natural Selection*. EUA: Pacific Publishing Studio, p. 133. [En español: (2010). *El origen de las especies*. Madrid, España: Edaf].

23. Adolf Hitler. *Mein Kampf.*

24. Darwin, Charles (1998). *The Descent of Man*. Amherst (Nueva York), EUA: Prometheus Books, p. 110. [En español: (2012). *El origen del hombre*. Barcelona, España: Planeta].

25. Kropotkin, Peter (1976). *Mutual Aid: A Factor of Evolution* (1902). EUA: Porter Sargent, p. 14. [En español: (2015). *El apoyo mutuo*. Samos (Lugo), España: Dharana].

26. Swomley, John M. (febrero de 2000). «Violence: Competition or Cooperation». *Christian Ethics Today*, vol. 26, p. 20. Disponible en http://pastarticles.christianethicstoday.com/cetart/index.cfm?fuseaction=Articles.main&ArtID=300.

27. Ibíd.

28. Ibíd. Citado en Logan, Ronald (septiembre de 1993). «Opening Address of the Symposium on the Humanistic Aspects of Regional Development». *Prout Journal*, vol. 6, n.° 3.

29. Alfie Kohn, citado en Ronald Logan, «Opening Address».

30. Sandburg, Carl (1990). *The People, Yes* (1936). Nueva York, EUA: Mariner Books, p. 43.

31. Robers, S., Zhang, A., Morgan, R. E. y Musu-Gillette, L. (julio de 2015). *Indicators of School Crime and Safety: 2014*. Informe del National Center for Education Statistics del Institute of Education Sciences. Disponible en https://nces.ed.gov/pubs2015/2015072.pdf.

32. «Suicide of Jadin Bell», en Wikipedia (consultado el 30 de enero de 2017). Disponible en https://en.wikipedia.org/wiki/Suicide_of_Jadin_Bell.

33. Ibíd.

34. Megan Meier Foundation. «Cyberbullying and Social Media» (consultado el 21 de marzo de 2017). Disponible en http://www.meganmeierfoundation.org/cyberbullying-social-media.html; Joe Vallese (23 de septiembre de 2016). «"Audry and Daisy" Exposes the Trauma

of Teenage Sexual Assault and Slut Shaming». Disponible en https://www.vice.com/en_us/article/audrie-and-daisy-netflix-documentary-social-media-sexual-assault.

35. Park, H. y Mykhyalyshyn, I. (16 de junio de 2016). «L.G.B.T. People Are More Likely to Be Targets of Hate Crimes Than Any Other Minority Group». *The New York Times*. Disponible en https://www.nytimes.com/interactive/2016/06/16/us/hate-crimes-against-lgbt.html.

36. «Matthew Shepard», en Wikipedia (consultado el 30 de enero de 2017). Disponible en https://en.wikipedia.org/wiki/Matthew_Shepard.

37. Además de una exposición de los hechos sobre el asesinato de James Byrd júnior, la entrada homónima de Wikipedia (consultado el 30 de enero de 2017) habla de la ley federal aprobada a raíz de su muerte y de la de Matthew Shepard, la Ley de Prevención de Delitos de Odio. Disponible en https://en.wikipedia.org/wiki/Murder_of_James_Byrd_Jr.

38. Transcripción del testimonio presentado ante la Cámara de los Comunes por la diputada Natascha Engel, el 20 de abril de 2016: «DAESH: Genocide of Minorities». *House of Commons Hansard*, vol. 608. Disponible en https://hansard.parliament.uk/commons/2016-04-20/debates/16042036000001/DaeshGenocideOfMinorities.

39. Ibíd.

40. FBI National Press Office de Washington DC (16 de noviembre de 2015). «FBI Releases 2014 Hate Crime Statistics». Disponible en https://www.fbi.gov/news/pressrel/press-releases/fbi-releases-2014-hate-crime-statistics.

41. Ibíd.

42. Lawley-Bergey, Tara (8 de febrero de 2016). «"My Heart Died": A Sister Writes about Losing Her Brother to a Drug Overdose». Disponible en http://www.nbcphiladelphia.com/news/local/My-Heart-Died-A-Sister-Writes-About-Losing-Her-Brother-to-a-Drug-Overdose-367969281.html.

43. Ibíd.

44. Ibíd.

45. Rachel Carson fue bióloga marina y conservacionista, autora de *Silent Spring* [Primavera silenciosa], un libro publicado en 1962 que recogía una serie de artículos aparecidos en *The New Yorker* y que instaló el movimiento ecologista en la conciencia del público en general y llevó a la prohibición de pesticidas como el DDT.

46. «Rose Schneiderman», en Wikipedia (consultado el 30 de enero de 2017). Disponible en https://en.wikipedia.org/wiki/Rose_Schneiderman.

47. Hope Rising. «Domestic Violence Statistics» (consultado el 20 de enero de 2017). Disponible en http://hoperisingtx.org/about/domestic-violence-statistics.

48. Yardley, Jim (22 de mayo de 2013). «Report on Deadly Factory Collapse in Bangladesh Finds Widespread Blame». *The New York Times*. Disponible en http://www.nytimes.com/2013/05/23/world/asia/report-on-bangladesh-building-collapse-finds-widespread-blame.html.

49. Schweitzer, Albert (1969). *Reverence for Life* (Reginald H. Fuller, trad.). Nueva York, EUA: Harper and Row.

50. Ibíd.

51. Tutu, Desmond (13 de marzo de 2012). «Made for Goodness». *Huffington Post*. Disponible en http://www.huffingtonpost.com/desmond-tutu/made-for-goodness_b_1199864.html.

Capítulo 8: ¿Y de aquí, adónde?

Epígrafe: Miller, Henry (1957). *Big Sur and the Oranges of Hieronymus Bosch*. York, EUA: Directions, p. 25.

1. Recientemente se han cuestionado los términos exactos de estas frases, atribuidas comúnmente al jefe Seattle. Es posible que las palabras varíen, pero la esencia de lo que se le atribuye es coherente con su pensamiento, como lo demuestra su discurso de 1854 por el que es más conocido. El discurso, comentado por Walt Crowley, se puede encontrar en http://www.historylink.org/File/1427.

2. Gibran, Kahlil (1963). *The Prophet*. Nueva York, EUA: Alfred A. Knopf, p. 28. [En español: (2015). *El profeta*. Madrid, España: Tikal].

ÍNDICE TEMÁTICO

W

Wallace, Alfred Russel 87, 331
Wall Street Journal 282
Wangmo, Kelsang 211
Washkansky, Louis 108, 109
Watson, James 67, 329
Weikart, Richard 283, 339
Wells, H. G. 52, 265, 266, 303, 307, 330, 338, 351
Wickramasinghe, Chandra 130, 334
Williams, David S. 173, 291

Y

Young, Kaye 171
Young, Ronald 172

AGRADECIMIENTOS

Recuerdo el momento en que decidí escribir *Humanos por diseño*. Regresaba a casa después de tres días de intervenciones en un congreso de Londres. Al pasar por delante de las pantallas de televisión del aeropuerto observé en todas ellas un tema común, en todas las distintas emisiones.

Desde las tragedias de la violencia doméstica en Estados Unidos y el aumento del ciberacoso entre los jóvenes hasta el consumo epidémico de drogas ilegales en todo Estados Unidos y las innombrables atrocidades cometidas en Siria e Irak, devastadas por la guerra, el tema común de todos los informativos era el mismo: una historia del ser humano basada en la ausencia de valoración de la vida. Yo tenía muy claro que cualquier solución conducente a aliviar tanta tragedia y sufrimiento tenía que centrarse en este aspecto básico: *lo que pensamos de nosotros mismos, y unos de otros*. En ese momento concebí este libro. Quería ofrecer una fuente concisa y accesible de nuevos descubrimientos que nos dan razones para cambiar la idea que tenemos de nosotros mismos. Pero un libro solo es una idea mientras no se le da forma.

Si para educar a un hijo hace falta un pueblo, para dar a luz un libro se requiere una comunidad de personas de ideas afines, habilidades diversas y repartidas por varias zonas horarias. Este apartado me da la oportunidad de expresar mi agradecimiento y aprecio a la familia que me ha apoyado en mi compromiso de compartir la nueva historia del ser humano: correctores, editores de pruebas, maquetadores, diseñadores gráficos, representantes comerciales, publicistas y productores de eventos que han trabajado entre bambalinas para hacer posible este libro. Quiero dar las gracias a todos y cada uno de los miembros de la solícita familia Hay House con los que nunca imaginé que podría trabajar, y en especial a:

Louise Hay, Reid Tracy y Margarete Nielsen: gracias por confiar en mí, por vuestra visión de lo que los escritores podemos aportar a la comunidad, y por vuestra entrega a la extraordinaria forma de hacer negocios que se ha convertido en sello distintivo del éxito de Hay House.

Patty Gift: muchísimas gracias por creer en mí desde el principio, por tu ayuda siempre presente, tu confianza y, en especial, tu amistad. *Humanos por diseño* es mi noveno libro con Hay House y marca mi decimotercer aniversario como autor de esta casa. Me ilusiona pensar adónde nos van a llevar los próximos trece años.

Anne Barthel: no tengo palabras para agradecerte tu orientación, tu apoyo y tu amistad. Los consejos que siempre me diste trascendían lo que se espera del editor ejecutivo, tu cargo oficial, y los aprecié mucho más de lo que podría decir con palabras.

Richelle Fredson: es una dicha trabajar contigo, y tu instinto publicitario siempre acierta. Gracias por ayudarme a llegar al mayor número de personas posible con nuestro mensaje de empoderamiento y por hacer de ello una empresa tan placentera.

Christy Salinas y Tricia Breidenthal: vosotras y todo vuestro personal de tan extraordinario talento habéis sido tan pacientes conmigo, tan abiertos a mis ideas y tan acertados en el diseño de las más hermosas portadas que jamás pude imaginar para este libro que «gracias» parece insuficiente para expresar la profunda gratitud que siento por todos vosotros.

Kathryn Wells, nuestra extraordinaria directora de la web del proyecto: me siento muy afortunado de contar contigo y con tu equipo de apoyo. Mi más profundo agradecimiento por la bellísima web y por los *newsletters* más inspiradores que jamás haya enviado.

Mollie Langer, la mejor productora de eventos que podía pedir: gracias por tu entrega y profesionalidad, por ofrecer al público los más hermosos eventos en directo del planeta, por el cuidado que pones en todo lo que haces y, en especial, por tu amistad.

Rocky George: eres el ingeniero de sonido perfecto; tu oído da siempre con el sonido más adecuado. Ojalá pudiera contar contigo en las grabaciones que hago por todo el mundo.

Diane Ray y todo el equipo de Hay House Radio: gracias por hacer la radio tan fácil y divertida. Os agradezco de corazón vuestra entrega a la excelencia y el hecho de que mi voz se oiga tan bien en todas las retransmisiones por Internet, en todas las entrevistas y en todos los programas de radio.

Melissa Brinkerhoff y todas las personas siempre sonrientes y entregadas al trabajo que montáis los mejores expositores de libros en nuestros eventos de «I Can Do It!» y «Celebrate Your Life»: sois absolutamente los mejores. No podía pedir en apoyo a mi trabajo un equipo más entregado ni un grupo de personas más amables. Vuestra ilusión y profesionalidad son insuperables, y me siento orgulloso de formar parte de todo lo bueno que la familia Hay House aporta al mundo.

Ned Leavitt: gracias una vez más por tu sabiduría y el toque humano que das a todos los proyectos que compartimos. Te estoy profundamente agradecido por tu orientación como agente en muchas y variadas formas, y en especial por tu confianza en mí y por nuestra amistad.

Stephanie Gunning: mi gurú editorial de primera línea, consejera y amiga desde hace más de diecisiete años. Te agradezco profundamente tu sabiduría, tu objetividad y tu entrega a la hora de ayudarme a compartir las complejidades y las verdades de la vida de forma alegre y significativa.

Me siento orgulloso de formar parte del equipo virtual, y la familia, que con los años ha ido creciendo en torno a mis obras, incluida mi queridísima Lauri Willmot, mi directora ejecutiva preferida (y única) y portavoz de Gregg Braden y Wisdom Traditions desde 1996. Siento por ti una extraordinaria admiración y un profundo respeto, y aprecio las incontables veces que has estado ahí para ayudarme, siempre, todos los días y a todas horas, tu cariño y apoyo constantes y en especial tu amistad.

Rita Curtis: aprecio profundamente tu visión, tu claridad como directora de negocios y tu capacidad para llevarnos de un sitio a otro todos los meses. Y aprecio tu confianza, tu receptividad a nuevas ideas y de forma especial tu amistad.

A mi madre, la hermosa Sylvia Lee Braden: luchaste por mi vida cuando me llevabas en el útero, y ahora tengo el honor de luchar por tu salud y tu dignidad mientras tu vida va cambiando más deprisa de lo que ni tú ni yo pudimos imaginar jamás. A mi hermano, Eric: mi más profunda gratitud por tu amor inquebrantable y por creer en mí incluso cuando no me entiendes.

Nuestra familia es pequeña, pero juntos hemos descubierto que la familia mayor de la que formamos parte y a la que nos une el amor es más grande de lo que nunca pudimos pensar.

Martha, mi bella esposa y mi mejor amiga: gracias infinitas por tu aceptación y tu apoyo, tu firme amistad, tu exquisita y delicada sabiduría y tu gran amor que llevo conmigo todos los días de mi vida. Junto con *Woody*, *Nemo* y *Mr. Merlin*, las criaturas con las que compartimos la vida, sois la familia que hace que valga la pena regresar a casa después de cada viaje. Gracias por todo lo que me dais y por toda la alegría con que llenáis mi vida.

Un «gracias» muy especial a todos los que me habéis ayudado en mi trabajo, mis libros, grabaciones y presentaciones en directo a lo largo de los años. Me honra vuestra confianza, vuestra visión de un mundo mejor, y aprecio profundamente vuestra pasión por hacer de dicho mundo una realidad. Con vosotros he aprendido a escuchar mejor, y en vosotros he oído las palabras que me permiten compartir nuestro empoderador mensaje de esperanza y posibilidad. A todos, mi más sincero agradecimiento, por todo y para siempre.

SOBRE EL AUTOR

Gregg Braden es autor de varios éxitos de ventas incluidos en la lista de *The New York Times* y pionero de prestigio internacional de la unión de la ciencia, la sabiduría tradicional y el mundo real. Entre 1979 y 1990, Gregg trabajó para varias empresas de Fortune 500, como Cisco Systems, Philips Petroleum y Martin Marietta Defense Systems, como solucionador de problemas en tiempos de crisis. En la actualidad sigue en este cometido con su trabajo de hilvanar la ciencia moderna con la sabiduría preservada en remotos monasterios y textos olvidados, para con ello dar solución a problemas reales del mundo. Fruto de sus descubrimientos son once libros que han recibido diversos premios y han sido traducidos a cuarenta idiomas. En la lista de *Watkins Journal* del Reino Unido, Gregg está entre las «cien personas de mayor influencia espiritual del mundo» por quinto año consecutivo, y en 2017 fue propuesto para el prestigioso Premio Templeton. Ha ofrecido ponencias y formación en Naciones Unidas, empresas de Fortune 500 y el Ejército de Estados Unidos, y hoy aparece en las principales cadenas de las dos Américas y de Europa.